Aktuelle Probleme der Sozialpolitik

in Japan und in der Bundesrepublik Deutschland

Herausgegeben von

Theodor Dams

Kunihiro Jojima

DUNCKER & HUMBLOT / BERLIN

Gedruckt 1982 bei fotokop, wilhelm weihert KG, Darmstadt
Printed in Germany

ISBN 3 428 05121 1

Vorwort der Herausgeber der Schriftenreihe

Am 26. 3. 1980 eröffnete der Rektor der Universität Freiburg, Prof. Dr. B. Stoeckle, ein Gemeinsames Seminar der Wirtschaftswissenschaftlichen Fakultäten Nagoya/Japan und Feiburg. Es war die vierte Veranstaltung dieser Art, die seit 1977 in regelmäßigem Standortwechsel Nagoya/Freiburg stattfindet. Das Seminar des Jahres 1980 stand unter der Thematik „Aktuelle Probleme der Sozialpolitik in Japan und in der Bundesrepublik Deutschland"; sechs Professoren aus Nagoya und sieben Professoren der Wirtschaftswissenschaftlichen Fakultät der Universität Freiburg hatten dazu Arbeitspapiere vorgelegt, die im Seminarstil — mit bis zu 30 Teilnehmern — vorgetragen und diskutiert wurden.

Wie kommt eigentlich eine solche intensive wissenschaftliche Kooperation zwischen zwei Fakultäten zustande? Weder im jährlichen Rechenschaftsbericht der hiesigen Universität findet sie Erwähnung, noch im Staatshaushalt des Wissenschaftsministeriums in Stuttgart eine laufende Finanzierung! Und es gibt auch kein beiderseits unterschriebenes Partnerschaftsabkommen. Was diese Kooperation vorzuzeigen hat, sind wissenschaftliche Publikationen; die Ergebnisse beiderseitig abgestimmter Arbeitsprogramme über vergleichende Studien jeweils unterschiedlicher Themenstellung werden in Japan (dort erschien 1980 bereits der vierte Band) und in der Bundesrepublik in der jeweiligen Landessprache veröffentlicht.

Der „Grundstein" der heutigen Kooperation wurde 1954 gelegt, als der heute auf japanischer Seite Verantwortliche, Prof. K. Jojima, zu einem mehrjährigen Forschungsstipendium, das von der Alexander-von-Humboldt-Stiftung finanziert wurde, nach Bonn kam und dieses 1963 (Universität Münster) und dann 1971 (in Freiburg) fortsetzte. Der Freiburger Aufenthalt führte dazu, daß ein weiterer Nagoya-Kollege, Prof. T. Matsugi, für über zwei Jahre nach Freiburg kam; rund ein Dutzend Studierende aus Nagoya folgten, die Material für ihre Promotion sammelten oder zusätzliche wissenschaftliche Qualifikationen erwarben. — Mit dieser „Entwicklung von unten", d. h. der *individuellen Förderung* von Forschungsaufenthalten durch deutsche und japanische Stellen, wurde die *„personelle Infrastruktur"* für eine *institutionelle Kooperation* der beiden Wirtschaftswissenschaftlichen Fakultäten gelegt. 1977 fand in Japan das erste Seminar über „Räumliche Entwicklung und regionale Wirtschaftspolitik in Japan und der BRD" statt. Ein

Jahr darauf traf man sich in Freiburg, um „Internationale Wirtschaftsbeziehungen und ausländische Privatinvestitionen“ aus der Sicht der beiden Länder zu diskutieren*. 1979 wurde in Japan die Thematik „Wirtschaftspolitik unter den Bedingungen von Rezession und Inflation“ behandelt, 1980 in Freiburg die „Sozialpolitik“; für das Treffen 1981 in Japan lautet der Arbeitstitel: „Anpassungsprozesse und -politik bei steigenden Energiepreisen“ in den beiden Ländern.

Rektor B. Stoeckle betonte in seiner Eröffnungsansprache im Frühjahr 1980 in Freiburg, beide Länder — Japan und die Bundesrepublik — seien mit einer „Verwissenschaftlichung aller Lebensbereiche“ und mit einem „Abhandengekommensein tragender Wertvorstellungen und einem Vakuum an Sinnerfahrung“ konfrontiert. Jede wissenschaftliche Disziplin solle sich daher bei der Erörterung der Fachprobleme um ihre Beziehungszusammenhänge zu Kultur und Gesellschaft bemühen und dabei auch auf historische Zusammenhänge zurückgreifen.

Gerade in der vorliegenden Veröffentlichung wird diese Problematik deutlich: Die Studie „Aktuelle Probleme der Sozialpolitik in Japan und in der Bundesrepublik Deutschland“ zeigt, daß ein solcher „Vergleich“ als wissenschaftliches Unterfangen nur mit außerordentlichen Einschränkungen verwirklicht und nur unter Rückgriff auf die geschichtliche Entwicklung der Wirtschaft und der Unternehmen sowie auf den sozialen Wandel der Gesellschaft mit Aussicht auf Erfolg durchgeführt werden kann. Alle Teilnehmer waren sich dieser Problematik bewußt.

Prof. K. Koike hat aus seiner Sicht — bei Vorlage seines Referates — diese Schwierigkeit wie folgt gekennzeichnet: „Bei jedem internationalen Vergleich im Bereich der Sozialpolitik ist es von vordringlicher Bedeutung, vorab verbindliche Definitionen festzulegen und einen gemeinsamen Referenzrahmen aufzustellen“. Wer die vorliegende Veröffentlichung liest, wird feststellen, daß in diesem Bereich noch viel Arbeit zu leisten ist. — Mit dieser grundsätzlichen Einschränkung werden die Ergebnisse des Seminars „Nagoya-Freiburg Frühjahr 1980“ der Öffentlichkeit vorgelegt.

Im Namen der Wirtschaftswissenschaftlichen Fakultät der Universität Freiburg möchten wir den Herren Kollegen der japanischen Staatsuniversität Nagoya, insbesondere Herrn Prof. Dr. Dr. Kunihiro Jojima als Leiter der dortigen Forschungsgruppe und Herrn Prof. Dr. T. Matsugi für die Redaktion der japanischen Ausgabe dieser Veröffentlichung, ein herzliches Dankeswort für die erfolgreiche Zusammenarbeit sagen.

---

* Ausgewählte Probleme internationaler Wirtschaftsbeziehungen aus der Sicht Japans und der Bundesrepublik Deutschland, Duncker & Humblot/Berlin 1980.

Die redaktionelle Bearbeitung der Beiträge der japanischen Autoren, die in englischer oder deutscher Sprache vorlagen, wurde von Kollegen der Wirtschaftswissenschaftlichen Fakultät der Universität Freiburg vorgenommen. Die Endredaktion lag in den Händen von H. Heyne.

Das Seminar wurde durch finanzielle Zuwendungen der Deutschen Forschungsgemeinschaft, Bad Godesberg, sowie des Verbandes der Freunde der Universität Freiburg gefördert.

Universität und Herausgeber möchten an dieser Stelle den genannten Personen und Institutionen herzlich danken.

Freiburg, im April 1981

Theodor Dams *J. Heinz Müller*

Inhaltsverzeichnis

IV. Betriebliche Sozialpolitik

V. Die Quantifizierung von Wohlfahrtswirkungen in der Sozialpolitik

I. Sozialpolitische Konsequenzen veränderter Familienstrukturen

FAMILIENPOLITIK:
MASSNAHMEN UND ÖKONOMISCHE INTERDEPENDENZEN

Gerold Blümle
Betty Rauchwerger

1. Familien- und Haushaltsstruktur

1.1 Definitionen

Die Unterscheidung zwischen Familie und Haushalt hat sich erst mit der abnehmenden Bedeutung des Familienverbandes als Produktions- und Wohngemeinschaft, wie er für den landwirtschaftlichen Bereich typisch ist, durchgesetzt. Schmoller versteht beispielsweise unter Familie "die auf Eigentum und Herrschaft gegründete Verbindung eines Mannes mit einer Frau, den Kindern, Mägden und Knechten, die als abhängige Arbeitskräfte dienen [1]. Offensichtlich würden wir für den Fall, daß diese 'Familie' zugleich eine Wohngemeinschaft darstellt, heute hier von Haushalt sprechen. Familien fassen wir eher als soziologischen Begriff auf, "wenn die Ehepartner zu Eltern werden, indem sie biologisch abstammende oder adoptierte Kinder als eigene anerkennen und bei sich aufnehmen" [2].

Als sogenannte 'Kernfamilie' wird die zwei Generationen umfassende Familie (Eltern und Kinder) bezeichnet. Sind beide Elternteile vertreten, so gilt sie als 'vollständig' [3].

---

1) Schmoller, G.: Grundriß der Allgemeinen Volkswirtschaftslehre, Band 1, Leipzig 1908, S. 235
2) Neidhardt, F.: Die Familie in Deutschland, gesellschaftliche Stellung, Struktur und Funktion, Leske 1975, 4. Auflage, S. 9
3) Ebenda

In der Haushalts- und Familienstatistik werden dagegen auch kinderlose Ehepaare bzw. Elternpaare, deren Kinder bereits außer Haus leben, als Familie erfaßt [1]. Der Begriff der Familie ist jedoch nicht an einen gemeinsamen Haushalt gebunden. Die Wirtschaftsform der Familie wird folglich als variabel angesehen.

Als 'Haushalt' wird die zusammenwohnende und gemeinsam wirtschaftende Personengruppe definiert. Dieser Begriff ist also umfassender, da mehrere Familien oder Einzelpersonen einen Haushalt bilden können [2].

Aufgrund dieser statistischen Abgrenzungen werden Strukturverflechtungen zwischen Familien und Haushalten aus der Statistik unersichtlich. Es bleibt allerdings anzunehmen, daß gerade im ländlichen Raum viele Verflechtungen bestehen [3]. Etwa 4 % aller Haushalte umfassen drei und mehr Generationen. "Bei 94 % der vollständigen Familien sind Haushalt und Familie identisch. Bei den unvollständigen Familien insgesamt liegt dieser Anteil bei 87 % [4]."

1.2 Demographische Entwicklung

Die Bevölkerungsentwicklung in der Bundesrepublik geriet in jüngster Zeit immer mehr in den Brennpunkt politischer Diskussion. Eine aktive staatliche Bevölkerungspolitik, die nach den Erfahrungen des Dritten Reiches sehr in den Hintergrund getreten war, steht zu kontro-

---

1) Vgl. v. Schweitzer, R. und Pross, H.: Die Familienhaushalte im wirtschaftlichen und sozialen Wandel, Schriften der Kommission für wirtschaftlichen und sozialen Wandel, Göttingen 1976, S. 21
2) Vgl. Ebenda (Bezug auf Fußnote 5)
3) Vgl. Ebenda, S. 22
4) Bericht der Sachverständigenkommission der Bundesregierung. Die Lage der Familien, 3. Familienbericht, Bonn 1979, S. 15

verser Diskussion. Die Bundesregierung vertritt die Auffassung, "daß die Entscheidung für oder gegen ein Kind allein bei den Eltern liegt. Sie lehnt staatliche Maßnahmen ab, die auf diese Entscheidung zielen" [1].

Nach Mackenroth [2] hängt der Reproduktionsprozeß der Familie von Wertsetzungen, Normen und von den sozialen, ökonomischen und gesellschaftlichen Bedingungen einer Epoche ab. Diese Entwicklung steht somit im Zusammenhang mit dem Übergang von der Agrar- zur Industriegesellschaft. Der Prozeß ist als Aufeinanderfolge verschiedener Phasen darstellbar.

Schema der verschiedenen Phasen der Entwicklung von Geburten- und Sterberaten im Industrialisierungsprozeß (Europäisches Modell):

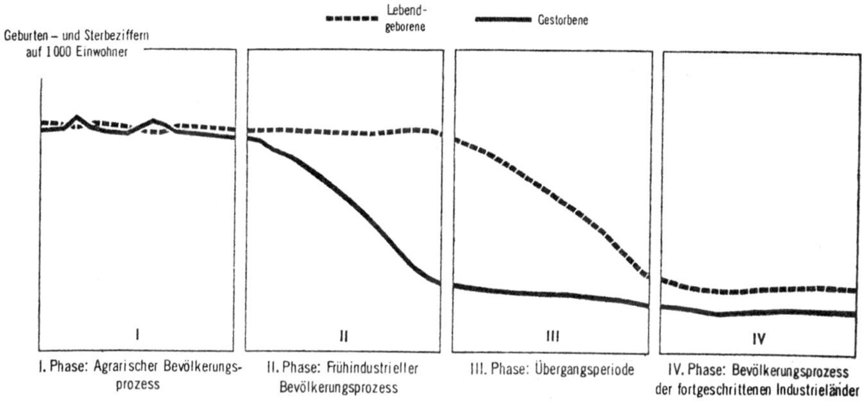

<u>Quelle:</u> Die Lage der Familien in der Bundesrepublik Deutschland - Dritter Familienbericht - Bericht der Sachverständigenkommission der Bundesregierung, Bonn 1979, S. 105

1) Antwort der Bundesregierung vom 26.10.1979, Grundprobleme der Bevölkerungsentwicklung in der Bundesrepublik Deutschland, S. 13

2) Vgl. Mackenroth, G.: Bevölkerungslehre. Theorie, Soziologie und Statistik der Bevölkerung, Berlin, Göttingen, Heidelberg 1953.

Hieraus wird ersichtlich, daß der Geburtenrückgang eine säkulare Erscheinung ist.
Die besondere Situation der Bundesrepublik Deutschland ist derzeit die, daß sich die Bevölkerung seit 1970 nicht mehr reproduziert; 1975 nahm die Nettoreproduktionsrate [1] einen Wert von 0,68 an [2]. Unter diesen Bedingungen würde die Bevölkerung der Bundesrepublik bis zum Jahre 2070 um gut 60% auf 23,3 Millionen abnehmen [3].

1.3 Entwicklung der Familien- und Haushaltsstruktur

Diese Entwicklung läßt sich auf die soziologisch-demographischen Bestimmungsgründe Anzahl der Kinder, Zahl und Anteil der Eheschließungen, Heiratsalter und Altersabstand der Ehepartner sowie die Lebenserwartung zurückführen.

Die zum Geburtenrückgang führende tendenziell abnehmende Kinderzahl äußert sich vor allem darin, daß immer weniger dritte und weitere Kinder geboren werden [4]. Selbst bei ersten (34 %) und zweiten (41 %) Kindern gibt es einen Rückgang. Der Anteil der kinderlosen Ehen stieg auf rund 20 % (1961 17 %). Ferner nahm der Anteil der Ein-Kind-Ehen zu, und zwar von 15,5 % im Jahre 1961 auf 31,3 % im Jahre 1971 und 46,3 % im Jahre 1976. Am stärksten zeigte sich ein Rückgang im Anteil der Familien mit vier

---

1) Die Nettoreproduktionsrate mißt die Zahl der Töchter, die eine Frau unter den gegebenen Fruchtbarkeitsverhältnissen haben würde und die bis zum durchschnittlichen Alter der Gebärfähigkeit überleben.
2) Vgl. Schwarz, K.: Gründe des Geburtenrückgangs 1966 bis 1975 und für "Nullwachstum" erforderliche Kinderzahl der Ehen; in: Wirtschaft und Statistik, 1977, S. 374
3) Vgl. Buttler, G.: Bevölkerungsrückgang in der Bundesrepublik. Ausmaß und Konsequenzen, Köln 1979
4) Vgl. Buttler, G.: Bevölkerungsrückgang in der Bundesrepublik, a.a.O.

Kindern, der von 11,9 % (1961) auf 3,8 % (1971) sank [1].

Durch diese Zahlen wird verdeutlicht, daß die Familiengröße im Zeitablauf gesunken ist.
Auch Zahl und Anteil der Eheschließungen waren rückläufig. Auf 1000 Einwohner kamen 1965 noch 8,3, 1977 dagegen nur 5,8 Eheschließungen [2].

Seit 1950 sank das durchschnittliche Heiratsalter bei Männern und Frauen, hat sich aber für die Männer seit 1960 ungefähr bei 25 Jahren stabilisiert. Der durchschnittliche Altersabstand der Ehepaare blieb für den Zeitraum von 1950-1971 relativ gleich bei 2,6 Jahren. Im gleichen Zeitraum nahm die Zahl der "Frühehen" (Eheschließungen zwischen oder mit Minderjährigen) zu. Jede 10. Ehe wurde 1971 von einem minderjährigen Mann und fast jede 2. Erstehe von einer minderjährigen Frau geschlossen [3]. Ausbildungsdauer und Heiratsalter erweisen sich als stark positiv korreliert.

Der medizinische Fortschritt bedingte einen allgemeinen Anstieg der Lebenserwartung im letzten Jahrzehnt, wobei dies bei den Frauen ausgeprägter in Erscheinung trat. Dadurch stieg die Anzahl der Ein-Personen-Haushalte älterer Frauen. 63 % aller alleinstehenden Frauen sind Witwen [4].

---

1) Vgl. Bericht der Sachverständigenkommission, a.a.O., S. 100
2) Vgl. Ebenda, S. 101
3) Vgl. Pettinger, R.: Junge Familien, Schriftenreihe des Bundesministers für Jugend, Familie und Gesundheit, Bd. 29, 1975, S. 13
4) Vgl. Bericht der Sachverständigenkommission, a.a.O., S. 102-103

1.4 Ökonomische Bestimmungsgründe der Familien- und Haushaltsstruktur

1.4.1 Einkommenssituation [1)]

Bezüglich der Höhe des Nettoeinkommens und dessen Entwicklung bleibt es in diesem Zusammenhang wichtig zu beachten, daß sich das verfügbare Haushaltseinkommen aus Erwerbseinkommen und Transferzahlungen zusammensetzt (beide Einkommensteile können sich unterschiedlich entwickeln), und daß aus einem Haushaltseinkommen unterschiedlich viele Personen versorgt werden. Da in diesem Zusammenhang auch dem allgemeinen Anspruchsniveau große Bedeutung zukommt, ist folglich auch die personelle Einkommensverteilung zu beachten.

In der Zeit zwischen 1960 und 1975 haben die privaten verfügbaren Einkommen um 265 % zugenommen [2)].
Betrachtet man die Pro-Kopf-Einkommensentwicklung in Haushalten [3)] von Ehepaaren nach der Zahl der Kinder, so ist folgendes festzustellen:
Mit zunehmender Kinderzahl sinkt das Pro-Kopf-Einkommen im Haushalt. 1969 machte das Pro-Kopf-Einkommen im Haushalt mit einem Ehepaar und drei Kindern nur 59 % des entsprechenden Einkommens eines kinderlosen Ehepaares aus.

---

1) Ebenda, S. 33 ff
2) Vgl. Keßler und Schröder: Einkommens- und Vermögensverteilung 1977, Der Bundesminister für Arbeit und Sozialordnung, Bonn 1977, S. 21
3) Wegen der typischen Schiefe der Häufigkeitsverteilung der personellen Einkommen besitzt das arithmetische Mittel als Durchschnitt wenig Aussagefähigkeit. So betrug 1973 z.B. das Durchschnittseinkommen als arithmetisches Mittel DM 2058 im Monat. Der Median betrug 1539 DM und der Modalwert sogar nur 745 DM. Die durchgeführten Vergleiche erscheinen jedoch insofern gerechtfertigt, als die angeführten Unterschiede außerodentlich deutlich ausfallen und in Anbetracht der feststellbaren Ähnlichkeiten der Verteilungskurven aussagefähig bleiben. Zur Aussagefähigkeit von Mittelwerten bei der Verteilungsmessung vgl. Blümle, G.: Theorie der Einkommensverteilung, Berlin, Heidelberg, New York 1975, S. 85.

Im Zeitraum 1969-1973 nahm das Pro-Kopf-Einkommen in einem solchen Fünfpersonenhaushalt um 2 Prozentpunkte ab, worin eine relative Verschlechterung der wirtschaftlichen Situation kinderreicher Familien zum Ausdruck kommt. Dieses beruht unter anderem darauf, daß die Erwerbseinkommen schneller zugenommen haben als die nicht dynamisierten Transfereinkommen für Kinder (z.B. Kindergeld).

Selbst bei einer Berechnung der Haushaltsdurchschnitte, die sich auf 'Vollversorgungspersonen' oder 'Versorgungseinheiten' bezieht [1], ergibt sich bei kinderreichen Familien ein Versorgungsrückstand von 50 % je Vollversorgungsperson, verglichen mit dem Einkinderhaushalt.

Wird bei der Betrachtung dieser Pro-Kopf-Einkommen die soziale Stellung des Haushaltsvorstandes berücksichtigt, so zeigt sich, daß insbesondere das Pro-Kopf-Einkommen kinderreicher Arbeiterhaushalte weit unter demjenigen der durchschnittlichen Dreikinderhaushalte liegt.
Kinder bedeuten demzufolge einen materiellen Verzicht, und es liegt damit der Schluß nahe, daß in einer konsumbestimmten Gesellschaft wie der unsrigen die Einkommenssituation maßgeblich auf die Kinderzahl wirkt. So zeigt eine Analyse des Mikrozensus 1976/77, daß 21,2 % der Ehepaare, bei denen der Mann weniger als 1200 DM netto verdient, keine Kinder haben, während der entsprechende Prozentsatz bei den besser Verdienenden (Nettoeinkommen des Mannes über DM 2500) nur 5,6 % ausmacht [2].

---

1) Die Berechnung in Versorgungseinheiten geht davon aus, daß die Versorgungskosten für den 1. Erwachsenen mit 1, für den 2. Erwachsenen mit 0,8 und für ledige Kinder unter 18 Jahren mit jeweils 0,7 gewichtet werden. Neben unterschiedlichen individuellen Ansprüchen sollen damit auch Skalenerträge der gemeinsamen Haushaltsführung berücksichtigt werden, die sich vor allem bei der Nutzung dauerhafter Konsumgüter (z.B. Waschmaschine) ergeben.
2) Kinder kontra Kasse, in: Informationsdienst des Instituts der deutschen Wirtschaft, 4. Jahrgang, Heft 47, November 1978, S. 5

1.4.2 Berufstätigkeit und Ausbildung der Frau

Dieser Zusammenhang zwischen dem Einkommen des Mannes und der Kinderzahl wirkt aber auch über einen mittelbaren Zusammenhang. Als eindeutig stärkster Bestimmungsgrund für die Kinderzahl wird auf die Berufstätigkeit der Frau außerhalb des Hauses hingewiesen [1]. Wie indessen Untersuchungen gezeigt haben, ist der Einfluß der Anzahl berufstätiger Haushaltsmitglieder auf das Haushaltseinkommen relativ gering [2]. Dies läßt sich in der Weise verstehen, daß Haushaltsmitglieder zusätzlich dann erwerbstätig werden, wenn das Einkommen des Haushaltsvorstandes vergleichsweise niedrig ist. Bei einem Nettoeinkommen von unter DM 1200 des Mannes sind lediglich 43,5 % der Frauen nicht berufstätig, während bei den gut Verdienenden (Nettoeinkommen des Mannes über DM 2500) 63 % der Frauen zu Hause bleiben [3]. Die Frau dürfte insbesondere dann keiner Beschäftigung nachgehen, wenn sie, im Vergleich zu der des Mannes, nicht standesgemäß ist. So erklärt sich auch ein enger Zusammenhang zwischen der Ausbildung der Frau und der Kinderzahl. Frauen ohne berufliche Ausbildung haben eine hohe durchschnittliche Kinderzahl. Der Zusammenhang zwischen Heiratsalter und Kinderzahl legt als zweite kausale Deutung die nahe, daß wegen früher Heirat und Mutterschaft die Ausbildung unterblieb oder nicht abgeschlossen wurde und die Frau bei entsprechendem Einkommen des Mannes nicht berufstätig wird.

---

1) Kinder kontra Kasse, in: Informationsdienst des Instituts der deutschen Wirtschaft, 4. Jahrgang, Heft 47, November 1978, S. 4

2) Vgl. Krupp, H.J.: Empirische Ansätze zur Erklärung der personellen Einkommensverteilung, in: Neue Aspekte der Verteilungstheorie (Hrsg. Bombach, G., Frey, B.S., Gahlen, B.), Tübingen 1974, S. 116

3) Kinder kontra Kasse, a.a.O., S. 5

Eine Ausnahme bilden hingegen Frauen mit einem sehr hohen Bildungsabschluß, die, trotz überdurchschnittlich hohem Heiratsalter, zusammen mit den Frauen ohne berufliche Ausbildung, die höchste durchschnittliche Kinderzahl aufweisen (zwischen 196 und 183 Kinder je 100 Ehen [1]).

Dieses mag zum einen damit zusammenhängen, daß Frauen hohen Bildungsabschlusses (Fachhochschule oder Hochschule) vorwiegend mit Partnern entsprechender Ausbildung und höherem Einkommen verheiratet sein dürften, sie im Falle der Berufstätigkeit eher dennoch Kinder aufziehen können (Lehrberufe oder selbständig Tätige) und schließlich damit, daß in dieser Bildungsschicht auch einkommensunabhängige Bestimmungsgründe für die Kinderzahl größere Bedeutung erhalten.
Da nach dem Aufgeführten wohl per Saldo ein positiver Zusammenhang zwischen Einkommen des Haushaltsvorstandes und der Kinderzahl bestehen dürfte, können die im vorhergehenden Abschnitt angegebenen Durchschnitte für die Schmälerung des Haushaltsprokopfeinkommens als Unterschätzungen angesehen werden, wenn man Vergleiche innerhalb gleicher sozialer Schichten für angemessener hält.

Außer den bereits angesprochenen Gründen für den Trend im generativen Verhalten werden auch gestiegene Zukunftsangst, loser werdende kirchliche Bindung und schließlich ein familienfremder Wohnungsbau angeführt.

1.4.3 Wohnsituation

Das Baualter von Wohnungen kann zur Charakterisierung ihres Wohnstandards herangezogen werden [2].

---

1) Kinder kontra Kasse, a.a.O., S. 4
2) Vgl. Kandewitch, P.: Wohnverhältnisse und Wohnungsmieten privater Haushalte im Frühjahr 1973, Ergebnis der Einkommens- und Verbrauchsstichprobe 1973, in: Wirtschaft und Statistik 1974, S. 69

Die Wohnsituation wäre danach umso besser, je jünger die entsprechende Wohnung ist. Die Verteilung der Haushalte nach Altersklassen ihrer Wohnungen sieht wie folgt aus: 35,7 % der Haushalte bewohnen 1948 und früher gebaute Wohnungen, 30,0 % der Haushalte bewohnen 1949-1961 und früher gebaute Wohnungen, 34,3 % der Haushalte bewohnen 1961 und später gebaute Wohnungen.

98 % der ab 1961 erstellten Wohnungen sind mit Bad und WC ausgestattet, während dies nur für 70 % der bis 1949 gebauten gilt.

Wichtig gerade im Hinblick auf die Kinderfreundlichkeit von Wohnungen ist auch deren Größe. Die Wohnungsnot in der unmittelbaren Nachkriegszeit drückt sich darin aus, daß die bis 1949 entstandenen Wohnungen größer sind und erst ab 1960 die durchschnittliche Wohnungsgröße wieder zunimmt.

Eigentümerhaushalte bewohnen durchschnittlich größere und auch besser ausgestattete Wohnungen. Die Mieter machen allerdings mit 62,6 % der Wohnungsinhaber immer noch deren Mehrheit aus [1]. Zwischen Wohnungseigentum und Familiengröße zeigt sich ein Zusammenhang [2]. "Bei vollständigen Familien nimmt mit steigender Kinderzahl der Anteil der Familien, die Wohneigentum haben, zu." [3] Rund 30 % der kinderlosen Ehepaare oder der Ehepaare mit nur einem Kind sind Wohnungseigentümer. Dagegen wohnen 50 % der kinderreichen Familien (vier Kinder und mehr) in eigenen Wohnungen. Bei unvollständigen Familien liegt dieser Anteil, unabhängig vom Zunehmen der Kinderzahl, bei 25 %.

---

1) Kandwitsch, P.: a.a.O.
2) Wohnsituation der Familien, Ergebnis der 1% Wohnungsstichprobe 1972, in: Wirtschaft und Statistik 1975, S. 39
3) Ebenda, S. 41

Mit einer kausalen Interpretation dieser Angaben muß man indessen vorsichtig sein, denn da zwischen der sozialen Stellung des Haushaltsvorstandes und sowohl der Kinderzahl als auch dem Wohneigentum Zusammenhänge bestehen, kann nicht ohne weiteres auf direkte Kausalität geschlossen werden.

Den höchsten Eigentümeranteil mit 96,3 % weisen bei einer Einteilung nach sozialer Stellung des Haushaltsvorstandes die landwirtschaftlichen Haushalte auf. Darauf folgen die sonstigen Selbständigen mit 60,4 % [1]. In beiden Fällen lassen sich die hohen Anteile dadurch begründen, daß bei den Selbständigen allgemein zumeist Gebäudenutzung Voraussetzung beruflicher Tätigkeit ist.

Die Nichterwerbstätigen weisen auf den ersten Blick überraschenden dritthöchsten Teil der Eigentümerwohnungen auf. Dies ist darauf zurückzuführen, "daß es sich hier meist um Haushalte älterer Mitbürger handelt, die sich im Laufe ihres Erwerbslebens Wohnungseigentum ersparen konnten" [2]. Ferner finden sich in dieser Gruppe natürlich auch ehemalige Selbständige.

Der geringe Eigentümeranteil bei Angestellten (31 %) und Beamten (34 %) mag durch die höheren Erfordernisse bezüglich der räumlichen Mobilität und, damit verbunden, der Möglichkeit günstiger Dienstwohnungen bedingt sein.

Aus der Tatsache, daß mit der Kinderzahl der Anteil der Wohnungseigentümer zunimmt und daß vom Eigentümer bewohnte Wohnungen durchschnittlich besser ausgestattet und größer sind, kann allerdings nicht geschlossen werden, daß sich mit zunehmender Kinderzahl eine Verbesserung der Wohnsituation ergibt. Anhand der Belegungsdichte (Zahl der Personen je bewohntem Raum [3] läßt sich nämlich

---

1) Vgl. Kandewitsch, P.: a.a.O.
2) Ebenda, S. 697
3) Als Wohnraum galt: Wohnräume oder Schlafräume mit mehr als 6 m^2 Wohnfläche, alle Küchen, unabhängig von ihrer Größe, Bäder und Flure galten nicht als Wohnraum.

zeigen, daß mit steigender Kinderzahl die Wohnsituation, ausgedrückt durch die Belegungsdichte, schlechter wird.

"Während fast die Hälfte der Ehepaare ohne Kinder für jede Person über mindestens 2 Räume verfügt, ist nicht einmal jedes 10. Ehepaar mit einem Kind bzw. jedes 30. Ehepaar mit 2 Kindern in der gleichen Lage. Auf der anderen Seite bewohnen durchschnittlich mehr als eine Person einen Raum bei

1% der kinderlosen Ehepaare
5% der Ehepaare mit 1 Kind
14% der Ehepaare mit 2 Kindern
40% der Ehepaare mit 3 Kindern
71% der Ehepaare mit 4 und mehr Kindern" [1].

Mit steigender Haushaltsgröße wachsen zwar auch die Mietaufwendungen, jedoch stark unterproportional. Dies wird durch die eben dargestellte, je Kopf schlechter werdende Wohnraumversorgung bei steigender Mitgliederzahl verständlich. Es wirken sich jedoch auch sozialpolitische Maßnahmen im Hinblick auf die Mietaufwendungen dahingehend aus [2].

Allerdings kommt in den Mietaufwendungen auch die soziale Stellung des Haushaltsvorstandes zum Ausdruck. Im Jahre 1973 lagen die Mietaufwendungen der Selbständigen um 2/3 über, die der Nichterwerbstätigen um 1/3 unter dem monatlichen Durchschnitt von DM 194 [3].

1.4.4 Haushalt als Gut

Bislang wurde die Haushaltsgröße in Abhängigkeit von demographischen und ökonomischen Determinanten gesehen. Wenn auch im Querschnitt Haushaltsgröße und Einkommen

---

1) Wohnsituation der Familien, a.a.O., S. 40
2) Vgl. Kandwitsch, P.: a.a.O., S. 698
3) Vgl. Ebenda

positiv korreliert scheinen, so gilt für die langfristige Zeitreihe das Gegenteil. "Die .... sinkende Geburtenrate ist nicht nur direkte Folge eines Strukturwandels, der z.B. zu einer gesamtgesellschaftlichen Integration der Frau tendiert, sondern auch gleichzeitig das Ergebnis eines Kulturwandels, konkret: einer Veränderung im Wertsystem" [1]. Dieser Entwicklung entspricht die zunehmende Bedeutung der Inhalte, die mit den Begriffen "persönliche Unabhängigkeit", "Selbstverwirklichung", "individuelle Selbstentfaltung" usw. gekennzeichnet sind. Diese Tendenz zeigt sich nicht nur im Sinken des Heiratsalters oder im Verzicht auf den rechtlichen Status der Ehe, sondern zugleich in einer Zunahme der Zahl der Haushalte bei stagnierender Bevölkerung. Der Haushalt gewinnt damit also den Charakter eines superioren Gutes mit einer Einkommenselastizität von über 1. Dies kommt auch darin zum Ausdruck, daß in Zeitreihen der Ausgabenanteil für das Wohnen steigt [2], was sicherlich nicht nur angebotsbedingt durch das schnellere Ansteigen des Preisindex für das Wohnen bedingt ist. Dieses Ergebnis widerspricht indessen nicht dem Schwaabeschen Gesetz, welches sich ja auf Querschnittsuntersuchungen bezieht.

Diese Tendenz zu Haushaltsgründungen wird durch die folgenden Daten veranschaulicht. Um 1900 lebten in über 60% aller Haushalte 4 und mehr Personen, heute nur noch in 27%. Lediglich 7% wirtschafteten um die Jahrhundertwende allein in einem Haushalt. Der Prozentsatz stieg fortwährend (1939 10%; 1950 19%), bis er 1971 25% überschritt [3]. Dieser Wandel führte dazu, daß immer mehr

1) Hoffmann-Nowotny, H.-J.: Zur Bedeutung einer rückläufigen Bevölkerungsentwicklung für Gesellschaft und Familie, in: Konsequenzen des Geburtenrückgangs für ausgewählte Politikbereiche, Schriftenreihe des Bundesministers für Jugend, Familie und Gesundheit, Bd. 58, Stuttgart 1978, S. 41.

2) Vgl. Ruppert, F.: Die Wirtschaft 1973, Daten und Berichte, München 1973, S. 220

3) Übersicht über die Soziale Sicherung, Eine Information des Bundesministers für Arbeit und Sozialordnung, Bonn 1975, S. 2

Produktionsleistungen der Haushalte im Bereich der Krankenversorgung, Altenpflege und Kindererziehung aus den Haushalten ausgelagert wurden. Das bedingte einmal mit anderen Gründen ein wesentliches Ansteigen der Sozialleistungen, führte aber zugleich zu einer Entwertung der Hausfrauentätigkeit. Die durch die 'Erleichterung' der Hausfrauenarbeit verstärkte Entwicklung bedingte mit der Möglichkeit zugleich das Bedürfnis der Frau nach beruflicher Tätigkeit außerhalb des Hauses und führte damit auch zur geringeren Geburtenhäufigkeit.

Aus dem Dargestellten wird somit deutlich, daß die Zusammenhänge zwischen langfristiger Einkommensentwicklung (Lebensstandard), Einkommensverteilung, Familien- und Haushaltsstruktur äußerst komplex sind. Der Einfluß familienpolitischer Maßnahmen auf diesen Zusammenhang läßt sich demzufolge nur schwierig beurteilen. Zunächst soll jedoch ein Überblick über die familienpolitischen Ziele und Maßnahmen erfolgen.

2. Überblick über familienpolitische Ziele und Maßnahmen

2.1 Allgemeine Problemstellung

Die Frau erfüllt in der heutigen Gesellschaft wichtige Funktionen (vor allem Reproduktion, Sozialisation), die von Staat und Gesellschaft anerkannt werden. Aus diesem Grunde wird die Institution 'Familie' geschützt und gefördert, vor allem in Hinsicht auf die materielle Sicherung der Familie.

"Mit anderen Worten: Politik für Familie hat die erforderlichen Voraussetzungen zu schaffen, die es den Familien ermöglichen, die an sie gestellten Aufgaben zu erfüllen [1]."

1) Eilers, E., Schanzenbach, M.: Zur Nachkriegsgeschichte der Familienpolitik aus sozialdemokratischer Sicht, in: Sozialpolitik nach 1945, Geschichte und Analysen, Schellenberg, E. zum 70. Geburtstag, 1977, S. 230

Daraus lassen sich 2 Arten der Familienpolitik ableiten [1]:

1) Familienpolitik im engeren Sinne, die die Erhaltung der Funktion als Ziel hat.
2) Familienpolitik als integrierter Bestandteil der Gesellschaftspolitik liegt dann vor, wenn bei allgemein politischen Entscheidungen (z.B. Wohnungspolitik, Bildungspolitik) Auswirkungen auf die Familie mitberücksichtigt werden.

Eine spezielle Familienpolitik gibt es erst seit 1953 mit der Konstituierung des Bundesministeriums für Familienfragen, dessen Aufgabenbereich im Laufe der Zeit um Jugend- und Gesundheitsfragen erweitert wurde.

2.2 Familienlastenausgleich als "Kernstück" der wirtschaftlichen Sicherung der Familie

2.2.1 Zielsetzung des Familienlastenausgleichs [2]

Der Familienlastenausgleich zielt einmal auf die Sicherung des sozialkulturellen Mindestbedarfs für alle Kinder (FLA als Beitrag zum Abbau der ungleichen Entwicklungschancen der Kinder) ab und soll zum anderen eine Anpassung der Haushaltseinkommen an den durch Kinder bedingten unterschiedlichen Bedarf bewirken.

Ferner gilt die "Kinderaufzucht" als eine für die Gesellschaft wichtige Leistung der Familien, die finanziell anerkannt werden soll. Der FLA umfaßt alle nicht zweck-

---

1) Eilers, E., Schanzenbach, M.: Zur Nachkriegsgeschichte der Familienpolitik aus sozialdemokratischer Sicht, in: Sozialpolitik nach 1945, Geschichte und Analysen, Schellenberg, E. zum 70. Geburtstag, 1977, S. 230
2) Vgl. Bundesministerium für Jugend, Familie und Gesundheit, Reform des FLA, Ein Gutachten, Bonn 1971, S. 5 ff.

gebundenen Geldleistungen zur materiellen Absicherung der Familie.
Auf eine Zweckbindung wird verzichtet, da davon ausgegangen wird, daß die Eltern verantwortungsvoll im Interesse des Kindes die Geldleistung verwenden.

2.2.2 Geschichtliche Entwicklung [1)]

1954 wurde ein allgemeines Kindergeld für Arbeitnehmer, Selbständige und mithelfende Familienangehörige mit 3 oder mehr Kindern eingeführt, was aus Beiträgen der Arbeitgeber finanziert wurde.
1956 und 1961 erfolgte eine Ausweitung des anspruchsberechtigten Personenkreises auf alle übrigen Personen, die Kinder hatten, und auf Zweitkinder, 1964 die Neuordnung des Bundeskindergeldgesetzes. Das Zweitkindergeld ist bis zur Neuordnung des FLA 1975 einkommensabhängig geblieben, wobei die Einkommensgrenze den gestiegenen Einkommen und Lebenshaltungskosten angepaßt werden. Seit 1970 wird kein Unterschied zwischen Kindern Lediger und Verheirateter gemacht. 1975 wurden im Rahmen der Kindergeldreform die staatliche Leistung um etwa 4 Mrd. erhöht (von 1974 14.0 Mrd. auf 18 Mrd. 1975). Die Zahlungen erfolgen vom 1. Kind ab, unabhängig vom Einkommen der Eltern [2)].

Die steuerlichen Kinderfreibeträge wurden jedoch abgeschafft. "Solange Ermäßigung für Kinder in der Einkommenssteuer gewährt wurden, erhöhte sich infolge des mit steigendem Einkommen verbundenen Hineinwachsens in höhere Progressionsstufen die Entlastung automatisch, so daß die derzeitige Lage in dieser Hinsicht noch ungünstiger als früher ist [3)], da das Kindergeld von der Dynamisierung

1)Vgl. Bundesministerium für Arbeit und Sozialordnung, Übersicht über die Sozialsicherung, Bonn 1977, S. 236 ff
2)Seit 1.7.79 beträgt das Kindergeld für das 1. Kind DM 50, für das 2. DM 100 und ab dem 3. je weiteres Kind DM 200.
3) Bericht der Sachverständigenkommission der Bundesregierung, Die Lage der Familien in der BRD, 3. Familienbericht, Bonn 1979, S. 139

ausgeschlossen ist. Andererseits bleibt dazu zu bemerken, daß die im Rahmen der Kinderfreibeträge eingetretene relativ höhere Entlastung höherer Einkommensschichten wegfällt, was verteilungspolitisch positiv zu beurteilen ist.

2.2.3 Kinderzuschüsse und Kinderzulagen der Sozialversicherung

Träger der Sozialversicherung zahlen rund 450 000 Kinderzuschüsse und 800 000 Kinderzulagen an rund 350 000 Rentenbezieher. Diese Leistungen sind in der Regel höher (% der Rente), mindestens jedoch gleich hoch [1].

Bis 1977 waren diese Zuschläge ebenso wie die Renten dynamisiert. Die Dynamisierung wurde jedoch aus Gründen der Rentenversicherungssanierung aufgehoben [2].

2.2.4 Steuerliche Berücksichtigung der Familie

1975 wurden die allgemeinen Kinderfreibeträge abgeschafft, mit der Folge, daß die steuerliche Entlastung geringer wurde.

- Die Zahl der Kinder wird jedoch beachtet bei den <u>Vorsorgepauschalen.</u>
- Des weiteren werden Aufwendungen für die Berufsausbildung der Kinder bei auswärtiger Unterbringung im Rahmen von <u>Freibeträgen</u> berücksichtigt. Darüber hinaus gibt es zusätzliche <u>Ausbildungsfreibeträge.</u>
- 1975 ist der Haushaltsfreibetrag für Alleinstehende mit mindestens 1 Kind erhöht worden.
- Weitere steuerliche Entlastungen der Familie entstehen durch Steuerermäßigung für Ehegatten, Ehegattensplitting bei Erwerbstätigkeit beider Ehepartner, Berück-

---

1) Vgl. Bundesministerium für Arbeit und Sozialordnung, a.a.O.

2) Bericht der Sachverständigenkommission der Bundesregierung, a.a.O.

sichtigung von Aufwendungen für den Unterhalt von Angehörigen und auch den Pauschbetrag für Körperbehinderte.

2.3 Förderung der Wohnungsversorgung

2.3.1 Allgemeine Situation [1)]

Im 2. Weltkrieg wurden 22% des gesamten Wohnungsbestandes zerstört bzw. schwer beschädigt. Dies hatte zur Folge, daß noch 1950 dem Wohnungsangebot von rund 10 Mio. Wohnungen eine Nachfrage von 15.5 Mio. Wohnparteien gegenüberstand. Der Wohnungsbau wurde staatlich gefördert. Bis 1975 wurden ca. 13.5 Mio. Wohnungen fertiggestellt, davon fast die Hälfte im sozialen Wohnungsbau. In den letzten Jahren bestand schon ein Überangebot an freien Wohnungen.

Die Unterversorgung steigt mit niedrigerem Einkommen und mit steigender Kinderzahl. Von 1963-1973 hat sich die wohnungsmäßige Unterversorgung aller Familien zwar von 38% auf 26% verbessert. Von dieser Verbesserung wurden jedoch nur die kinderlosen und Familien mit ein oder zwei Kindern betroffen.
Kinderreiche Familien gelten immer noch zu 50% als unterversorgt.

2.3.2 Wohngeld [2)] (Subjektförderung)

Ziel des Wohngeldes ist es, jeder Familie und jedem Alleinstehenden einen familiengerechten bzw. angemessenen Wohnraum zu sichern. Unter bestimmten Voraussetzungen haben Mieter bzw. Eigentümer einen Rechtsanspruch auf Wohngeld in Form eines Mietzuschusses bzw. in Form eines Lastenzuschusses.

---

1) Bundesministerium für Arbeit und Sozialordnung, a.a.O., S. 339

2) Vgl. Bundesminister für Arbeit und Sozialordnung, a.a.O., S. 340

1976 waren jedoch nur 7.6 % der Wohngeldempfänger kinderreiche Familien.
Die Wohngeldreform 1978, die durch eine Erhöhung der Einkommensgrenzen die Anzahl der Wohngeldberechtigten erhöhte, brachte keine Strukturverschiebung zugunsten der Familie mit mehreren Kindern [1].

2.3.3 Sozialer Wohnungsbau (Objektförderung)

Die unterdurchschnittliche Repräsentierung kinderreicher Familien bei den Wohngeldempfängern wird durch die heute bestehende Objektförderung nicht kompensiert, da diese folgende Nachteile aufzeigt [2]:

- Ein Teil der Sozialwohnungen ist für bedürftige Bevölkerungskreise blockiert durch Wohnungsmieter, deren Einkommen schon über der Förderungsgrenze für Sozialwohnungen liegt [3] (Fehlbelegung).
- Die Einkommensgrenze für den Anspruch auf eine Sozialwohnung ist so festgesetzt, daß bis zu 3/4 der Einkommensbezieher unter dieser Grenze liegen. Dies führt zu einer großen Diskrepanz zwischen Angebot und Nachfrage nach Sozialwohnungen, die nur einen Anteil von 25 bis 30% am gesamten Wohnungsbestand ausmachen.
  Der Markt für Sozialwohnungen ist also ein Verkäufermarkt, was sich zu Lasten kinderreicher Familien mit niedrigem Einkommen (unangenehme Mieter infolge Kinderlärm und Mietrisiko) auswirkt.
  Die Mieten in den Sozialwohnungen sind Kostenmieten, die infolge des Preisanstiegs stark gestiegen sind. Daraus folgt, daß ältere Wohnungen billiger sind; diese sind jedoch, wie oben gezeigt, besetzt, so daß

---

1) Vgl. Bericht der Sachverständigenkommission, a.a.O., S. 143
2) Ebenda, S. 146 ff
3) Schätzung nach DIW, daß 40% der Mieter von Sozialwohnungen über der berechtigenden Einkommensgrenze liegen. Vgl. Hecht, Grundprobleme der Wohnungswirtschaft, in: WiSt, 1979, Heft 12

junge Familien auf die teuereren Naubauwohnungen angewiesen sind.
Kommen Kinder dazu, so verbleiben die Familien meist, um höhere Kosten zu vermeiden, in den dann zu klein gewordenen Wohnungen, womit die wohnungsmäßige Unterversorgung junger Familien mit Kindern erklärt wird. Eine andere Möglichkeit, höhere Kosten infolge Einzug in größere Neubauwohnungen zu vermeiden, ist die Anpassung der Kinderzahl an die Wohnungsgröße.

2.4 Ausbildungsförderung

2.4.1 Drei Säulen der Ausbildungsförderung

"Die am sozialstaatlichen Prinzip der Chancengleichheit ausgerichtete Ausbildungsförderung soll wesentliche Anreize liefern, Kindern aus einkommensschwachen und sogenannten bildungsfernen Familien" [1] die Aus- und Weiterbildung zu erleichtern.

Die Ausbildungsförderung gliedert sich in 3 Teile [2]:

1. Für die allgemeine Ausbildung durch das Bundesausbildungsförderungsgesetz (Bafög)
2. Für eine berufliche Ausbildung, Fortbildung und Umschulung durch das Arbeitsförderungsgesetz (AFG)
3. Einkommenssteuerliche Ermäßigungen für die eigene Ausbildung oder die Ausbildung von Kindern.

Die nach dem Bafög gewährten Leistungen sind seit 1972 von 1,04 Mrd. auf ca. 1,8 Mrd. 1977 gestiegen [3] und werden infolge der 1977 geschlossenen Leistungsverbesserungen 1981 rund 3 Mrd. jährlich betragen [4].

---

1) Pilz, F.: Das sozialstaatliche System der BRD, München 1978, S. 113
2) Vgl. Bericht der Sachverständigenkommission, a.a.O., S. 147
3) Vgl. Die Zeit, Nr. 48 vom 18.11.77, S. 35
4) Vgl. Finanzbericht 1978, hrsg. v. Bundesministerium der Finanzen, Bonn 1977, S. 82

Nach den Zielvorstellungen der Bundesregierung ist die Bafög-Unterstützung eine "Hilfe zur Selbsthilfe".
"Auf die Ausbildungsförderung besteht ein Rechtsanspruch für eine der Neigung, Eignung und Leistung entsprechende Ausbildung, wenn dem Auszubildenden die für seinen Lebensunterhalt und seine Ausbildung erforderlichen Mittel anderweitig nicht zur Verfügung stehen [1]."

Die Leistungen der Ausbildungsförderung bestehen aus Zuschüssen und Darlehen, ihre Gewährung ist abhängig von Einkommen und Vermögen der Eltern bzw. der Ehegatten [2]. Förderungsberechtigt sind im allgemeinen Schüler ab der 11. Klasse und Studenten.

1975 war fast jeder 3. Student und 2. Schüler Begünstigter des Höchstsatzes [3] (d.h. Vollförderung). Die Aufschlüsselung der Leistungsgewährung nach sozialen Schichten sieht wie folgt für 1975 aus [4]:

- 26% Arbeiterfamilien
- 24% Angestellte
- 15% Selbständige
- 12% Beamte

Im Rahmen des Arbeitsförderungsgesetzes (AFG) wird die betriebliche und überbetriebliche Berufsausbildung sowie die Teilnahme an berufsvorbereitenden Maßnahmen (z.B. Fortbildung und Umschulung von Arbeitslosen) gefördert [5]. Das sozialstaatlich motivierte Hauptanliegen der Fortbildung und Umschulung ist die Wiedereingliederung der Arbeitslosen in das Beschäftigungssystem [6].

---

1) Bundesminister für Arbeit und Sozialordnung, a.a.O., S. 277
2) Ebenda, a.a.O., S. 277
3) Pilz, F.: a.a.O., S. 114
4) Ebenda
5) Bundesminister f. Arbeit und Sozialordnung, a.a.O., S. 276
6) Pilz, F.: a.a.O., S. 113

Um die für "Ungelernte" schlechten Arbeitschancen zu verbessern, "werden besonders die zuvor arbeitslosen Teilnehmer an beruflichen Bildungsmaßnahmen gefördert, bei denen die Teilnahme für die berufliche Eingliederung wichtig erscheint [1]."

Die Berufsausbildungsbeihilfe erfolgt als Zuschuß oder als Darlehen, ihre Höhe ist abhängig vom Einkommen der Eltern oder Ehegatten und vom vorausgegangenen Arbeitsentgelt des Geförderten. 1976 wurden von der Berufsausbildungsförderung 125 000 Personen erfaßt.
Steuerlich wird die Ausbildung gefördert durch Ausbildungsfreibeträge der Einkommenssteuer, die zusätzlich für Kinder gewährt wird, für die auch Kindergeld gezahlt wird. Bei einer auswärtigen Unterbringung sind die Freibeträge entsprechend größer.

Dabei ist darauf hinzuweisen, daß die Gewährung von Freibeträgen "zu einer mit steigendem Einkommen zunehmenden Höhe der Steuerermäßigung führt, weil er von der Steuerbemessungsgrundlage abgezogen wird, so daß der für die jeweiligen Einkommen anzuwendende marginale Steuersatz die Höhe der Ermäßigung bestimmt [2]."

2.4.2 Allgemeine Probleme der Ausbildungsförderung [3]

- Unbefriedigende Altersabgrenzung der geförderten Jugendlichen

Betrachtet man die Gesamtheit aller Schüler und Studenten (10,8 Mio.), so kommen nur 20% für die Förderung infrage, da die Förderung erst ab der 11. Klasse einsetzt. Es wird als unbefriedigend angesehen, "daß die Förderung nicht

1) Pilz, F.: a.a.O., S. 113
2) Bericht der Sachverständigenkommission, a.a.O., S. 150
3) Vgl. ebenda, S. 147 ff

mit der Beendigung der allgemeinen Schulpflicht, d.h. zu einem Zeitpunkt einsetzt, in dem es darauf ankommt, einen Anreiz für den Besuch weiterführender Bildungseinrichtungen zu geben [1]."

- Familienbezogene Ausbildungsbeihilfe

Da die Ausbildungsbeihilfen von den Einkommensverhältnissen der Eltern bzw. Ehegatten abhängig sind, ist die junge Generation weiterhin von der Familie abhängig. Der Wunsch nach mehr Unabhängigkeit kollidiert jedoch "nicht nur damit, daß eine Abhängigkeit vom Kollektiv mit seinen unvermeidbaren bürokratischen Verfahren ebenso nachteilig sein kann, wie die zugemutete Einordnung in den Familienverband, sondern würde auch eine Verschwendung öffentlicher Mittel in all jenen Fällen bedeuten, in denen Ausbildungshilfen gewährt werden, obwohl die Eltern in der Lage wären, die Ausbildung selbst zu finanzieren [2]."

Dabei ist jedoch zu beachten, daß eine Abhängigkeit von den Eltern die Bildungschancen der Kinder beeinträchtigen kann, wenn die Eltern den Wert einer besseren Ausbildung geringschätzen. Zukünftige Güter werden oft weniger hoch eingeschätzt als Gegenwartsgüter [3].

- Umverteilungswirkung bei der Förderung von Hochschülern

Werden Verteilungswirkungen betrachtet, so müssen nicht nur die Ausbildungsförderungshilfen, sondern die gesamten Staatsausgaben für das Bildungsangebot (was je in der BRD kostenlos! ist) betrachtet werden.

---

1) Bericht der Sachverständigenkommission, a.a.O., S. 148
2) Ebenda, S. 149
3) Vgl. Berg, H.: Ökonomische Grundlagen der Bildungsplanung, Forschungsbeiträge der Adolf-Weber-Stiftung, Berlin 1965, S. 61

Es kommt zu <u>intergenerationellen regressiven Verteilungseffekten,</u> denn die "Verwendung von Staatsgeldern zur Finanzierung des Studiums kommt per Saldo einer Transferzahlung von der alten an die junge Generation gleich und wirkt deshalb einer gleichmäßigen Verteilung der materiellen Lebenschancen entgegen [1]."

Des weiteren kommt es zu <u>intragenerationellen regressiven Verteilungseffekten,</u> da nur ein bestimmter Teil eines Jahrgangs finanziell gefördert wird. Die Jugendlichen, denen diese finanziellen Vorteile zugute kommen, sind ohnehin schon meistens aufgrund ihrer Fähigkeiten und sozialen Herkunft gegenüber ihren Altersgenossen privilegiert und haben bessere ökonomische und soziale Lebensperspektiven. Darüber hinaus sind nur rund 15% aller Hochschüler Arbeiterkinder.

Da trotz progressivem Einkommenssteuersystem die mittleren und kleinen Einkommen einen relativ großen Anteil bei der Finanzierung der Staatsausgaben tragen, führt ein durch Staatsausgaben finanziertes Bildungsangebot, welches für alle Studenten, ob arm oder reich, gleich zugänglich ist, zu einer Umverteilung zugunsten höherer Einkommensschichten [2].

---

1) C. Ch. von Weizäcker: Lenkungsprobleme der Hochschulpolitik, in: Schriften des Vereins für Sozialpolitik, N.F., Bd. 58, Berlin 1971, S. 545
Vgl. auch: Woodhall, M.: Distributional Impact of Methods of Educational Financing, in: OECD, Education, inequality and life chances, Vol. 1, Paris 1975, S. 351

2) Vgl. Johnson, H.G.: The Alternatives before US, in: JPE, Vol. 80, 1972, S. 289, vgl. Woodhall, M.: Distributional Impact of Methods of Educational Financing, in: OECD, Education, inequality and life chances, Vol. 1, Paris 1975, S. 351

2.5 Politische Maßnahmen im Hinblick auf die Stellung der Frau

2.5.1 Ansatzpunkte

Das Verständnis der Stellung der Frau orientierte sich bis in die sechziger Jahre an der Hausfrauenrolle. Zunehmend entwickelt sich dann die Überzeugung, daß die Gleichberechtigung der Frau insbesondere durch deren Erwerbstätigkeit außerhalb der Familie zu erreichen sei. Das neue Eherecht von 1975 bringt auch in der Gesetzgebung die Umorientierung vom Verständnis der Frau als Hausfrau zu dem der Erwerbstätigen. Damit ergeben sich drei Schwerpunkte sozial- und familienpolitischer Maßnahmen im Hinblick auf die Frau. Zum einen muß der eigenständigen Altersversorgung der Frau besondere Aufmerksamkeit gewidmet werden, dann kommen Maßnahmen, die eine größere Chancengerechtigkeit ermöglichen, besondere Bedeutung zu, und schließlich ergeben sich daraus auch Folgerungen bezüglich des Mutterschaftsschutzes. Zugleich stellt sich jedoch bezüglich der Altersversorgung und der Mutterschaft auch das Problem, daß die nicht erwerbstätige Frau nicht diskriminiert werden soll.

2.5.2 Soziale Sicherung der Frau

Nur unselbständig erwerbstätige Frauen können Pflichtmitglieder in der gesetzlichen Rentenversicherung sein. Aus diesem Grunde wurden die Ehefrauen über vom Manne abgeleitete Ansprüche in die Altersversorgung miteinbezogen. Im Todesfall des Mannes haben sie Anspruch auf die Witwenversorgung.

Dieser Regelung zufolge gibt es Frauen, die aus der gesetzlichen Rentenversicherung

- keine Altersrente
- eine Versichertenrente aufgrund eigener Tätigkeit
- 60% des Versicherungsanspruchs des Mannes als Witwenrente

- 2 Altersrenten (Kumulierung von Witwen- und Versicherungsrente)

erhalten.

Die Situation der alleinstehenden Frau (im Jahre 1973 erhielten die 150 ärmsten alleinstehenden Frauen ein Nettoeinkommen von durchschnittlich 380 DM und lagen damit um 14% unter dem Sozialhilfesatz von 440 DM [1]) ist weitgehend durch die Notlage alleinstehender im Rentenalter gekennzeichnet. Die "Sachverständigenkommission für die soziale Sicherung der Frau und der Hinterbliebenen" (Kommission 84) hat sich dafür ausgesprochen, die Witwenrente durch die Teilhaberente zu ersetzen. Von den noch kontrovers diskutierten konkreten Plänen hat die folgende Regelung wohl die größten Aussichten. Die Hinterbliebenenrente macht 70% der gesamten von beiden Ehegatten in und außerhalb der Ehe erworbenen Rentenansprüche aus. Für den Fall, daß der Rentenanspruch des hinterbliebenen Ehegatten aus eigenen Leistungen höher liegt als diese 70%, soll er 100% der eigenen Ansprüche erhalten [2].

Die Sicherung der geschiedenen Frau wird durch den Versorgungsausgleich geregelt. Ihr steht die Hälfte der von beiden Ehepartnern in der Ehe erworbenen Rentenansprüche zu. Hat sie keine eigenen Ansprüche, so kommt sie also auf 50% der Versichertenrente des Mannes und stellt sich somit schlechter als die Witwe ohne eigene Ansprüche, die derzeit 60% und, nach diskutierten Plänen, 70% der Versichertenrente des Mannes erwarten kann.

---

1) Alterssicherung, Problemgruppe Frauen, in: Informationsdienst des Instituts der deutschen Wirtschaft, 5. Jahrgang, Heft 12, März 1979, S.7

2) Vgl. Kommission 84; Votum für Teilhabe, in: Informationsdienst des Instituts der deutschen Wirtschaft, 5. Jahrgang, Heft 23, Juni 1979, S. 4 f.

Auch nach den vorgestellten Plänen ist zu erwarten, daß Männer als Hinterbliebene im Rentenalter, wegen im allgemeinen höheren individuellen Ansprüchen, weiterhin höhere Einkommen beziehen werden als der Durchschnitt der Frauen. Jedoch dürfte sich die Relation verbessern. (1972 hatten 59% der Witwen ein monatliches Einkommen bis 600 DM, während der entsprechende Anteil bei den Männern nur halb so hoch lag [1]).

2.5.3 Maßnahmen im Hinblick auf die Stellung der Frau im Beruf und Regelungen bezüglich der Mutterschaft

Die Berufstätigkeit der Frau, soweit sie ausgebildet ist, konzentriert sich auf wenige Berufe. Mehr als 40% aller weiblichen Auszubildenden konzentrierten sich 1977 auf nur 5 Berufe,und 62% entfielen auf die 10 am stärksten nachgefragten Berufe [2]. Aus diesem Grunde zielen einzelne Bundesländer darauf ab, neue Berufswege für Mädchen zu öffnen, das Rollenverhalten der Mädchen und das Einstellungsverhalten der Betriebe dermaßen zu ändern, daß eine breitere Berufswahl erfolgt. Dies ist insofern zusätzlich erforderlich, als durch den Geburtenrückgang gerade Berufe, die durch einen hohen Anteil berufstätiger Frauen gekennzeichnet sind (Kindergärtnerinnen und Lehrerberufe), betroffen werden.

Für die Stellung der Frau im Beruf erhalten auch die Regelungen bezüglich des Mutterschutzes besondere Bedeutung. Mögliche Schwangerschaft, damit verbundene Unkündbarkeit und Gehaltsfortzahlung stellen sicherlich einen der entscheidenden Gründe für die Diskriminierung der Frau auf dem Arbeitsmarkt dar. Mit der zunehmenden Bedeutung der Frau als Erwerbstätige und zugleich

---

1) Vgl. Bericht der Sachverständigenkommission, a.a.O., S. 151 ff.

2) Berufsausbildung; das Mädchen-Problem, Informationsdienst des Instituts der deutschen Wirtschaft, 5. Jahrgang, Heft 11, März 1979, S. 4 f.

wachsender Erkenntnis hinsichtlich der Gefahr von Deprivationsschäden bei Kleinkindern beim Fehlen einer gleichbleibenden Bezugsperson gewinnen Regelungen Bedeutung, die eine längere Freistellung der Frau nach der Entbindung ermöglichen, ohne jedoch zu Lasten privater Arbeitgeber zu gehen. Ein Mutterschaftsgeld, welches in angemessenem Verhältnis zum Einkommen im Erwerbsfalle steht, soll der Mutter einen längeren Mutterschaftsurlaub ohne zu große Einkommenseinbußen möglich machen. Hierbei wird aber in der Bundesrepublik an Zeiträume von unter einem Jahr nach der Entbindung gedacht, während in der DDR beispielsweise sich eine solche Regelung auf 2 Jahre erstreckt.

Derartige Maßnahmen könnten, auch wenn dies nicht direkt beabsichtigt ist, das generative Verhalten ändern, denn wie sich aus Umfragen ergab, wären immerhin 22% der erwerbstätigen Frauen mit Kindern lieber nicht berufstätig und 38% halten körperliche und nervliche Belastungen ihrer Tätigkeit für "auf Dauer unerträglich".

Wichtig in diesem Zusammenhang ist ferner, daß die Unzufriedenheit bei der Arbeit mit steigender Qualifikation abnimmt [1]. Einflüsse auf das generative Verhalten könnten sich darüber hinaus dann ergeben, wenn in Muttergeldszahlungen allein an Erwerbstätige eine Diskriminierung der Hausfrauen gesehen wird und die Zahlungen auf diesen Kreis ausgedehnt werden. Die Wechselwirkungen zwischen Familien- und Sozialpolitik, Haushaltsstruktur und Einkommensverteilung sind demzufolge sehr komplex. Es soll dennoch der Versuch unternommen werden, einige mögliche Zusammenhänge und Entwicklungen aufzuzeigen.

---

1) Schöll-Schwinghammer, I. und Lappe, L.: Arbeitsbedingungen und Arbeitsbewußtsein erwerbstätiger Frauen, Frankfurt 1978

3. Familienpolitik, personelle Einkommensverteilung

3.1 Berufstätigkeit der Frau

3.1.1 Berufstätigkeit, Haushaltseinkommen und Qualifikation

Erwerbstätigkeit der Frau, dies war festzustellen, erfolgt größtenteils, wenn das Einkommen des dem Haushalt vorstehenden Ehemannes als nicht ausreichend empfunden wird. Im allgemeinen dürfte daher die Qualifikation des Ehemannes relativ gering sein. Normalerweise übersteigt die berufliche Qualifikation der Ehefrau die ihres Mannes nicht, so daß, was die Empirie bestätigt, ein Großteil der Frauen, die arbeiten "müssen", wenig qualifiziert ist. Da, wie Umfragen ergaben, die Unzufriedenheit mit der Arbeit bei steigender Qualifikation der Frau sinkt [1], wird ein beachtlicher Teil dieser Frauen "lieber nicht arbeiten" (d.h. berufstätig sein) wollen. Auch der oben angegebene Anteil von 38% der erwerbstätigen Frauen, die ihre berufliche Belastung als "auf Dauer unerträglich" empfinden, dürfte in dieser Gruppe, die relativ stärker an von Lärm, Schmutz und Monotonie gekennzeichneten Arbeitsplätzen beschäftigt wird, höher liegen. Demzufolge ist zu erwarten, daß diese erwerbstätigen Frauen in ihrem Arbeitsangebotsverhalten stark auf finanzielle familienpolitische Anreize reagieren.

Im Falle höherer Qualifikation oder angesehenerer Profession des Mannes wird die nicht "standesgemäß" ausgebildete Ehefrau nicht berufstätig sein und dies eventuell ex post rationalisieren, indem sie die Rolle der Hausfrau bewußt kultiviert. Kinderzahl und Ausbildung der Kinder dürften in dieser Gruppe weniger durch finanzielle Gegebenheiten beeinflußbar als vielmehr durch das Verständnis der Rolle bedingt sein.

---

1) Vgl. Bevölkerungspolitik, Kinder kontra Kasse, a.a.O., S. 5

Hochqualifizierte Frauen werden zwar, wegen des für sie möglichen höheren Einkommens, auch aus finanziellen Gründen berufstätig sein, es dürften für sie jedoch die Freude an ihrer Tätigkeit und die damit verbundene Stellung großes Gewicht bei der Entscheidung für eine Berufstätigkeit haben [1]. Wird diese dennoch aufgegeben, so ist dies nur der Fall, wenn Kinder vorhanden oder geplant sind. Familienpolitische finanzielle Anreize müßten hier, sollten sie das generative Verhalten beeinflussen, wohl nicht realisierbare Beträge annehmen.

3.1.2 Frauenerwerbstätigkeit und langfristige Arbeitsmarktentwicklung

Im Hinblick auf die langfristige Entwicklung des Arbeitsmarktes soll im folgenden lediglich auf die Konsequenzen der Bevölkerungsentwicklung eingegangen werden. Der Einfluß der Bevölkerungsschrumpfung auf die Chancen qualifizierter Frauen auf dem Arbeitsmarkt dürfte ein zweifacher sein. Einmal trifft der Bevölkerungsrückgang in besonderem Maße den Bildungsbereich, in welchem ein grosser Teil der qualifizierten Ehefrauen beschäftigt ist. Die sich damit verschärfende Konkurrenzlage mit den Männern entsprechender Qualifikation wird die Möglichkeiten der Frauen besonders einschränken und deren Berufstätigkeit auch sozial diskriminieren, wie dies z.B. auch mit dem Wort vom "Doppelverdienertum" geschieht [2]. In den tradierten Normvorstellungen dominiert die Vorstellung der Hausfrauenrolle als "natürliche" Rolle der Frau dermaßen, daß verschiedentlich das Zurückdrängen verheirateter Frauen aus ihrer beruflichen Tätigkeit als lang-

1) "So haben 70 Prozent der relativ qualifizierten Angestellten 'Spaß an ihrer Arbeit', bei den Angestellten mit einfachen Tätigkeiten waren es nur 56 Prozent", Bevölkerungspolitik, Kinder kontra Kasse, a.a.O., S. 5

2) Hoffmann-Nowotny, H.J., a.a.O., S. 43

fristige Lösung des Beschäftigungsproblems erörtert wird. Hinzu kommt ferner, daß in schrumpfenden Bevölkerungen die vertikale Mobilität zwangsläufig zurückgeht. Gerade im staatlichen und besonders im Bildungsbereich, wo der Frauenanteil hoch und die Aufstiegschancen der Frauen groß einzuschätzen sind, werden bei Beförderung nach dem Dienstalter mit dem sich ändernden Altersaufbau die Aufstiegsmöglichkeiten 'verstopft'. Tendenziell gilt dies auch in anderen Bereichen und verstärkt sich diese Wirkung bei nachlassendem Wirtschaftswachstum [1].

Die Aufstiegsmöglichkeiten der Frauen sinken somit überproportional, eine Berufstätigkeit für qualifizierte, verheiratete Frauen wird damit nicht nur schwerer möglich, sondern auch weniger attraktiv. Dies wird dadurch weiter verstärkt, daß weibliche Stelleninhaberinnen auch im Falle der Mutterschaft, in Anbetracht größeren Wiederbeschäftigungsrisikos, ihre Stellen zunehmend halten werden.

Was die erwerbstätigen Frauen geringerer Qualifikation angeht, die arbeiten "müssen", so stellen diese bekanntermaßen die besonderen Sorgenkinder des Arbeitsmarktes dar. Zum einen ist ihre Mobilität meist gering, da sie durch die Berufstätigkeit des Mannes ortsgebunden sind. Ihr Arbeitsangebot kann folglich nur auf einem regional enger begrenzten Arbeitsmarkt erfolgen. Zum zweiten sehen sie sich bei allgemein schlechterer Beschäftigungslage verstärkt männlicher Konkurrenz ausgesetzt, da sich qualifiziertere männliche Bewerber zunehmend um weniger attraktive Beschäftigungen bemühen.

1) Vgl. Streissler, E.: Einleitung der Generaldiskussion, in: G. Bombach, B. Gahlen, A.E. Ott (Hg.): Ausgewählte Probleme der Wachstumspolitik, Schriftenreihe des wirtschaftswissenschaftlichen Seminars Ottobeuren, Band 4, Tübingen 1976, S. 432

Schließlich sind es gerade auch die Arbeitsplätze bevorzugt weiblicher Erwerbstätiger, die bei im internationalen Vergleich steigendem Reallohnniveau entweder dem technischen Fortschritt durch Rationalisierung oder der Auslagerung auf ausländische Produktionsstätten zum Opfer fallen. Es ist somit kaum anzunehmen, daß die Frauenerwerbstätigkeit in dieser Gruppe weiter zunimmt.

Was schließlich die weniger qualifizierten Ehefrauen besser gestellter Männer angeht, so hängt deren Beschäftigungsverhalten überwiegend vom Rollenverständnis ab und damit in der Entwicklung von der Tendenz gesellschaftlicher Normen, von der, wenn auch in geringerem Maße, die Frauenerwerbstätigkeit allgemein mitbestimmt wird. Schrumpfende,und damit überalternde Bevölkerungen, weisen einen Zug zum Konservativen auf, denn erwiesenermaßen tendiert die Einstellung von Individuen mit zunehmendem Alter in dieser Weise. Die Bedeutung jugendlicher Subkulturen nimmt ab, und mit der Änderung der Altersstruktur beginnen "Alterswerte" [1] zu dominieren, während der Einfluß emanzipierender, jugendlicher Vorstellungen sinken wird. Die Normvorstellungen bezüglich der Ehefrau werden sich damit von der Erwerbstätigenrolle zur Hausfrauenrolle verlagern, und das entsprechende Arbeitsangebot tendenziell eher abnehmen.

Der seit geraumer Zeit sinkende Erwerbstätigenanteil jüngerer Frauen darf jedoch nicht als Bestätigung dieser sich ändernden Normentwicklung angesehen werden, da er wohl im wesentlichen durch die zunehmende Bildungsbeteiligung der Frau bedingt wird [2]. Die zunehmende Qualifikation könnte sogar eine steigende Tendenz zur Frauenerwerbstätigkeit der mittleren Altersjahrgänge er-

---

1) Hoffmann-Nowotny, H.-J.: a.a.O., S. 45
2) Vgl. Trends: Frauen-Erwerbstätigkeit, Informationsdienst des Instituts der deutschen Wirtschaft, 4. Jahrgang, Heft 37, September 1978, S. 2

klären. Da sich indessen mit der Änderung der Qualifikation wohl auch die Qualität der Beschäftigungsverhältnisse ändern wird (z.B. größere Möglichkeiten der Teilzeitbeschäftigung), kann aus einer entsprechend zunehmenden Frauenerwerbstätigkeit nicht mehr zwangsläufig auf einen weiteren Geburtenrückgang geschlossen werden.

3.1.3 Frauenerwerbstätigkeit und Kinderzahl

Die Frauenerwerbstätigkeit erwies sich als eine eng mit der Kinderzahl korrelierte Größe. Sie erscheint ferner mit dem Einkommen und wohl auch der Qualifikation des Ehemannes negativ korreliert. Ein etwas anderes Muster ergibt sich durch die Qualifikation der Frau. Bei geringer Qualifikation und hoher Erwerbsquote bleibt die Kinderzahl gering, während bei hoher Qualifikation Erwerbsquote und Kinderzahl hoch sind. Letzteres mag durch zwei sich überlagernde Effekte zustande kommen. Die hochqualifizierte Hausfrau dürfte die Mutterrolle bewußter bewerten als die für ihren qualifizierteren Ehemann lebende und ihre eigene Bedeutung eher durch diesen erhaltende, weniger qualifizierte Ehefrau. Zum anderen sind bei den Berufen höherer Qualifikation eher solche, die der Frau zeitlich mehr Spielraum belassen, so daß sie auch als Erwerbstätige besser zugleich Mutter sein kann. Ein Ansteigen des allgemeinen Qualifikationsniveaus der Frau könnte demzufolge trotz steigender Erwerbsquote größere Kinderzahlen ergeben.

Kommt es nicht zu massiven familienpolitischen Eingriffen, so bleibt zu erwarten, daß sich das generative Verhalten der wenig qualifizierten Frau nicht ändert, denn langfristig scheint sich die Arbeitsmarktsituation eher zu Lasten der weniger Qualifizierten zu entwickeln.

Für das generative Verhalten der übrigen Frauen kommt, wie erwähnt, dem Rollenverständnis entscheidendere Bedeutung zu. Es scheint diesbezüglich aus mehreren, zum Teil oben angeführten Gründen naheliegend, daß eine Umqualifizierung des Emanzipationsbegriffs erfolgt. Einerseits nämlich wird die Arbeitsmarktsituation für die Frau spezifisch ungünstiger, andererseits zeigt sich eine zunehmende Betonung konservativerer Wertvorstellungen. Wird hierbei ferner bedacht, daß mit der Kritik an der Wohlstandsgesellschaft die Auslagerung ursprünglicher Hausfrauenaktivitäten, die zunehmende Arbeitsteilung und damit steigende Entfremdung (auch der Hausfrauentätigkeit!) sowie die Leistung und der Einkommenserwerb an sich zunehmend kritischer gesehen werden, so scheint die Erwartung einer wieder zunehmenden Geburtenhäufigkeit einleuchtender als die anhaltenden Geburtenrückgänge [1].

Welche Folgerungen lassen sich nun in diesem Zusammenhang im Hinblick auf die Familienpolitik ziehen?

3.2 Familienpolitische Maßnahmen, Einkommensverteilung und Haushaltsstruktur

3.2.1 Generative Einflüsse der Familienpolitik

Selbst wenn familienpolitische Maßnahmen bewußt nicht auf das generative Verhalten abzielen, so bedeutet dieses nicht, daß keine Interdependenzen auftreten. Der entscheidende Einfluß dürfte in diesem Zusammenhang über die direkten Kosten der Kinder und die Opportunitätskosten, die im wesentlichen im Verzicht der Mutter auf Einkommen und Status zu sehen sind, wirken.

Was die direkten Kosten der Kindererziehung angeht, so scheinen diese, bedenkt man die positive Korrelation zwischen Einkommen des Haushaltsvorstandes und Kinderzahl, nivellierend auf die Verteilung des Haushaltsprokopfeinkommens wirken. Indessen stellen familienpolitische Maßnahmen keinen vollen Ausgleich für die Einkommensnachteile der Kinderreichen in gleichen so-

1) Hoffmann-Nowotny, H.-J.: a.a.O., S. 44-45

zialen Schichten dar. Wollte man solches bewirken, so wären zwangsläufig Beiträge erforderlich, die das generative Verhalten besonders bei den schlechter Verdienenden beeinflussen müßten. Lehnt man solches aus grundsätzlichen Erwägungen jedoch ab, so sind zur Wahrung der Chancengerechtigkeit Maßnahmen erforderlich, die die Wohn- und Ausbildungssituation der Kinder betreffen. Hierbei empfiehlt es sich besonders, Kreditmöglichkeiten zu schaffen, die die Eltern entlasten und Kindern über Rückzahlung die Finanzierung der eigenen Ausbildung ermöglichen. Was die Opportunitätskosten angeht, so bleibt im Hinblick auf die Erwerbstätigkeit der Frau zu sagen, daß großzügige Mutterschaftsgeldregelungen das generative Verhalten im wesentlichen dort beeinflussen würden, wo die Frauenerwerbstätigkeit ausschließlich dem Einkommenserwerb dient, die Arbeitsbedingungen schlecht und das Einkommen vergleichsweise gering sind. Es dürfte sich folglich hauptsächlich das generative Verhalten der weniger Qualifizierten ändern. Ob indessen solches bei der jüngst in Kraft getretenen Regelung der Möglichkeit einer Erweiterung des Mutterschutzurlaubes auf ein halbes Jahr, bei Zahlung von monatlich 750 DM,bereits eintritt, erscheint fraglich.

Die Opportunitätskosten der qualifizierten Frauen können jedoch finanziell nicht abgegolten werden. Die Aufgabe an Eigenständigkeit und Erfüllung im Beruf kann lediglich durch ein anderes Emanzipationsverständnis kompensiert werden, ein Emanzipationsverständnis, welches nicht zwangsweise vergeblich nach einer der Rolle des Mannes entsprechenden für die Frau sucht, sondern das darauf angelegt ist, Gleichberechtigung in der Gleichwertigkeit einer spezifisch weiblichen Rolle für die Frau anzustreben. Zweifelsohne kommt hier der öffentlichen Meinung entscheidendes Gewicht zu. Die Besinnung auf größere Selbstverwirklichung des Menschen und das Streben nach einer entsprechenden Gesellschaft könnten mit dem Schlagwort von der Qualität des Lebens unter dem Banner einer

Reformpolitik der "Grünen" [1] zu einem mit dem konservativen Rollenverständnis, zumindest was die Bedeutung der Mutterschaft angeht, übereinstimmenden Bild der Frau kommen. Diese geistigen Strömungen lassen demgemäß wieder höhere Geburtenraten erwarten.

Eine kurzfristige, bewußt auf das generative Verhalten abzielende Familienpolitik könnte daher die Gefahr verstärkender Zyklen in der Bevölkerungsentwicklung heraufbeschwören und damit große Auslastungsprobleme im Bildungsbereich bedingen.

Bei Mutterschaftsurlaubs- und Mutterschaftsentschädigungsregelungen wäre demnach darauf zu achten, daß im Sinne der Chancengerechtigkeit die Freistellung der Frau für die Betreuung des Kleinkindes zur Vermeidung von Deprivationsschäden keine zu großen finanziellen Belastungen für die einkommensschwachen Familien bringt, sie sollten indessen nicht auf eine höhere Geburtenrate abzielen. Die derzeitige Regelung scheint in dieser Hinsicht ein Schritt in die richtige Richtung, wobei im Hinblick auf die Entwicklung des Kleinkindes eine Verlängerung des möglichen Urlaubs nach der Entbindung wünschenswert erschiene.

3.2.2 Langfristige Einflüsse der Familienpolitik auf die personelle Einkommensverteilung

Bei der Beurteilung der personellen Einkommensverteilung in diesem Zusammenhang soll die individuelle Versorgung im Mittelpunkt stehen und demgemäß die Verteilung der Haushaltsdurchschnittseinkommen betrachtet werden (Haushaltseinkommen dividiert durch die Zahl der Haushalts-

---

1) Die "Grünen" oder auch die "grüne Partei" stellen eine in jüngster Zeit in der Bundesrepublik bei Wahlen sehr erfolgreiche politische Gruppierung dar, die die Berücksichtigung ökologischer Gesichtspunkte als Basis der Politik anstrebt.

mitglieder, unter Umständen unter Berücksichtigung von Versorgungsäquivalenten).

Würden auf die Kinderzahl bezogene finanzielle Transfers so hoch liegen, daß sie das generative Verhalten beeinflussen, so würden sie insbesondere bei den schlechter Verdienenden wirken. Da indessen unter Berücksichtigung entfallender Erwerbseinkünfte von Frauen und der gestiegenen Personenzahl pro Haushalt keine Transferhöhe zu erwarten ist, die dem Kinderreichenhaushalt ein höheres Durchschnittseinkommen bringt als dem mit geringerer Kinderzahl, würde die angesprochene Einkommensverteilung eher ungleichmäßiger. Ferner würde sich der relative Anteil von Kindern mit geringeren Chancen erhöhen, denn nicht von ungefähr hat sich bei empirischen Untersuchungen die Ausbildungszeit der Eltern als "Proxy" [1)] für die zukünftigen Einkommenschancen von Kindern maßgeblich beeinflussenden Variablen "Elternhaus" als sehr aussagefähig erwiesen. Langfristig würden somit Kindergeld und Mutterschaftsregelungen, die zu höheren Kinderzahlen im unteren Einkommensbereich führen, die Chancengerechtigkeit schmälern.

Das ursprünglich die bildungspolitische Diskussion in der Bundesrepublik beherrschende Schlagwort von der Chancengleichheit wurde nach den ersten Erfahrungen zunehmend durch das der Chancengerechtigkeit ersetzt. Dies mag zum einen durch die Erkenntnis bedingt sein, daß Chancengleichheit im Bildungsbereich nicht zwangsläufig zu größerer Einkommensgleichheit führt, sondern daß eher aus den Einkommen der Allgemeinheit die besonders Begabten am stärksten gefördert werden und die Chancen vielleicht gleicher, die Einkommen dagegen ungleicher werden. Eine zunehmende Ausbildungsförderung auf Kredit,

---

1) Unter einer "Proxy" wird eine Variable verstanden, die bei empirischen Untersuchungen eine direkt nicht quantifizierbare Einflußgröße, wie z.B. das "Elternhaus" approximativ quantifizieren soll.

zumindest im Bereich der höheren Qualifikationen, zeugt von diesem geänderten Verständnis und entsprang wohl nicht ausschließlich Finanzierungsüberlegungen. Zum anderen scheint der Verdacht, daß ein expansives Bildungssystem degressiv wirke, also der Steueranteil der Arbeiter in keinem Verhältnis zur Inanspruchnahme des Bildungsangebots durch Arbeiterkinder stehe, naheliegend.

Diese Erfahrung, daß nämlich eine kurzfristig einleuchtende Politik möglichster Chancengleichheit und entsprechend möglichst vollkommenen Familienlastenausgleichs sich längerfristig in der Wirklichkeit unter Verteilungsgesichtspunkten nicht bewährt, mahnt zur Vorsicht. Maßnahmen, die über Kreditvergünstigungen wie im Wohnungsbau und im Bildungsbereich Chancengerechtigkeit ermöglichen, indem sie die Lasten tragbar machen, scheinen nicht nur leichter finanzierbar, sondern in ihren langfristigen Auswirkungen auch wünschenswerter.

Schluß

Es ließ sich feststellen, daß im Querschnittsvergleich Haushaltsgröße und Kinderzahl mit dem Einkommen des Haushaltsvorstandes positiv korreliert sind. Der Familienlastenausgleich wirkt trotzdem nicht so, daß Kinderreiche annähernd das gleiche Haushaltsprokopfeinkommen der Kinderlosen oder Einkindfamilien erreichen. Ein aus Gründen der Verteilungsgerechtigkeit kurzfristig sinnvoll erscheinender Familienlastenausgleich erweist sich jedoch ebenfalls aus Verteilungsgründen als langfristig nicht unbedingt wünschenswert und zudem auch kaum finanzierbar. Nach den feststellbaren Zusammenhängen leuchtet es ein, daß das generative Verhalten von wesentlichen finanziellen Anreizen frei bleiben sollte. Qualifikations- und einkommensbedingte Einflüsse sowie das Rollenverständnis scheinen in einer Weise zusammenzuwirken, die einen langfristig vergleichmäßigenden Einfluß des generativen Verhaltens auf die personelle

Einkommensverteilung erwarten lassen. Ohne vollständigen Familienlastenausgleich läßt sich Chancengerechtigkeit ermöglichen, indem die Belastungen durch Wohnen und Ausbildung von Kindern durch Kredithilfen tragbar gemacht werden. Gerade für eine Volkswirtschaft mit geringerem Wachstum der Bevölkerung und des Sozialprodukts scheint eine die soziale Mobilität anregende Leistungsorientierung an Stelle eines hierarchieerhaltenden Transfersystems unerläßlich.

STRUKTURWANDEL DES FAMILIENGEFÜGES UND DIE PROBLEMATIK SOZIALPOLITISCHER MASSNAHMEN IM HEUTIGEN JAPAN

Kunihiro Jojima

1. Einleitung

Der Begriff "Familienpolitik" ist als Schlagwort im heutigen Japan noch nicht geläufig. Dieser Tatbestand macht deutlich, wie sehr die Bedeutung des Familiengefüges, das eigentlich mit der Wohlfahrt der Bürger in engem Zusammenhang steht, vernachlässigt worden ist.

Es gibt zwar heute bereits eine Menge von sozialpolitischen Maßnahmen, aber es bestehen weder feste Kriterien noch bewußte Zielsetzungen für ihre Koordinierung.

Die für die Deckung des Finanzdefzits ausgegebene Staatsanleihe beläuft sich bereits auf ca. 540 Mrd. DM zum Yen-Kurs von 100 Yen = 0,90 DM. Der Betrag macht das 1,75-fache der allgemeinen Finanzausgaben des Jahres 1978 aus und beläuft sich auf ca. 4500 DM pro Kopf. Dieses Ausmaß kann bereits als eine Grenze des Verschuldungsspielraums verstanden werden. Demnach fürchtet man sich jetzt davor, die Möglichkeiten weiterer sozialpolitischer Wahlgeschenke mit unzumutbar erhöhten Steuerbelastungen auszuschöpfen, wie dies heute in Schweden bereits zutrifft, und dies, obwohl ein geradezu verantwortungsloser Optimismus hinsichtlich sozialpolitischer Wahlgeschenke immer noch die parlamentarische Bühne beherrscht.

Unter diesen Umständen stellt sich die Frage:

1) Was ist das Wesen der Sozialpolitik in Japan?
2) Wie ist die Sozialpolitik auf den Zustand des Familiengefüges auszurichten bzw. können sozialpolitische

Maßnahmen als für alle Länder gleich sinnvoll angesehen und gleichartig durchgeführt werden?

3) Wie kann man angesichts der Finanznot die sozialpolitischen Ausgaben in Grenzen halten?

4) Wie hängt die soziale Solidarität mit dem Familiengefüge zusammen?

Bei einer dermaßen begrenzten Seitenzahl ist es nicht möglich, sich mit allen oben erwähnten Fragestellungen auseinanderzusetzen, so daß im Hinblick auf die anstehenden Fragen nur wichtige Daten vorgestellt und diskutiert werden sollen. Insbesondere muß man dabei die Aufgabe sehen, diese Darstellung mit der von Herrn Kollegen Dr. G. Blümle abzustimmen. Der Aufsatz überschneidet sich also teilweise mit seinem, obwohl ich seiner Meinung nicht immer zustimme.

2. Der Wandel zur Kernfamilie

Unter dem Zwang der Besatzungsmächte wurde im Jahre 1947 die Primogenitur durch das Realteilungsrecht abgelöst, womit Japan in das Zeitalter der Kernfamilie eintrat. Auf dem Lande allerdings verzichten noch heute die erbenden Geschwister eines Bauernhofes zumeist auf ihr Erbrecht, und der einzige Hofnachfolger erbt allein das Hausackerland mit der zugehörigen Wohnung, denn die Realteilung würde für kleine Bauern sicherlich die Auflösung des Hofes bedeuten. Im Umland von Städten dagegen bestehen, in Anbetracht der hohen Bodenpreise, die Geschwister meist auf der Durchsetzung ihres Rechtes auf Realteilung, was zur Auflösung des Stammhauses führt.

Nach der Begriffsauffassung der Behörden versteht man unter der "Kernfamilie" diejenige, die entweder ein Ehepaar allein oder dieses mit den noch nicht verheirateten Kindern zusammen umfaßt.

Um die Ausgangslage zu verdeutlichen, sei zunächst auf die entsprechenden 2 Tabellen verwiesen.

Tabelle 1: Strukturwandel der Familienhaushalte seit 1955

A: Prozentanteile der Haushaltsgrößenklassen an der Gesamtzahl der Haushalte
B: Jahr. Ab 1980 geschätzt.
C: Wohnbevölkerung

B A	1955	1960	1965	1970	1975	1980	1985
1 Pers.	3,46	5,20	8,07	10,76	13,55	14,96	16,03
2 Pers.	10,79	12,68	14,26	15,46	16,81	19,71	21,03
3 Pers.	14,54	15,91	18,22	23,35	20,02	22,18	23,45
4 Pers.	16,63	18,71	22,30	25,43	26,55	26,96	26,09
5 Pers.	16,65	17,12	16,17	14,43	12,48	9,84	8,35
6 Pers.	14,11	13,13	10,64	8,44	6,51	4,22	3,49
7 Pers. u. mehr	23,82	17,26	10,34	5,83	4,08	2,13	1,57
Durchschnitt (Personen)	4,97	4,54	4,05	3,69	3,45	3,19	3,07
C	100	105	110	117	125	139	144
D/C	1,00	1,08	1,21	1,33	1,44	1,58	1,64

Anmerkung: Nach der Tabelle aus "People and National Land Policy", Nov. 1977, S. 18, herausgegeben vom Landesplanungsamt (Kokudo-cho)

Tabelle 2: Der Wandel zur Kernfamilie
v. 100 zu gesamten Familienhaushalten

A: Gliederung

I : Ein-Personen-Haushalt (%-Anteile)

II : Haushalte als Kernfamilie (% -Anteile)

B: Jahr

A \ B	1955	1960	1965	1970	1975	
Groß-städte	19,0	29,8	31,1	30,0	27,9	
sonstige Städte	10,8	16,8	17,0	17,0	17,4	I
auf dem Lande	7,5	9,7	8,0	12,4	9,6	
Total	10,8	17,3	17,8	18,5	18,2	
Groß-städte	49,9	46,2	54,2	55,4	59,2	
sonstige Städte	48,3	46,8	57,7	62,0	60,7	II
auf dem Lande	41,2	40,9	50,5	48,3	53,9	
Total	45,4	44,7	54,9	57,0	58,7	

1) Nach der Tabelle aus "Weißbericht über das Volksleben", herausgegeben vom Volkswohlfahrtsministerium, 1978, S. 101.

2) Als Großstädte galten:
1955 und 1960: Tokio (Verstädtungsteil), Yokohama, Nagoya, Kioto, Osaka, Kobe.
1965 und 1970: dazu noch Kita-Kyushu
1975 : dazu noch Sapporo, Kawasaki und Fukuoka

3) Im Haushalt mit einer Person sind Ein- und Mitwohnen unter einem Dach enthalten.

In den Tabellen ist zu beachten, daß es sich um den Familienhaushalt handelt. Theoretisch sind folgende Möglichkeiten zu unterscheiden:

1) ein Familienhaushalt "unter einem Dach"
2) ein Familienhaushalt "unter mehreren Dächern"
3) eine Gesamtheit von halbselbständigen Haushalten "unter einem Dach"
4) eine Menge dergleichen "unter mehreren Dächern"
5) einen Stammhaus-Haushalt, wobei die Haushalte der Zweighäuser abhängig sind und wie unter Nr. 1) charakterisiert werden können.

Folglich handelt es sich bei den Zahlen in den obigen Tabellen um den maximalen Bestand an Kern- bzw. Atomfamilien. Dabei muß an die Erfassungsgrenze und die Fehler der statistischen Erhebungen gedacht werden. Aber trotz dieses Vorbehaltes erscheinen beide Tabellen vielsagend.

Die absolute Größe der Wohnbevölkerung beläuft sich 1955 auf 89,27 Millionen und 1975 auf 136,89 Millionen, während dieselbe in den Familienhaushalten 1955 17,38 Millionen und 1975 31,27 Millionen ausmacht.

Aus Tabelle 1 kann man ersehen, daß sich die Durchschnittszahl der Familienmitglieder 1979, im Vergleich zu 1955, um ca. 50% verkleinerte, da die Zunahme der Haushalte größer ist als die der Bevölkerung.

Die Angaben der obigen Tabellen reichen nicht aus, um Prognosen über die weitere Entwicklung machen zu können. Das "Büro an der Staatskanzlei für Altersfragen" hat 1979 eine Meinungsumfrage über die Probleme von Zusammen- oder Getrenntwohnen der alten mit den jüngeren Familienmitgliedern durchgeführt. Nach dieser Umfrage kann man eine Meinungstendenz im Hinblick auf das Wohnen erkennen.

Tabelle 3: Erwünschte Typen des Wohnstandes

1) Unbedingt gemeinsames Wohnen	41,3 von 100
2) Gemeinsames Wohnen unter folgenden Bedingungen:	
a) zeitweise	9,8
b) getrennt wohnen, solange arbeitsfähig, dann gemeinsames Wohnen	9,4
c) nach dem Tod des Ehepartners	11,4
d) bei Pflegebedürftigkeit	3,5
Summe (1 + 2)	75,4
3) Getrennt wohnen in jedem Fall	7,9
4) Getrennt wohnen, solange arbeitsunfähig, aber dann noch ungewiß	4,8
Summe (3 + 4)	12,7
5) Unklar	11,9
Insgesamt	100,0

Im Hinblick auf das gemeinsame Wohnen sind die Erkenntnisse nicht immer eindeutig, so daß man sich noch weiter damit auseinandersetzen muß.

Tabelle 4: Spezifizierung des Mitwohnens

1) Wohnstand	
"unter einem Dach"	55,2
unter anderem Dach, aber nebeneinander	43,7
2) Haushaltsstand	
gemeinsam	49,6
teilweise gemeinsam	26,0
getrennt	24,0
3) Essen	
gemeinsame Küche	68,2
ab und zu gemeinsam	20,5
getrennte Küche	11,0
4) Gemeinsames Wohnen	
mit der Familie eines Sohnes (meistens mit der des ältesten Sohnes)	55,1
mit der Familie einer Tochter	21,1
beides möglich	23,7

Quelle: (Tabelle 3 und 4): "Demoskopie" 1979, Nr. 3, herausgegeben vom Auskunftsbüro an der Staatskanzlei, S. 36 f.

Aus den obigen 4 Tabellen könnte man die folgenden groben Schlüsse ziehen:

1) Seit 1955, also seit ca. einem Vierteljahrhundert, sind zwei kontinuierliche Entwicklungen zu verzeichnen: der Trend zur Kernfamilie und die Zunahme der Ein-Personen-Haushalte (Tabelle 1 und 2).

2) Die Kernfamilie hat sich inzwischen im ganzen Land immer gleichmäßiger ausgebreitet, ohne Abhängigkeit vom Wohnort zu zeigen, während es einen eindeutigen Zusammenhang zwischen Landflucht bzw. Verstädterung und der Zunahme von Ein-Personen-Haushalten zu geben scheint.

Aus den im Rahmen einer Stichprobe ermittelten Vorstellungen der Befragten kann man wohl erkennen, daß eine relativ starke Abneigung gegen die Auflösung des Familienverbandes geblieben ist. Zugleich ist aber auch wahrzunehmen, daß der Widerwille gegenüber der Auflösung des Familienverbandes im traditionellen Lebensstil des gemeinsamen Haushaltes von mehreren Generationen unter einem Dach begründet ist, der unter den heutigen Umständen meistens nur für ideal oder sogar für altmodisch gehalten wird.

Daraus könnte man mit einem gewissen Recht folgern, daß sich die in der Statistik angedeutete Tendenz zur Auflösung des Familienverbandes fortsetzt, wenn passende Gegenmaßnahmen nicht rechtzeitig durchgesetzt werden können, die bewirken, daß die Stärke und der Umfang der Familienverbindung aufrecht erhalten wird.

3. Altersstruktur der Bevölkerung

Zum ersten Mal in der Geschichte steht Japan heute an der Schwelle zur Überalterung der Bevölkerung. Zuerst soll dieser Tatbestand mit der folgenden Tabelle belegt werden:

Tabelle 5: Wandel der Altersstruktur der Bevölkerung (ab 1980: Prognose)
Anteile der Altersklassen in %

Alters-klassen	1950	1955	1965	1975	(BRD) (1975)	1980	1990	2025
Total	100,0	100,0	100,0	100,0	(100,0)	100,0	100,0	100,0
0-14	35,4	33,4	25,6	24,3	(21,5)	23,8	21,0	19,6
15-64	59,7	61,3	68,1	67,7	(64,0)	66,5	65,1	62,3
65-	4,9	5,3	6,8	8,0	(14,5)	9,7	13,9	18,1
65-/ 15-64	8,2	8,6	10,0	11,8	(22,7)	14,6	21,4	29,1
	1,00	1,05	1,22	1,44	(2.77)	1,78	2,61	3,55

Quelle: Zeitschrift "People and National Land Policy", 1977, Nr. 11, S. 17

Aus dieser Tabelle ersieht man, daß 1990, also in ungefähr 10 Jahren, die japanische Altersstruktur ungefähr mit der der Bundesrepublik Deutschland im Jahre 1975 übereinstimmen wird. Im Vergleich zu 1950 wird der Anteil der 65-Jährigen und Älteren gegenüber denjenigen von 1980 um das 1,78-fache und gegenüber 1990 um das 2,61-fache zunehmen. Unter der Annahme, daß sich der in Tabelle aufgezeigte Wandel zur Kernfamilie fortsetzt, könnte diese Belastung nur getragen werden, wenn sie durch die internen Ersparnisse im Rahmen einer Familie in großem Maße ausgeglichen werden würde.

4. Einkommensstruktur des Haushaltes

Nach dem Volkszensus von 1975 ist der Anteil der Gehaltsempfänger an der gesamten Zahl der Haushalte auf 60% anzusetzen, der der Selbständigen auf 20%, der Anteil der mit Landwirtschaft, Fischerei und Forsten Beschäftigten auf 10% und der der Alleinlebenden Nichterwerbstätigen (Jugendliche und Rentenbezieher) auf 10%.

Da der Anteil der Gehaltsempfänger stark überwiegt und als typisch für Japan angesehen werden kann, hat sich die vom Staatsamt durchgeführte Stichprobe über die Haushalte hauptsächlich mit dieser Kategorie beschäftigt.
Prinzipiell kommt das Haushaltseinkommen zu einem großen Teil aus zwei Quellen, teils aus der Arbeitstätigkeit (Lohn und Gehalt), teils aus dem Hausvermögen (Zinserträge). Die nach dem Krieg eingeführte Realteilung hat die Bedeutung des Hausvermögens als Einkommensquelle allerdings verringert.

Wenn der Haushaltsvorstand - etwa infolge eines Unfalls - als Verdiener ausfällt, so stellt dies in der Regel eine ernsthafte Bedrohung für den Fortbestand der Familie dar, insbesondere für die Kernfamilie, wo sehr wenige Hilfsarbeitskräfte existieren.

Dies führt logischerweise dazu, daß die Funktion der Versicherung immer mehr vom Familienhaushalt auf die Öffentlichkeit übertragen werden muß. Werden der Haushaltsvorstand und weitere Familienmitglieder infolge einer Rezession arbeitslos, so kommt der beruflichen Qualifikation eine entscheidende Bedeutung bei der Existenzsicherung der Familie zu. Die Struktur des Arbeitsmarktes stellt eine weitere Einflußgröße dar. Was oben erläutert wurde, zeigt sich zusammenfassend in den folgenden Stichprobenergebnissen:

Tabelle 6: Haushaltsstruktur des Gehaltsempfängers

Art des Einkommens	1975	1976	1977
Nettoeinkommen (mit Steuern) davon:	100,00	100,00	100,00
Einkommen aus Beschäftigungsverhältnissen	94,19	94,32	94,14
Einkommen des Haushaltsvorstandes davon:	84,23	84,47	83,45
Ordentliches Einkommen	(63,90)	(64,39)	(64,14)
Bonus	(20,33)	(20,08)	(19,31)
Einkommen sonstiger Haushaltsmitglieder davon:	10,36	9,47	10,69
Einkommen der Ehefrau	(6,63)	(6,06)	(6,90)
Einkommen der Sonstigen	(3,73)	(3,41)	(3,79)
Sonstige Einkommen	5,81	5,68	5,86
Steuern und Abgaben	8,71	9,85	10,34
Verfügbare Einkommen (ohne Steuern)	91,29	90,15	89,66

Quelle: "Weißbericht über Volksleben", 1978, herausgegeben vom Staatsamt für Wirtschaftsplanung, S. 2 f.

In der Tabelle sieht man, daß der Einkommensanteil der Hilfsarbeitskräfte im Haushalt lediglich rund 10% der Nettoeinnahmen ausmacht. Im Falle der Kernfamilie müßte dieser Anteil noch geringer sein, weil der Beitrag der Hilfsarbeitskräfte, von der Ehefrau abgesehen, wesentlich geringer sein dürfte.

Das Einkommen der Ehefrau rührt hauptsächlich aus der Stundenarbeit und ist zumeist nicht vom Einkommensbedürfnis des Haushaltes abhängig, sondern überwiegend durch die Konjunkturentwicklung bestimmt. Der Einkommenserwerb der Frau ist somit kein so ernstes Bedürfnis, sondern als eine Art von Hobby sowie als Zeitvertreib anzusehen. Eine derartige Folgerung aus den Durchschnittsangaben der obigen Tabelle ist natürlich dann bedenklich, wenn das Einkommensgefälle zwischen den verschiedenen Schichten sehr stark ausgeprägt ist. In Anbetracht der stark nivellierten Einkommensverteilung in Japan kann der Durchschnitt jedoch als für alle Einkommensklassen repräsentativ angesehen werden.

Im Jahre 1972 z.B. machte der Gini-Koeffizient des Einkommens nach der Versteuerung 0,3136 aus, und im Jahre 1977 betrug der größte Unterschied der Haushaltseinkommen der städtischen Gehaltsempfänger zwischen den Städten lediglich 6,8% ("Weißbericht über das Volksleben", 1974, S. 129, 1978, S. 73). Folglich ist die Nivellierung der Haushaltseinkommen sowohl schichtenspezifisch als auch regional gegeben.

Trotz der starken Nivellierungstendenz der Haushaltseinkommen darf das Einkommensgefälle,auf Berufsarten bezogen, nicht außer acht gelassen werden. Dieses zeigt sich in der folgenden Tabelle:

Tabelle 7: Einkommensunterschied nach Berufen

Art des Einkommens	1975	1976	1977
Haushalt der abhängig Beschäftigten			
Nettoeinkommen	100,0	100,0	100,0
Verfügbares Einkommen	91,3	90,2	89,7
Haushalt des Selbständigen			
Nettoeinkommen	103,7	114,8	115,2
Einkommen des bäuerlichen Haushaltes			
Nettoeinkommen davon:	136,9	135,2	134,1
Einkommen aus der Landwirtschaft	(39,8)	(36,4)	(16,6)
Nebenerwerbseinkommen in der Landwirtschaft	(78,4)	(79,2)	(80,7)
Verfügbares Einkommen	123,7	120,8	119,0

Quelle: Siehe Tabelle 6

Der Einkommensunterschied zwischen den verfügbaren Einkommen der Gehaltsempfänger und dem der Landwirte beläuft sich also für das Jahr 1975 auf 32,4%, für das Jahr 1976 auf 30,6%, für das Jahr 1977 auf 29,3% und macht im Durchschnitt rund 30,8% aus.

Diese Einkommensdifferenz zwischen den Haushalten soll im folgenden einer genaueren Analyse unterzogen werden. Zunächst ist sowohl die Familiengröße als auch die Anzahl der Erwerbstätigen in einem einzigen Haushalt zu berücksichtigen. Beide Werte sind für den bäuerlichen Haushalt wesentlich höher als die entsprechenden beim Gehaltsempfängerhaushalt; die Werte für den Haushalt der Selbständigen liegen dazwischen, wie sich im folgenden Vergleich zeigt.

Tabelle 8: Familiengröße in einem einzigen Haushalt nach der Berufsart (im Durchschnitt)

	1965	1970	1975	1978
Gehaltsempfänger				
Anzahl der Haushaltsmitglieder (A_1)	4,13	3,90	3,82	3,82
davon: Erwerbstätige (A_2)	1,53	1,55	1,50	1,48
Bäuerlicher Haushalt				
Anzahl der Haushaltsmitglieder (B_1)	5,31	4,92	4,68	4,64
davon: Erwerbstätige (B_2)	3,62	3,54	3,00	2,75
landwirtschaftliche	2,03	1,92	1,60	1,47
außerlandwirtschaftliche	1,59	1,62	1,40	1,28
B_1 / A_1	1,29	1,26	1,23	1,21
B_2 / A_2	2,37	2,28	2,00	1,86

A_2 und B_2 ergeben zusammen die Gesamtzahl der Erwerbstätigen.

Quelle: Stichprobenerhebung über den Haushalt des Gehaltsempfängers, herausgegeben vom statistischen Amt der Staatskanzlei.

Bericht über Landwirtschaft, herausgegeben vom Ministerium für Landwirtschaft, Forsten und Fischerei.

Die Tabelle ist teilweise verändert.

Aus der Tabelle 8 kann man ersehen, daß trotz des größeren verfügbaren Einkommens die Arbeitsproduktivität im Bauernhaushalt wesentlich geringer ist als die im Haushalt des Gehaltsempfängers. Im Jahre 1975 beispielsweise beläuft sich die Arbeitsproduktivität des ersten, im Vergleich zum letzten, auf nur 66,2%, während das verfügbare Haushaltseinkommen je Mitglied in beiden Haushaltsarten nur geringfügig differiert. Im gleichen Jahr z.B. übertrifft dieses Einkommen im Bauernhaushalt das im Gehaltsempfängerhaushalt lediglich um 7,6%. Hinsichtlich des geringen Einkommensvorteils im bäuerlichen Haushalt kann man sich verschiedene Gründe vorstellen, beispielsweise Steuerermäßigungen, Subventionen verschiedenster Art und das Ausmaß der Mitgliederzahl, woraus, im Vergleich mit der Kernfamilie, sich eine günstigere "interne Ersparnis" ergibt.

Diese Eigenart des Bauernhaushaltes, von der die Rede war, dürfte jedoch bald verschwinden, weil die altgewordenen Landwirte heutzutage kaum mehr Nachfolger finden. Die Sozialbrache breitet sich überall schnell aus, ohne daß Aussicht auf eine rationelle Bodennutzung besteht. Der Reisanbau ist wegen der Überproduktion zwangsläufig auf staatliche Maßnahmen angewiesen, aber für den kleinen Landwirt gibt es kaum eine ändere Anbaumöglichkeit, die als Nebenerwerb betrieben, rentabel ist. Ca. 90 Prozent der Bauernhöfe stehen somit an der Schwelle der Betriebsaufgabe. Sicherlich wird in absehbarer Zeit der Bauernhaushalt in großem Maß bis zur Kernfamilie gespalten werden, wie sich das heute schon in den Zahlen der obigen Tabelle zeigt.

Die selbständigen Haushalte bewirtschaften meistens kleine Läden und Fabriken, die überwiegend mit Familienarbeitskräften betrieben werden. Auch hier könnte man sich somit vorstellen, daß das verfügbare Haushaltseinkommen je Mitglied beinahe mit dem entsprechenden in den Gehaltsempfängerhaushalten übereinstimmt, obwohl es an genauen Daten hierfür fehlt.

5. Ersparnisstruktur des Haushaltes

Die Ausführungen bauen hier auf einer Stichprobenerhebung über den Haushalt von Gehaltsempfängern (Unselbständigen) auf. Die einzelnen Posten der Haushaltsersparnis sind in der folgenden Tabelle aufgeführt.

Tabelle 9: Verzeichnis der Haushaltsersparnis

	1973	1975	1977
Verfügbares Haushaltseinkommen	100,0	100,0	100,0
Sparquote	21,7	22,7	22,5
Nettozunahme der Liquiditätskonten	13,1	12,8	11,6
Spargelder	10,7	10,4	9,7
Wertpapiere	0,6	0,5	0,5
Überträge	1,8	1,8	1,4
Realinvestitionen (A)	2,6	3,5	2,9
Gebundene Ratenzahlungen (B)	6,0	6,4	8,0
Nettozunahme der Versicherungen	3,8	3,7	4,4
Nettoabnahme der Schulden	2,2	2,7	3,6
A + B	8,6	9,9	10,9

Quelle: Aufgestellt nach dem "Weißbericht über Volksleben" 1978, herausgegeben vom Wirtschaftsplanungsamt.

Vergleich: Im Jahre 1975 beläuft sich die Ersparnisquote in der BRD auf ca. 14,2%.

Die Realinvestitionen (A) in der Tabelle bestehen im großen und ganzen aus dem Kauf von Immobilien. Darin einbezogen ist auch die Nettoabnahme der Schulden durch die Ratenabzahlung. Von der Spekulation abgesehen, ist es theoretisch auch möglich, derartige Posten für eine Art des Verbrauchs zu halten. Rechnet man derart um, so fällt die Sparquote für das Jahr 1975 auf 16,5. Dieser Wert erscheint, im Vergleich zur Bundesrepublik, nicht mehr so hoch.

Es soll nun die Belastung durch die Einkommenssteuer (die staatliche und die provinzielle) pro Kopf im Verhältnis zum Jahreseinkommen gemessen werden. Im Jahre 1976 beträgt dieser Prozentsatz in Japan 18,3 und in der Bundesrepublik Deutschland 30,6%, so daß sich ein Unterschied von 12,3 ergibt. Im gleichen Jahr macht die Sparquote in der Bundesrepublik ca. 12,8% aus. Addiert man diese Sparquote zur Differenz der Steuerbelastung, so erhält man 25,1%, während sich für Japan für dieses Jahr eine Sparquote von 22,6% ergibt. Der Unterschied zwischen diesen beiden Werten ist also gering.

Daraus könnte folgendes geschlossen werden: Die große Sparquote in Japan ist im wesentlichen durch die niedrigere Einkommenssteuerbelastung und entsprechend hohe Staatsanleihen bedingt. Wäre also die Höhe der Einkommenssteuer in beiden Ländern gleich, dann könnte vielleicht die Sparquote ebenfalls auf beiden Seiten gleich sein, allerdings unter der Voraussetzung, daß das konjunkturelle Zwangssparen für diese Überlegung keine Rolle spielt. Auffallend im Verlauf der Jahre ist die ständige Abnahme der Liquiditätskonten, im Gegensatz zur Zunahme der gebundenen Ratenzahlungen, die eine Art Vorausnahme des Verbrauchs darstellen. Dafür ist die Nachfrage nach Wohnungen, nach Grundstücken und verschiedenen dauerhaften Konsumgütern als Folge der Auflösung des Familienverbandes sowie die allzu rapide Expansion des Binnenmarktes verantwortlich.

6. Struktur der Finanzen

Stellt man staatliche und provinzielle Finanzen, unter Abzug der Doppelrechnungen zusammen, dann hängt heutzutage ungefähr die Hälfte des Volkseinkommens mit dem Ausmaß dieses Budgets zusammen. Bei der Betrachtung des Haushaltsgefüges ist die Berücksichtigung dieser Finanzen unentbehrlich.

Das Ausmaß der provinziellen Finanzen, nach Abzug der Doppelrechnung und im Verhältnis zu den staatlichen, beläuft sich heute auf ungefähr 50%. Leider aber fehlen die konkreten Daten, um über sämtliche Finanzen einen Überblick zu gewinnen, so daß man sich hier nur mit den staatlichen Finanzen beschäftigen kann.
Zuerst sollen aus diesem Grunde die für wichtig angesehenen Daten der staatlichen Finanzen dargestellt werden.

Tabelle 10: Umriß der staatlichen Finanzen

	1955	1960	1965	1970	1975	1977
Nominales Volkseinkommen						
Ausmaß (Md. Yen)	6 574	13 269	26 117	59 132	127 405	153 281
Veränderungen gegenüber 1955	1,00	2,01	3,97	8,99	19,38	23,32
Basis	100,0	100,0	100,0	100,0	100,0	100,0
Staatliche Ausgaben insgesamt	36,92	29,13	28,49	23,21	27,85	32,84
Allgemeine Konten	15,49	13,14	14,26	13,85	16,71	19,24
Sonderkonten	26,25	26,79	24,53	27,07	28,58	34,83
Staatliche Ausgaben insgesamt	100,00	100,00	100,00	100,00	100,00	100,00
Allgemeine Konten	41,96	45,11	50,05	59,67	60,00	58,59
Sonderkonten	71,10	91,97	86,10	116,63	102,62	106,06
Allgemeine Konten, davon:						
Sozialversicherungen	10,20	11,70	14,67	13,94	20,58	21,76
Ausgaben für Staatsanleihen	0,0	0,0	30,0	13,3	25,4	38,5

Anmerkung: Zahlen für die "staatlichen Ausgaben insg." sind nach Abzug der Doppelrechnung und der Überträge aufgestellt.

"Ausgaben für Staatsanleihen" zeigt das Ausmaß der Abhängigkeit der allgemeinen Konten von den Staatsanleihen.
Diese Ausgabe war nach dem Krieg bis zum Jahre 1964 gesetzlich verboten.

Quelle: Zusammengestellt nach den "Statistiken über staatliche Finanzen", herausgegeben vom Finanzministerium.

Der Aufbau des Budgets weist eine große Verflechtung auf Der Anteil der wichtigsten Posten am Etat z. B. macht im Etatsjahr 1980 bei den allgemeinen Konten 15 und bei den Sonderkonten sogar 54% aus, und der wichtigste Posten innerhalb des letzteren ist die Rückzahlung für die Provinzen als Beihilfe (Finanzausgleich). Die obige Tabelle gibt also nur unvollkommen Auskunft über die Situation der Staatsfinanzen. Wenden wir uns zunächst den Sonderkonten zu, deren weiteres Anwachsen auf lange Sicht gebremst werden sollte.

Trotz der Schwankung der Etatausgaben nehmen diese Konten an Gewicht, im Verhältnis zu den gesamten Ausgaben, im Grunde fast immer zu. Je mehr sie sich in Umfang und Anteil vermehren, desto stärker verengt sich der Spielraum der Lenkungsfähigkeit.

Die zunehmende Abhängigkeit des Budgets von den Staatsanleihen kann auch nicht außer acht gelassen werden. Diese Tendenz hält unvermindert an. Im Etatjahr 1980 z.B. ist die derartige Abhängigkeit auf etwa 33,5% veranschlagt, und die kumulierten Gesamtausgaben der Staatsanleihen betragen, im Verhältnis zum allgemeinen Jahreskonto, das 1,67-fache (nach der Bekanntmachung vom 23. Dezember 1979). Die Finanzpolitik ist demzufolge nicht mehr in der Lage, auf die Konjunkturschwankungen Einfluß zu nehmen. Im Gegenteil besteht bei einer Rezession sogar die Gefahr eines "Staatsbankrotts". Eine solche Finanzpolitik kann geradezu als Seiltanz charakterisiert werden.

Die Budgeterstarrung ist auch im Posten der Sozialversicherungen sichtbar. Die Ausgaben dieses Postens nehmen in Umfang und Anteil immer zu, um im großen und ganzen die Deckung des entstandenen Defizits zu gewährleisten. Die Grenzen der Belastbarkeit der Staatsfinanzen und der Staatsverschuldung werden in diesem Zusammenhang deutlich erkennbar. Die Ölkrise, unter der man noch für lange Zeit leiden wird, verstärkt den Notstand der staatlichen Finanzen noch mehr, weil der Staat auf eigene

Kosten nach der Erschließung von Ersatzenergien streben muß und zugleich für das Dämpfen der Kosteninflation verantwortlich ist.

7. Problematik und Stellungnahme

Jetzt ergibt sich die Möglichkeit, auf die am Anfang gestellten Fragen zurückzukommen. Die Durchführung einer Sozialpolitik ist untrennbar verflochten mit der konkreten Vorstellung der sozialen Gerechtigkeit. Aber soziale Gerechtigkeit ist in diesem Sinne keine unabhängige Zielgröße, sondern von jeweiligen sozialen Wertvorstellungen abhängig. Die gerechte Einkommensverteilung ist deswegen nicht immer mit dem Zustand gleichzusetzen, in dem beispielsweise der Gini-Koeffizient Null wird. Leistung und Gegenleistung, die den jeweiligen Sozialstatus bestimmen, müssen, nach der jeweiligen Vorstellung von Gleichheit, miteinander koordiniert werden.

Ein gutes Beispiel: Heute kann man in Japan eine starke Tendenz zur Nivellierung der Haushaltseinkommen, aber keine Nivellierung der Arbeitsproduktivität feststellen. Diese Entwicklung kann durch die ihr zugrunde liegende soziale Wertvorstellung erklärt werden: Nicht die soziale Selbständigkeit des Einzelnen, sondern seine Zugehörigkeit zur Familie als sozialer Einheit steht im Vordergrund.

Die Diskrepanz zwischen den beiden Entwicklungen könnte dann verschwinden, wenn die Familiengröße durch weitere Auflösung auf die Kernfamilie reduziert würde. Zur Auflösung des Familienverbandes könnte die jetzige Sozialpolitik, die auf eine Verlagerung der Kosten sozialer Sicherung von der Familie zum Staat abzielt, mit beitragen. Hier läßt sich ein Circulus vitiosus erkennen, da nämlich die Vorstellung sozialer Gerechtigkeit, ebenso wie das soziale Leitbild, wiederum durch die Sozialpolitik bestimmt sind.

Ob der Status der Kernfamilie ideal wäre, kann wertfrei nicht beurteilt werden. Aber die Kostenübertragung vom Haushalt auf den Staat findet immerhin in der nicht zu überschreitenden Finanzierungslast ihre Grenze, die in Japan zur Zeit schon erreicht ist. Das wäre ein wesentlicher Anhaltspunkt für eine neue Idee.

Die Auslagerung, also die Externisierung der internen Ersparnis durch die Arbeitsteilung innerhalb des Familienhaushaltes ist hauptsächlich auf die allzu rapide und übermäßige Expansion des Binnenmarktes zurückzuführen. Die Überbeschäftigung als Folge des galoppierenden Wirtschaftswachstums greift den Familienhaushalt an und entzieht ihm weitere Arbeitskräfte. Solch eine Entwicklung des Arbeitsmarktes ist seit den 50er Jahren in Japan deutlich geworden. Der Familienhaushalt als Reservequelle von Arbeitskräften ist ausgetrocknet. Das führt dazu, daß man den Mangel an häuslichen Arbeitskräften durch auf dem Markt gehandelte Produkte kompensieren muß. Mit anderen Worten: Die Haushaltsarbeit verwandelt sich in ein Marktprodukt, die Bedeutung der Märkte nimmt ständig zu. Durch die Zersetzung, durch die Arbeitsteilung innerhalb des Familienverbundes ist die Kernfamilie entstanden.

Die Eigenschaften der Kernfamilie sind vielfach. Zuerst ist festzustellen, daß die Anpassungsfähigkeit bei Arbeitslosigkeit wesentlich geringer ist als die der herkömmlichen Familienform. Besonders drastisch sind die Auswirkungen für den Fall, daß der Haushaltsvorstand keine Arbeit mehr findet. Bei der Beurteilung von Arbeitslosigkeit muß also unterschieden werden, ob hiervon eine ganze Familie betroffen ist oder nur der Einzelne.

Die externisierte Ersparnis des Familienhaushaltes ist nicht immer in der Lage, mit der Zunahme der Einkommen und mit den Sozialversicherungen ausreichend Schritt zu halten. Der daraus folgende negative Saldo muß normalerweise durch einen zusätzlichen Zufluß aus dem Familienvermögen ergänzt werden, aber bei der Kernfamilie ist diese Notmaßnahme fast nicht möglich, weil bei ihr meistens die Fähigkeit der Hausvermögensbildung eingeschränkt ist.

Nach diesen Überlegungen komme ich zu meiner Stellungnahme:

1) Das allerübelste ist die maßlose Wachstumspolitik. Wachstum über alles, Wohlfahrt über alles! Hinter derartigen Parolen versteckt sich eine Falle. Auch das Wachstum selbst hat ein optimales Tempo, das nicht mehr allein mit der Konjunktur zusammenhängt. Der Wohlfahrtsstaat ist nicht mehr als ein nötiges Übel. Man muß verstehen, daß das Wachstum der Einkommen im heutigen Japan erst auf Kosten der Hausvermögen erreicht worden ist und die angebliche soziale Gerechtigkeit durch Realteilung auf Kosten der Familienauflösung. Das ergab, daß sich die Selbstversicherungsfähigkeit des Familienhaushaltes immer weiter verringert hat. Solch ein Mechanismus ist die Hauptquelle des Verlangens nach weiteren Sozialversicherungen. Nur wenn man diesen Trend unterbrechen kann, sind finanzielle Engpässe im Staatshaushalt vermeidbar.

2) Was die Arbeitskräfte angeht, so bedarf es jetzt eines Umdenkens: Ein Ehepaar ist nicht mehr als zwei, sondern nur noch als eine einzige Arbeitseinheit anzusehen. Dementsprechend muß der Familienhaushalt prinzipiell mit dem Einkommen des Haushaltsvorstandes allein auskommen. Dafür wäre vielleicht eine Einkommensteuerreform erforderlich, beispielsweise in folgender Weise: Die Einkommensteuer wird nicht von der Einzelperson, sondern vom Haushalt erhoben, wobei Doppelverdiener mit einer progressiven Steuer belastet werden, um die Hausarbeit attraktiver zu machen. Als eine weitere Maßnahme ist eine umgekehrte Progressivsteuer auf das Einkommen nach dem Ausmaß der Haushaltsmitgliederzahl vorstellbar. Dadurch wäre die Kernfamilie als Haushalt in der Versteuerung nicht günstig.

3) Das Familienvermögen ist durch eine Erbschaftsreform behutsam aufzubewahren, obwohl der Japaner heute gar nicht dieser Meinung ist. Es wäre vielleicht zweckmäßig, die Erbschaftssteuer auf Familienvermögen fallen zu lassen und nur noch die Erträge aus Vermögen (Zinsen, Renten etc.) zu besteuern. Durch diese Maßnahme würde sich die Fähigkeit zur Selbsthilfe erheblich steigern.

4) Weltgemeinsame Maßnahmen der Familienpolitik gibt es nicht, weil der Status quo des Familienstandes sowie des Sozialgefüges nach Ländern sehr verschieden ist.

Anhang 1: Anteile der weiblichen Arbeitnehmer v.H. nach Berufsgruppen

	1960	1965	1970	1975	1977
Facharbeit	33.3	37.6	40.7	44.4	45.3
Verwaltung	2.5	3.4	3.8	5.4	5.2
Büroarbeit	35.9	39.9	46.9	48.5	50.4
Verkäuferin	34.7	37.0	32.6	30.2	30.0
Landwirtschaft, Fischerei	32.9	23.7	23.8	22.0	20.9
Bergbau	5.7	5.0	10.0	-	-
Transport, Meldedienst	5.3	12.0	10.1	7.7	6.8
Veredelte Fabrikarbeit	-	24.9	25.9	23.6	25.1
	(26.9)				
Einfache Arbeit	-	31.5	33.2	32.6	34.3
Sicherheit, Gaststätten u.ä.	54.8	54.7	56.2	50.8	52.4
Total	31.1	31.8	33.2	32.0	33.2

Quelle: Staatskanzlei: Untersuchung der Arbeitskräfte (monatlich erhoben)

Anhang 2: Struktur der weiblichen Arbeitnehmer

	1960	1965	1970	1975	1977
Facharbeit	8.6	8.7	9.1	11.6	11.7
Verwaltung	0.3	0.5	0.5	1.0	0.9
Büroarbeit	24.5	28.8	30.9	32.2	32.4
Verkäuferin	8.3	10.1	10.2	11.1	11.1
Landwirtschaft, Fischerei	3.5	1.6	0.9	0.8	0.7
Bergbau	0.3	0.1	0.1	0.0	0.0
Transport, Meldedienst	0.7	2.5	2.0	1.5	1.2
Veredelte Fabrikarbeit	-	25.2	26.6	24.6	24.8
	(34.5)				
Einfache Arbeit	-	8.0	6.0	3.7	3.8
Sicherheit, Gaststätten u.ä.	15.5	14.5	13.7	13.7	13.3
Total	100.0	100.0	100.0	100.0	100.0

Quelle: dito

Anhang 3: Weibliche Arbeitnehmer nach Familienstand (1962)

	1962	1965	1970	1975	1977
Total	100.0	100.0	100.0	100.0	100.0
ledig	55.2	50.3	48.3	38.0	34.9
verheiratet	32.7	38.6	41.4	51.3	54.5
geschieden/Witwe	12.0	11.1	10.3	10.8	10.6

Quelle: dito

Anhang 4: Anteile weiblicher Arbeitnehmer (v.H.) nach Altersklassen

	1960	1965	1970	1975	1977
Total	100.0	100.0	100.0	100.0	100.0
15-19	23.4	18.0	12.6	6.8	5.7
20-24		28.8	28.9	22.8	19.9
	39.6				
25-29		11.3	11.3	13.4	14.2
30-34			8.1	9.5	9.8
	17.3	15.8			
35-39			9.7	10.2	11.0
40-54		19.1	23.0	29.0	30.5
	19.0				
55-64		3.9	5.4	6.9	7.4
65-	0.7	0.8	1.1	1.5	1.7

Quelle: dito

Anhang 5: Anteil weiblicher Arbeitnehmer an der Erwerbsbevölkerung

Total	21.9	24.3	27.0	26.9	28.2
15-19	35.1	29.5	30.3	20.3	18.4
20-24		54.2	59.8	58.2	60.6
25-29		23.8	27.1	29.3	32.2
30-34			21.3	23.9	27.1
	-	20.3			
35-39			26.0	28.3	31.3
40-54		19.9	26.5	30.9	33.5
55-64		8.9	13.6	16.3	18.1
65-	1.6	2.0	3.0	3.6	3.9

Quelle: dito

Anhang 6: Arbeitnehmer nach Schulabschluß

Anmerkungen: Mittelschule : (9 Jahre)
Höhere Schule : (12 Jahre)
Kurzfristige Universität: (14 Jahre)
Universität : (16 Jahre)

	Total	Mittel-schule	Höhere Schule	Kurzfristige Universität	Univer-sität
Total					
1960	100.0	49.8	41.7	1.3	7.3
1965	100.0	41.8	46.8	2.4	9.1
1970	100.0	20.0	60.2	6.0	13.9
1975	100.0	9.2	57.9	10.1	22.8
1977	100.0	7.4	57.8	11.1	23.7
Weibliche					
1960	100.0	54.4	42.1	1.7	1.8
1965	100.0	43.2	50.8	3.5	2.5
1970	100.0	20.2	64.8	10.5	4.5
1975	100.0	9.2	64.0	18.3	8.5
1977	100.0	7.1	63.3	20.2	9.4
Männliche					
1960	100.0	46.2	41.0	0.9	11.8
1965	100.0	40.6	43.4	1.3	14.8
1970	100.0	19.8	56.0	1.7	22.5
1975	100.0	9.2	52.1	2.3	36.4
1977	100.0	7.7	52.5	2.2	37.6
Weibliche / Männliche	x 100				
1960	77.9	91.7	79.5	140.7	11.8
1965	87.2	92.9	102.2	217.9	14.9
1970	91.8	93.3	106.2	556.2	18.4
1975	95.5	95.8	117.4	761.5	22.3
1977	97.2	89.9	117.1	890.0	24.3

Quelle: Kultusministerium: Grunduntersuchung für die Schulen

II. Entwicklungstendenzen und Finanzierungsprobleme im System der sozialen Sicherung

DIE ENTWICKLUNG DER SOZIALPOLITIK IN JAPAN

Hatsuo Tsutsumi

I.

Vor dem zweiten Weltkrieg hatte die Sozialpolitik in Japan eine geringere Bedeutung als heute. Erst nach diesem Krieg wurde in Japan das Recht auf Solidarisierung, Streik und Tarifverhandlungen für Arbeiter juristisch festgelegt und die Gewerkschaftsbewegung von strikter Kontrolle befreit.

Die intensive japanische Industrialisierung begann 1895 nach dem Siege Japans im Krieg gegen China. Schon 1896 nahm die japanische Regierung die Festlegung eines Betriebsgesetzes ("Factory Act" in England) in Angriff, um die Arbeiterfrage, die mit der Industrialisierung verstärkt in Erscheinung trat, zu meistern. Die Regierung brachte einen entsprechenden Vorschlag im Reichstag ein; aber wegen starken Widerstandes wurde das Betriebsgesetz erst 1911 verabschiedet, viele Jahre nach dem ersten Entwurf. Es sollte erst 1916 in Kraft treten, denn die Arbeitgeber befürchteten, daß die alterhergebrachten Beziehungen zwischen ihnen und den Arbeitnehmern, die sogenannte "traditionelle Verbindung von Herr und Diener", durch das Betriebsgesetz aufgelöst wurden. Jedoch beschleunigte die Regierung die Verabschiedung des Gesetzes, da die Erhaltung der Gesundheit der arbeitenden Bevölkerung eine notwendige Voraussetzung für die Industrialisierung und für die Landesverteidigung war. Das Betriebsgesetz wurde zunächst nur auf Unternehmen mit mindestens 15 Beschäftigten angewandt. Es galt damit nicht für Arbeiter, die in den sehr häufig anzutreffenden kleinen Werkstätten arbeiteten.

Während das Betriebsgesetz beabsichtigte, die Arbeitszeit zu verkürzen, wurde dieser Effekt durch die öffentliche Kürzung der Arbeitspause und die Intensivierung der Arbeit vermindert. Es waren nur Arbeiterinnen und Bergarbeiter, die durch das Betriebsgesetz gegen eine zu lange Arbeitszeit und die Nachtarbeit geschützt wurden; bei volljährigen Arbeitern waren die Arbeitgeber nur für die Vernachlässigung der Oberaufsicht bei Arbeitsunfällen verantwortlich. Der Mittelpunkt der japanischen Industrialisierung war damals die Textilindustrie (Baumwolle und Seide), die vorwiegend weibliche Arbeitskräfte beschäftigte. Da die männlichen Arbeiter der Stahl- und Maschinenindustrie wenig angesehen waren, war ihr sozialer Status niedriger als der der Bauern. Im ersten Weltkrieg entwickelte sich die japanische Schwer- und chemische Industrie sehr schnell; die Zahl der männlichen Fabrikarbeiter wurde daher größer als die der weiblichen.

In der demokratischen Atmosphäre nach dem ersten Weltkrieg entwickelte sich die Gewerkschaftsbewegung auch in Japan zunächst noch ohne gesetzlichen Schutz; das Interesse an der Arbeiterfrage wurde gestärkt. Für die Arbeiter im öffentlichen Dienst begründete die Regierung institutionell die gegenseitige Hilfe. Die Arbeitsvermittlung nahm kurz nach dem ersten Weltkrieg ihre Tätigkeit auf.
1927 wurde das Krankenversicherungsgesetz für Arbeiter verabschiedet. Es kam aber nur für eine begrenzte Gruppe von Arbeitern, die durch das Betriebsgesetz und das Bergbaugesetz geschützt wurden, zur Anwendung. Die Krankenversorgung war nur unzureichend gesichert.

Die Weltwirtschaftskrise brachte Ende der 20er Jahre auch für Japan eine hohe Arbeitslosigkeit, und es gab weder Arbeitslosenversicherung noch gesetzlich verankerte Arbeitsplatzsicherheit. In der langen Kriegszeit während des zweiten Weltkrieges traf die japanische Regierung vielfältige sozialpolitische Maßnahmen, die u.a. der Erhaltung der Arbeitskraft und der Ausbildung dienten. Aber diese Maßnahmen verloren ihre Wirkung mit der Verschärfung der Kriegslage. Nach 1945 änderte sich die Situation vollständig. Da große Teile der Bevölkerung durch den Krieg Wohnung, Vermögen und Beruf verloren hatten, mußte die Regierung dringend Maßnahmen einleiten. Im Rahmen der Nachkriegsreformen verpflichtete sich der Staat vor allem, allen Bevölkerungsgruppen ein soziales und kulturelles Existenzminimum zu sichern. Die Arbeiterschaft wurde rechtlich gegen ungleiche Behandlung aufgrund von Geschlecht und Nationalität geschützt. Für Arbeiterinnen traten weitere Schutzmaßnahmen in Kraft. Geregelte Arbeitszeit und Mindestlöhne wurden gesetzlich garantiert. Die Gewerkschaften konnten aber noch bessere Arbeitsbedingungen erzwingen als die durch das Gesetz fixierten.

1945 gab es in Japan keine Gewerkschaften mehr, da sie während des Krieges aufgelöst worden waren. Ende 1945 wurden sie wieder gegründet; sie entwickelten sich in so raschem Tempo, daß in nur einem Jahr die Mitgliederzahl mehr als 4,9 Mio. Personen erreichte, während es vor dem Kriege nie mehr als 420 000 waren.

Im Rahmen des Systems der sozialen Sicherung wurden Kranken-, Arbeitslosen-, Unfall- und Rentenversicherung wieder oder neu aufgebaut. Besondere soziale Hilfsmaßnahmen galten Familien ohne Einkommen, dem Unterhalt von Mutter und Kind und den körperlich und geistig Behinderten. Des weiteren wurden Regelungen für die Gesundheitsvorsorge und die Verbesserung der sozialen Umwelt getroffen. Übergeordnete Prinzipien dieses Systems der sozialen Ordnung waren die Regierungsverantwortung, Gleichberechtigung und Existenzsicherung. Seit 1961 kommt die gesamte Bevölkerung in irgendeiner Weise in den Genuß von Kranken- und Rentenversicherung, obwohl der Beginn der Rentenversicherung erst ziemlich spät einsetzte.

So errichtete Japan ein geschlossenes System sozialer Sicherheit und wurde zum Wohlfahrtsstaat, ganz im Gegensatz zur Vorkriegszeit. Demgemäß veränderten sich auch die Rolle und der Inhalt des Begriffes "Sozialpolitik". Sie wurde in der Vorkriegszeit durch den Staat betrieben.

Die deutsche Sozialpolitik war in vieler Hinsicht das Vorbild Japans. So wurde 1896 der japanische Verein für Sozialpolitik nach dem deutschen Vorbild gegründet. Damals war Sozialpolitik das Hauptgebiet der Sozialwissenschaften. Ende des 19. Jahrhunderts hat die deutsche historische Schule einen großen Einfluß auf die japanische Wirtschaftslehre und Wirtschaftspolitik ausgeübt. Aber nach dem ersten Weltkrieg hatte die okzidentale, radikale politische Lage, besonders die russische Revolution, einen spürbaren Einfluß auf Japan; so wurden sozialistische Gedanken nach und nach propagiert und in die Tat umgesetzt. Man verlor das Interesse an der Sozialpolitik, da diese nur nach sozialer Verbesserung strebte und so die Probleme nicht restlos lösen konnte.

In den 30er Jahren verschärften sich die internationalen Verhältnisse, und es kam die Ära der Aufrüstung. Es wurde für die Regierung zur akuten Frage, nicht nur die Arbeitskraft der großen Masse zu schützen und die Ernährung des Volkes sicherzustellen, sondern auch der gesamten Bevölkerung den Lebensstandard zu erhalten. Nun trat wieder die Sozialpolitik in den Vordergrund. Sie entwickelte sich rasch, und auch die Forschungen über Sozialpolitik machten große Fortschritte.

Mit der demokratischen Reform nach dem zweiten Weltkrieg verwirklichte die japanische Sozialpolitik weit mehr als das Ziel, das sie sich vor dem Krieg gesetzt hatte. Daher mußte die "Sozialpolitik" als Wissenschaft, die unter den besonderen Bedingungen Japans vertreten wurde, aufgelöst werden. Die Forschungen wurden jetzt nicht mehr im Rahmen der sogenannten "Sozialpolitik", sondern in den Disziplinen "labour economics", "industrial relations", "welfare policy" - wie in anderen hochentwickelten Industriestaaten - durchgeführt.

II.

Durch die schnelle Industrialisierung in der Periode hohen Wachstums, die etwa 1955 begann, dehnte sich die japanische Wirtschaft so stark aus, daß sich für die Bevölkerung - insbesondere für die jungen Arbeitnehmer - die Arbeitsorte in großem Umfang veränderten und so zwischen Stadt und Land der Unterschied von Lebensform und Lebensniveau kleiner wurde. Der Charakter der japanischen Gesellschaft wandelte sich dabei vom ländlichen zum städtischen Typus. Die in der Landwirtschaft tätige Bevölkerung stellte während der ersten Hälfte dieses Jahrhunderts etwa 40 bis 50% aller Erwerbstätigen; dieser Anteil verminderte sich zwischen 1955 und 1975 von 37,9 auf 12,2 %.

Aufgeteilt nach Selbständigen, mitarbeitenden Familienmitgliedern und Arbeitnehmern ergibt sich für die Erwerbstätigen folgende Gliederung:

Tabelle 1: Erwerbstätige in Japan 1955 - 1978

Jahr	Gesamtzahl	Selbständige	Unbezahlte Familienangehörige	Lohn- und Gehaltsempfänger
	in Tausend			
1955	40 900	10 280	12 840	17 780
1960	44 360	10 660	10 610	23 700
1965	47 300	9 390	9 150	28 760
1970	50 940	9 770	8 050	33 060
1975	52 230	9 390	6 280	36 480
1978	54 080	9 640	6 360	37 970

Quelle: Sôrifu Tôkeikyoku, "Shûgyôkôzô Kihonchôsa"

Die Zahl der Arbeiter und Angestellten verdoppelte sich mithin in der Zeit von 1955 bis 1975, während sich die Zahl der mitarbeitenden Familienmitglieder während desselben Zeitraums auf die Hälfte verminderte. Entsprechend dieser auffallenden Veränderung in der Erwerbsstruktur wandelten sich auch Lebensstil und Lebensbewußtsein in der Bevölkerung. Die traditionelle japanische Familienordnung - das war die Hausgemeinschaft - löste sich nach und nach auf und wurde von einer Kleinfamilienstruktur verdrängt. Mit der Auflösung der traditionellen Hausgemeinschaft, der die Funktion einer Sozialversicherung, vor allem die der Alterssicherung, zukam, wurden Ausbau und Entwicklung des Sozialversicherungssystems zu einer dringenden Frage. Als Belastung erscheint heute vor allem die Tatsache, daß die Altersstruktur der japanischen Bevölkerung sich mit außerordentlicher Schnelligkeit verschlechtert. In der nachfolgenden Tabelle ist verdeutlicht, wie in Japan die Überalterung fortschreitet.

Tabelle 2: Die Altersstruktur in wichtigen Industrieländern 1975 (in %)

Land	Insges.	1 - 14 Jahre	15 - 16 Jahre	65 und mehr Jahre
Deutschland	100,0	22,38	63,75	13,87
England	100,0	23,60	62,67	13,73
Frankreich	100,0	23,72	62,73	13,55
Italien	100,0	24,31	64,81	10,88
Japan	100,0	24,30	67,70	8,00
Schweden	100,0	20,75	64,73	14,52
USA	100,0	25,77	63,93	10,29

Quelle: UN, The Year Book of the World Population, 1976

Nach dieser Statistik entspricht der Prozentsatz der Bevölkerung unter 14 Jahren etwa dem der anderen westlichen Länder. Andererseits ist der Prozentsatz der Bevölkerung zwischen 15 und 64 Jahren in Japan ziemlich hoch, und wir können vermuten, daß der Anteil der über 65-jährigen in jedem Jahr weiter steigen wird, wenn keine plötzliche Zunahme der Geburtenrate erfolgt.

Eine Prognose des Anstieges der Bevölkerungsgruppe über 65 Jahre ergibt folgende Werte:

1980 um 8,9%
1985 um 9,7%
1990 um 11,0%
1995 um 12,7%
2000 um 14,3%

Gegen Ende dieses Jahrhunderts wird Japan also den Prozentsatz der anderen westlichen Industrieländer erreicht haben, und bis zum Jahre 2015 wird er weiter auf 18% steigen. Schon jetzt sieht Japan sich den Problemen gegenübergestellt, die eine schnell wachsende Überalterung der Bevölkerung mit sich bringen.

Hier möchte ich nur die Seite der Sozialversicherung betrachten. Diese übt zunächst bei der Gesundheitsversorgung für ältere Mitbürger ihren Einfluß aus; in Zukunft werden wir dem schwierigen Problem der Rentenversorgung gegenüberstehen. Sodann möchte ich mich der Situation der japanischen Rentenversicherung zuwenden. Seit 1961 gibt es in Japan ein funktionierendes Sozialversicherungssystem; jedoch erreichte es erst durch die Rentenreform von 1973 ein dem europäischen vergleichbares Niveau. Obwohl das junge japanische Rentensystem noch nicht ausgereift ist, steht es doch schon dem Problem der Überalterung gegenüber. Um diese Situation beurteilen zu können, müssen wir das System der japanischen Rentenversicherung genauer betrachten.

In Japan gibt es acht Arten von Rentensystemen auf der Basis der Versicherung auf Gegenseitigkeit:

1. Volksversicherung. Hier sind die Erwerbstätigen in der Landwirtschaft, mithelfende Familienangehörige, Kleingewerbetreibende, Erwerbslose und ca. 7 Mio. nichterwerbstätige Hausfrauen (freiwilliger Eintritt) versichert.
2. Wohlfahrtsversicherung (kôsei nenkin). Mitglieder

sind hier Angestellte und Arbeiter der privaten Unternehmungen.

3. Versicherung der Erwerbstätigen in der Seeschiffahrt.
4. Versicherungsgemeinschaft der Staatsbeamten.
5. Versicherungsgemeinschaft der Provinzialbeamten.
6. Versicherungsgemeinschaft der Angestellten und Arbeiter in öffentlichen Unternehmen.
7. Versicherungsgemeinschaft der Lehrer und Angestellten bei Privatschulen.
8. Versicherungsgemeinschaft der Angestellten in der Land- und Fortwirtschaft sowie in Fischerei-Genossenschaften.

Außerdem gibt es eine Altersrente für die Agrarwirtschaft, wodurch vorzugsweise die Landwirte abgesichert werden und eine Weitergabe der Betriebe gewährleistet wird.

Weiterhin gibt es eine soziale Altersrente ohne Beitragspflicht für solche Staatsbürger, die bei Einführung der Rentenversicherung bereits das Pensionsalter erreicht hatten und deshalb keine Beiträge mehr leisten konnten; eine ebensolche gibt es für Witwen und Waisen sowie für Behinderte.

Wie wir gesehen haben, gibt es mehrere Versicherungssysteme, die jeweils unabhängig voneinander funktionieren und die nur schwer zu vereinheitlichen sind. Jedes einzelne hat sich aus speziellen und historisch gewachsenen Abläufen entwickelt. Deshalb gibt es auch große Differenzen bei den Bedingungen der Rentenzahlung. Es ist schwer, sie miteinander zu vergleichen.

Erst 1973 wurden in Japan die Volksrente und auch die Renten der übrigen Versicherungsgemeinschaften um ein Vielfaches erhöht und auch dynamisiert. Im selben Jahr wurden alle über 70-jährigen von den Arztgebühren befreit, so daß hinsichtlich der sozialen Absicherung große Fortschritte erzielt wurden.

Ich möchte jetzt zuerst die Volksversicherung erläutern. Sie wurde 1956 ins Leben gerufen. Es gibt noch viele Menschen, die die Rentenanspruchsberechtigung nicht erhalten konnten, weil sie schon damals zu alt waren. Für diesen Personenkreis wurde ein Fünf- bzw. Zehnjahresrentensystem geschaffen. Die meisten Volksrentenempfänger beziehen solche Fünf- oder Zehnjahresrenten. Auf diese Weise trägt die Volksversicherung die sozialpolitischen Maßnahmen mit, die eigentlich auf Staatskosten durchgeführt werden müßten. Es erwachsen ihr unvermeidlich finanzielle Schwierigkeiten daraus. Mitglied der Volksversicherung ist der Einzelne; Ehepaare können keine Mitglieder werden. Die Volksversicherung und die Wohlfahrtsversicherung bedienen sich der Akkumulationsmethode, und die Renten werden aus der Prämienreserve bezahlt. Mehr als ein Drittel vom Betrag der Rentenauszahlung wird von der Staatskasse bestritten. 1956 waren die Volksrentenbeiträge 100 Yen pro Monat, die Rentenauszahlung betrug durchschnittlich 2 000 Yen pro Monat, das Maximum (nach einer Beteiligungsleistung von 40 Jahren) waren 3 200 Yen pro Monat. Die Volksrentenbeiträge haben gegenwärtig eine Höhe von 3 300 Yen pro Monat, ab Juli 1980 werden sie 3 700 Yen betragen, und das Niveau der Rentenauszahlung (Zeitdauer der Beteiligungsleistung 25 Jahre) beträgt für Ehepaare 88 450 Yen pro Monat.

Die Mitglieder der Volksversicherung sind relativ alt, und der Anteil der jüngeren Erwerbstätigen nimmt ständig ab. Je schneller aber die Zahl der Rentenempfänger steigt, desto prekärer wird die Finanzlage der Volksversicherung. Bereits 1970 begann eine Verminderung der Rentenakkumulation, und trotz mehrmaliger Erhöhungen der Raten sowie Subventionen des Staates wird man hinsichtlich der Volksversicherung an einer grundsätzlichen Änderung nicht vorbei kommen. Da die meisten Mitglieder der Volksversicherung ein niedriges Einkommen erhalten, wird eine weitere Erhöhung der Beiträge immer schwierig sein. Wegen des festgesetzten Beitragssystems der Raten kann man eine Effektivität in bezug auf die Umverteilung des Einkommens nicht erwarten.

III.

Im folgenden betrachte ich die Wohlfahrtsversicherung. Sie wurde 1942, während des zweiten Weltkrieges, ins Leben gerufen. Sie brach aber im Wirrsal der Nachkriegszeit zunächst zusammen. Erst 1954 kam ein neues Wohlfahrtsversicherungsgesetz zustande. Aber während mehr als 10 Jahre nach seiner Einführung war diese Versicherung nicht sehr attraktiv. Deshalb isolierten sich mehrere Versicherungsgemeinschaften von der Wohlfahrtsversicherung. Von etwa 1965 an verbesserten sich ihre Leistungen, und 1973 verwirklichte sich die sogenannte "50 000 Yen Rente".

Die Monatsbeiträge belaufen sich bei Männern auf 9,1% und bei Frauen auf 7,1% der Löhne und Gehälter. Von Juni 1980 an werden sie vom Arbeitnehmer und Arbeitgeber zu gleichen Teilen aufgebracht. Die absolute Höhe der Rente ist eine Funktion der Gehalts- und Lohnhöhe und der Zeitdauer der Beitragsleistung. So beträgt z.B. die Rentenhöhe, die ein durchschnittlich Versicherter nach 26 Versicherungsjahren erwarten kann, 107 850 Yen pro Monat, von Juni 1980 an 136 050 Yen. Dieser Betrag entspricht etwa 45% des durchschnittlichen Bruttoeinkommens in der Industrie (1979); so liegt das Rentenniveau nicht niedriger als das internationale Niveau. Die künftige Frage wird sein, wie man ein solches Niveau aufrechterhalten kann.

Auch die Wohlfahrtsversicherung bedient sich der Akkumulationsmethode. Da gegenwärtig das Verhältnis der Zahl der Rentner zu der der Versicherten noch niedrig ist, sind die Einkünfte aus Beiträgen viel größer als die Rentenauszahlungen. Die Reserve vermehrt sich daher von Jahr zu Jahr. Besonders in der Hochkonjunktur stieg die Zahl der Arbeitnehmer stark an, und damit erhöhte sich die Rentenreserve um ein Vielfaches. Deshalb konnte man auch eine wesentliche Erhöhung der Rente einführen.

Aber mit dem Dollarverfall 1971 und dem Ölschock 1973 begann in Japan die Umwandlung von einer schnell wachsenden in eine langsam wachsende Wirtschaft. Die Überalterung der Arbeitnehmer stieg an. Dadurch wurde auch die Finanzlage der Wohlfahrtsversicherung schlechter.

Gegenwärtig sind ca. 24,72 Mio. Personen in der Wohlfahrtsversicherung beitragspflichtig. Die Zahl der Rentner beläuft sich auf ca. 1,99 Mio. Aufgrund dieser Relation erhöhte sich das Volumen des Rentenfonds ständig, aber in 30 Jahren werden ca. 10,46 Mio. Rentner leistungsberechtigt sein, während die Zahl der Versicherten nur auf ca. 31,05 Mio. steigen wird. Gegenwärtig beträgt die Relation von Versicherten zu Rentnern 12,4:1, nach 30 Jahren wird sie nur noch 2,96:1 betragen. Bei einem so raschen Anwachsen der Rentnerzahlen müssen wir auch mit einer Zunahme der Geldentwertung rechnen, da sich die große Kassenreserve vermindern wird. Wenn diese Verminderung wirklich eintritt, ist es schwer, die Beitragsraten plötzlich zu erhöhen, denn es fehlt solchen Maßnahmen die Gerechtigkeit der Lastenverteilung.

Wegen dieser Prognose war geplant, die Beiträge zu erhöhen und zugleich das Renteneintrittsalter heraufzusetzen. Aber das konnte nicht verwirklicht werden, denn die Erhöhung des Renteneintrittsalters auf 65 Jahre verstößt gegen das System der Dienstaltersgrenze, da in Japan in großen Unternehmungen die Angestellten und Arbeiter mit 55 Jahren ausscheiden. Ein Teil von ihnen geht jedoch nur formell in Pension; sie schließen einen neuen Vertrag als Arbeitnehmer mit der gleichen Unternehmung ab, erhalten dann aber weniger Bezüge.

Bereits 1954 wurde das Renteneintrittsalter bei der Wohlfahrtsversicherung von 55 auf 60 Jahre heraufgesetzt, da man erwartete, daß auch die Dienstaltersgrenze auf 60 Jahre erhöht werden würde. Aber diese Erwartung erfüllte sich nicht. Auch heute noch halten 41,3% der Unternehmungen an einer Dienstaltersgrenze von 55 Jahren fest, während 33,7% ihre Arbeitnehmer mit 60 Jahren pensionieren. Die übrigen Unternehmungen operieren mit einer Altersgrenze zwischen 56 und 59 Jahren. In japanischen Unternehmungen werden die Betriebszugehörigkeit bei ein- und demselben Unternehmen sowie das Alter bei der Beförderung stark berücksichtigt, und auch das Gehalt erhöht sich entsprechend der Dauer der Betriebszugehörigkeit, ungeachtet, ob der Aufgabenbereich sich verändert oder nicht. Je höher die Anzahl der Angestellten und Arbeiter ist, die bei ein- und derselben Unternehmung seit einem längeren Zeitraum beschäftigt sind, desto stärker blockieren die Älteren die Beförderung junger Leute; ebenfalls steigen für die Unternehmung die Lohnkosten. In Japan ist es deshalb schwierig, den Arbeitsplatz zu wechseln. Weiterhin erhalten die Arbeitnehmer von ihrem Unternehmen eine Zulage bei der Pensionierung, deren Höhe sich an der Dauer der Betriebszugehörigkeit orientiert. Auch aus diesem Grunde ist es schwierig, die Dienstaltersgrenze auf das 60. Lebensjahr zu verschieben. Wegen dieser Verhältnisse wollte die Regierung das Renteneintrittsalter auf 65 Jahre erhöhen; sie rief damit aber den heftigen Unwillen der Öffentlichkeit hervor.

Wie bereits erläutert, gibt es sehr verschiedenartige Renten bei den verschiedenen Versicherungsgemeinschaften. Auch ihre Entwicklungsgeschichte ist verschieden. Vor dem Kriege gab es nur das Pensionssystem für die höheren Staatsbeamten, Schullehrer und Polizeibeamten. Für die einfachen Angestellten und Arbeiter im Öffentlichen Dienst wurden dann Versicherungsgemeinschaften gegründet. 1905 wurde die erste bei der staatlichen Eisenhütte, weitere bei der Staatsbahn, bei der Post usw. errichtet. 1959 wurde das alte Pensionssystem für Staatsbeamte, Schullehrer und Polizeibeamte abgeschafft und die Mitglieder den neuen Versicherungsgemeinschaften eingegliedert.

Bei diesen Versicherungsgemeinschaften kann man bereits mit 55 Jahren Rente empfangen. Das ist ein Überbleibsel der Vorrechte des öffentlichen Dienstes. In naher Zukunft wird auch diese Bestimmung aufgehoben und das Renteneintrittsalter auf 60 Jahre erhöht werden. Die Versicherungsgemeinschaft der Lehrer und Angestellten bei Privatschulen und die der Angestellten in der Agrar- und Forstwirtschaft sowie der Fischerei-Genossenschaften wurden von der Wohlfahrtsversicherung abgetrennt; es wurde eine neue Gemeinschaft gegründet. Vor 1973 waren die Leistungen der Wohlfahrtsversicherungen so unzulänglich, daß man noch weitere Versicherungsgemeinschaften schuf, eine Möglichkeit, die jetzt nicht mehr besteht.

Die Finanzlage der Versicherungsgemeinschaften ist sehr differenziert. Die Versicherungsgemeinschaft der Staatseisenbahnen, die geschichtlich sehr alt ist, hat viele Rentner, und die Zahl ihrer Mitglieder vermindert sich. Daher ist ihre finanzielle Lage schlecht. Die Versicherungsgemeinschaft der Lehrer und Angestellten bei Privatschulen ist dagegen günstiger gestellt, denn das Renteneintrittsalter ihrer Mitglieder liegt in der Regel bei 70 Jahren.

Wie ich erklärte, ist die Geschichte der japanischen Jahresrentensysteme noch nicht alt; es gibt mehrere Jahresrentensysteme nebeneinander. Deshalb ist es wichtig, die Verschiedenheit der Bedingungen beim Leistungsempfang aufzuheben, und es müssen Maßnahmen ergriffen werden, um die Finanzierungsprobleme, die in der Zukunft entstehen, in den Griff zu bekommen.

Eine Möglichkeit dafür ist eine einheitliche Grundrente. Diese sieht vor, daß der Staat eine Rente in Höhe des nationalen Existenzminimums an alle Rentner bezahlt und von deren sonstigen Einkommen Steuern erhebt. Die Leistungen der verschiedenen Rentensysteme könnten danach eventuell angerechnet werden. Zur Finanzierung der Grundrente gibt es zwei Arten der Besteuerung: Die Besteuerung des Einkommens und die Besteuerung des Verbrauchs. Stabilitätspolitisch ist die Wahl des Verbrauchs als Bemessungsgrundlage sinnvoller als die des Einkommens. Die Regierung stand dieser grundlegenden Reform des Rentensystems jedoch bisher negativ gegenüber. Sie gab daher den Entwurf auf und wollte als Ersatz das Renteneintrittsalter auf 65 Jahre erhöhen. Wie schon erwähnt, konnte sie aber diesen Plan wegen des erbitterten Widerstandes der Öffentlichkeit nicht durchsetzen. Der Widerstand wurde damit begründet, daß die gesamte Rentenversicherung z.Zt. nicht nur 3% des Nationaleinkommens ausmache und daher keine schwere Belastung für die Volkswirtschaft darstelle. Aber die Zahl der Rentner betrug im Juni 1979 12,74 Mio., d.h., jeder neunte Staatsangehörige ist Rentenempfänger, und deshalb ist die japanische Rentenversicherung tief im Bewußtsein der Bevölkerung verankert.

DIE DEUTSCHE SOZIALVERSICHERUNG
IHRE ENTWICKLUNG UND AKTUELLEN PROBLEME

J. Heinz Müller

Der heutige Zustand der deutschen Sozialversicherung und ihre wichtigsten Probleme werden am ehesten anhand eines Überblickes über die Entwicklung dieses zentralen Zweiges unserer sozialen Sicherung deutlich. Die deutsche Sozialversicherung ist seit den 80er Jahren des vorigen Jahrhunderts sukzessiv entstanden - sie war die erste ihrer Art in der ganzen Welt - und in der Folgezeit immer wieder verändert worden, ohne daß es bisher jemals zur Ausbildung eines völlig geschlossenen Systems gekommen wäre. Bei der Gründung war der Gedanke maßgebend, hilfsbedürftigen Personen, insbesondere den Arbeitern, eine minimale Sicherung in Fällen des Alters, der Invalidität, des Unfalls und der Krankheit zu gewähren.

Die deutsche Sozialversicherung geht auf eine zweifache Wurzel zurück: Die eine liegt in den sozialen Gemeinschaftseinrichtungen der Selbsthilfe, die andere in den nach privatwirtschaftlich-kaufmännischen Gesichtspunkten betriebenen privaten Lebensversicherungen. Bei beiden Grundlagen handelt es sich um Versicherungen, in die jene Personen, die vom Versicherungsfall nicht oder nicht frühzeitig betroffen werden, mehr einzahlen, als sie an Versicherungsleistungen erhalten, während der übrige Kreis mehr ausgezahlt erhält, als er eingezahlt hat.
Das Neue, was bei der Sozialversicherung hinzutrat, war der Zwang zum Eintritt in eine solche Versicherung, und zwar in doppelter Weise, ein Zwang für die Arbeitnehmer und für die Arbeitgeber.

Vor rund 100 Jahren ergingen in kurzen Abständen 1883 das Krankenversicherungsgesetz, 1884 das Unfallversicherungsgesetz und 1889 das Invaliditäts- und Altersversicherungsgesetz. Erst wesentlich später erfolgte eine Ausdehnung der Sozialversicherung auch auf den Bereich der Angestellten, und erst nach Schluß des ersten Weltkrieges wurde auch eine verbindliche Arbeitslosenversicherung eingeführt.

Ihren ersten Niederschlag fanden die Bemühungen bei der Einführung der Krankenversicherung. Sie hatte den Zweck, der in abhängiger Stellung arbeitenden Bevölkerung im Falle der Krankheit Hilfe zu gewähren. Die im Versicherungsfall erfolgenden Leistungen wurden durch regelmäßige Beiträge der Versicherten und ihrer Arbeitgeber aufgebracht. Versicherungspflichtig waren alle Arbeiter sowie die Angestellten, deren Einkommen eine bestimmte Höchstgrenze, die laufend erhöht wurde, nicht überschritt. Die Leistungen zerfallen in Krankenhilfe, Wochenhilfe, Sterbegeld und Familienhilfe. In ihrem Mittelpunkt stehen die Sicherung der ärztlichen Versorgung für den Erkrankten, die Zurverfügungstellung von Arzneimitteln und die Übernahme der Krankenhauskosten.

Die soziale Unfallversicherung als zeitlich zweiter Zweig der deutschen Sozialversicherung beruht auf dem sozialpolitischen Gedanken des Arbeitsschutzes und der Ablösung zivilrechtlicher Haftungsansprüche der Arbeitnehmer gegenüber ihren Arbeitgebern. Sie will damit zur Vermeidung betrieblicher Spannungen beitragen, aber auch zur Sicherung und Verwirklichung zivilrechtlicher Schadenersatzansprüche des Arbeitnehmers gegenüber seinem Arbeitgeber. Die soziale Unfallversicherung hat folgende Aufgaben:

1. Arbeitsunfälle und Berufskrankheiten zu verhüten, insbesondere durch den Erlaß von Unfallverhütungsvorschriften und deren Überwachung durch technische Aufsichtsbeamte;
2. bei einem Arbeitsunfall oder einer Berufskrankheit dem Versicherten, seinen Angehörigen und Hinterbliebenen eine Entschädigung zu gewähren;
3. Beiträge zur Wiederherstellung der Erwerbsfähigkeit des Versicherten zu leisten.

Den Abschluß des großen sozialen Reformwerkes der 80er Jahre bildet die Invaliditäts- und Altersversicherung. Sie bezweckt eine Sicherung des Arbeitnehmers für die Zeit, in der er nicht mehr in der Lage ist, aus eigenen Kräften dem Erwerb nachzugehen oder so viel zu verdienen, daß eine ausreichende Lebensführung möglich ist. Als Invalide gilt ein Arbeitnehmer, der "infolge von Krankheit oder anderen Gebrechen oder Schwächen seiner körperlichen oder geistigen Kräfte" nicht mehr imstande ist, mindestens ein Drittel eines normalen Arbeitnehmers zu verdienen. Wer nach der ursprünglichen Gesetzgebung das siebzigste, später das fünfundsechzigste Lebensjahr vollendet hatte, brauchte diesen Nachweis nicht zu führen, sondern galt gewissermaßen als "altersinvalide".

Der Anteil der eigentlichen Altersrente war zunächst überaus gering; er hat sich aber im Laufe der Zeit ständig erhöht. Zwangsmitglieder der Invaliden- und Altersversicherung waren alle Lohnarbeiter, ohne Rücksicht auf die Höhe ihres Einkommens; Angestellte wurden dagegen erst 1911 versicherungspflichtig und zudem auch nur dann, wenn ihr Arbeitsverdienst eine bestimmte Höhe nicht überschritt.

Eine erste Arbeitslosenversicherung wurde in Deutschland mit dem Gesetz vom 16.7.1927 über Arbeitsvermittlung und Arbeitslosenversicherung geschaffen. Es wollte auf der Basis von Zwangsbeiträgen den Versicherten eine minimale Sicherung im Falle der Arbeitslosigkeit garantieren. Hand in Hand wurde damit sichergestellt, daß auch im Falle der Arbeitslosigkeit die Ansprüche gegenüber den übrigen Zweigen der Sozialversicherung weitergingen.

In den einzelnen Versicherungszweigen ergab sich in der Zeit zwischen ihrer Gründung und dem Jahre 1950 eine in den Details außerordentlich weitreichende Veränderung. Es wurden zahlreiche Neuregelungen erlassen, die im wesentlichen durch eine Ausweitung der Leistung und eine

Erweiterung des Versichertenkreises gekennzeichnet werden können. Es würde im vorliegenden Zusammenhang zu weit führen, auf sie im einzelnen einzugehen.

Trotz aller dieser Änderungen galt aber 1950 im Rahmen des deutschen Sozialversicherungssystems im wesentlichen noch der überkommene Grundsatz, daß die Leistungen auf die Deckung eines Mindestbedarfs ausgerichtet sein sollten, der durch das begrenzt war, was man als lebensnotwendig ansah. Allerdings wurde der daraus folgende Zustand 1950 noch nicht in dem Maße als unbefriedigend empfunden, wie man es heute empfinden würde: Überall in der Welt war das System der sozialen Sicherung noch viel weniger entwickelt als heute. In der Bundesrepublik Deutschland war man zudem nach den Entbehrungen der ersten Nachkriegsjahre allenthalben äußerst dankbar dafür, daß es wirtschaftlich wieder aufwärts ging. Mit den gesteigerten Kaufmöglichkeiten wuchs auch der reale Wert der meisten Sozialleistungen, jedenfalls soweit sie ausbezahlt wurden.

Eine erste Reformnotwendigkeit ergab sich im Bereich der Rentenversicherung. Hier war aus der Zeit vor dem ersten Weltkrieg ein System überkommen, das in Form der ursprünglich niedrigen Grundbeträge die aus allgemeinen Steuermitteln gedeckt wurden, eine gewisse Nivellierung enthielt. Daneben gab es dies vom Einkommen und damit von den Beitragszahlungen der Einzelnen abhängigen Steigerungsbeträge. Insgesamt bot aber die Altersversicherung der Rentner völlig unzureichende Leistungen. Dieses Unbehagen mit der Rentenhöhe wurde dadurch kaum gemildert, daß die Leistungen der Rentenversicherung gelegentlich aufgestockt wurden.

Diese Neuordnung war vor allem auch wegen der seit 1949 stärker als früher üblich gewordenen allgemeinen Lohnerhöhungen notwendig, die - gleichgültig, ob sie zum Ausgleich von Preissteigerungen erfolgten oder um dem Arbeiter eine Teilhabe am Produktivitätsfortschritt der

Wirtschaft zu ermöglichen - auch im damaligen System mit Sicherheit zu einer späteren Unterversorgung der Rentner führten. In einem System mit konstanten Nominallöhnen und entsprechend dem Produktivitätsfortschritt sinkenden Preisen hätte das vorige System eine ausreichende Altersversorgung auch nach 1950 sicherstellen können. Da aber mit einer Fortdauer der Lohnerhöhungen auch für die Zukunft zu rechnen war, mußte eine Umstellung in der Rentenberechnung erfolgen, wollte man nicht auf Dauer unzureichende Renten in Kauf nehmen oder immer wieder zu ad-hoc-Erhöhungen greifen, die dann meist langfristig doch ungenügend waren. Eine solche Neuordnung hatte mit einer großen Schwierigkeit zu kämpfen: Nach Ansicht vieler damaliger Experten erforderte nämlich eine langfristige Sanierung der Rentenversicherung die Wiederherstellung der Kapitaldeckung. Diese Kapitaldeckung, die schon bei der Einführung der Rentenversicherung angestrebt, aber niemals voll verwirklicht worden war, war ein Relikt der überkommenen engen Bindung der Rentenversicherung an die Lebensversicherung. Dieses Prinzip hätte bedeutet, daß bei der Rentenversicherung ein Kapitalfonds hätte geschaffen werden müssen, der in voller Höhe allen gegen die Versicherung bestehenden Rentenansprüchen gleichgekommen wäre. Ein solcher Fonds ist zwar in der privaten Lebensversicherung üblich und notwendig. Es erschien aber völlig ausgeschlossen, einen solchen Fonds im Rahmen der Rentenversicherung nach 1950 neu aufzubauen, nachdem die vorhandenen Kapitalbestände im Zuge des Krieges verloren gegangen waren. Das dafür erforderliche Kapital wäre kaum aufzubringen gewesen, und es erschien auch fraglich, ob es in einer sinnvollen Weise hätte angelegt werden können.

In Anbetracht dieser Tatsache stellte man in der Rentenreform des Jahres 1957 auf intensive Vorschläge aus dem Bereich der Wissenschaft das System um. Das neue System sah keine Kapitaldeckung mehr vor und brach auch mit dem alten Prinzip der Nominaläquivalenz zwischen Leistungen des Rentners und Gegenleistungen der Versicherung. Bei dem damals begründeten neuen System der dynamischen Rente ist zwischen der Erstfestsetzung der Rente und ihrer späteren Anpassung als in zwei im Grundsatz verschieden geregelten Problembereichen zu unterscheiden. Bei der Erstfestsetzung erhält ein Versicherter, der während seines Arbeitslebens in durchschnittlicher Höhe Beiträge geleistet hat, bei der Altersrente für jedes Beitragsjahr 1,5% der allgemeinen Rentenbemessungsgrundlage als Rente - bei den übrigen Bereichen der Rentenversicherung ist es ähnlich. Hat er unterdurchschnittliche Beiträge entrichtet, so ermäßigt sich seine Rente entsprechend; hat er überdurchschnittliche Beiträge geleistet, so erhöht sie sich bis zu einer Höchstgrenze. Da aber die allgemeine Rentenbemessungsgrundlage als das durchschnittliche Bruttoarbeitsverdienst aller Versicherten im Mittel des dreijährigen Zeitraums vor dem Kalenderjahr, das dem Eintritt des Versicherungsfalles vorangeht, definiert ist, entwickelt sich diese langfristig in der gleichen Weise, wie sich die Arbeitseinkommen verändern. Damit wird sichergestellt, daß sich die Renten bei der Erstfestsetzung stets an dem aktuellen durchschnittlichen Arbeitseinkommen ausrichten und mit ihm langfristig zunehmen.

Die Anpassung der einmal festgesetzten Renten hätte prinzipiell nach dem gleichen Grundsatz erfolgen können. Doch ergaben sich im Zuge der Diskussion um die Rentenneuordnung immer wieder Bedenken, vor allem aus konjunkturpolitischen Gründen und aus dem Gesichtspunkt der Geldwertstabilität. Es setzte sich dann der Gedanke durch, daß bei der Rentenanpassung keine völlige Automatik eintreten solle. Vielmehr wurde ein Gremium geschaffen, der Sozialbeirat, der jährlich zu dem Problem der Rentenanpassung Stellung nehmen und dem Gesetzgeber geeignete Vorschläge für die Entwicklung der laufenden Renten unterbreiten sollte. Das ist in der Folgezeit geschehen, und der Gesetzgeber hat dann stets durch Gesetz die Anpassung der laufenden Renten geregelt. Im Gegensatz zu den ursprünglichen Bedenken erfolgte sie aber im wesentlichen in dem gleichen Maß, in dem sich auch die neuen Renten entwickelten. Zwei Ausnahmen sind allerdings zu registrieren:

1. Der Ausfall der Anpassung im ersten Jahr nach der Rentenreform von 1957,
2. das Vorziehen der Anpassung erstmals im Jahre 1972 zum 1. Juli, bei dem es auch in den folgenden Jahren zunächst blieb; dieses Vorziehen wurde aber 1979 wieder beseitigt.

Abseits dieser laufenden Fortschreibung der Renten erfolgte eine Reihe weiterer Verbesserungen. Unter ihnen bildet das Reformpaket von 1972 einen zentralen Punkt der Entwicklung. Es brachte außer dem schon erwähnten Vorziehen der Anpassung der laufenden Renten die Einführung der flexiblen Altersgrenze und die Öffnung der Rentenversicherung, insbesondere für Selbständige und nichterwerbstätige Hausfrauen, sowie die Einführung einer Rente nach Mindesteinkommen zum Ausgleich der Folgen von früheren, individuell besonders niedrigen Löhnen.

Die Entwicklung hat dazu geführt, daß 1976 die Jahresrente eines "Standardrentners", d.h. eines Versicherten, der während 40 Versicherungsjahren stets das Durchschnittsentgelt aller Versicherten als versicherungspflichtiges Arbeitseinkommen bezog, 44.8 % des entsprechenden durchschnittlichen Bruttoarbeitsentgeltes oder 63,6 % des entsprechenden Nettowertes betrug [1].
Darin zeigt sich die entscheidende Wandlung im gesamten Rentenversicherungssystem: Aus einer unzureichenden Rente ist nach der Reform von 1957 ein Rentenniveau geworden, das nach einem Arbeitsleben von 40 Versicherungsjahren für das Alter eine Rente von rd. 60% des Nettoverdienstes des entsprechenden Arbeitnehmers garantiert. Man kann also davon sprechen, daß ein solcher "Standardrenter" durchaus den Lebensstandard auch im Alter aufrecht-

1) Der Bundesminister für Sozialordnung (Hrsg.): Sozialbericht 1976, S. 32.

erhalten kann, den er während seines Arbeitslebens erreicht hat. Eine andere Frage ist, wieviele Arbeitnehmer tatsächlich Beitragszahlungen in einer solchen Höhe leisten und damit später eine entsprechende Rente erhalten. Jedoch ist eine Übersicht darüber äußerst schwierig, weil das deutsche Sozialversicherungssystem u.U. den Bezug mehrerer Renten nebeneinander erlaubt: So kann etwa eine Witwe, die früher selbst versicherungspflichtig war und dann einen Arbeitnehmer heiratete, später sehr wohl neben der eigenen, oft ungenügenden Rente, eine Witwenrente von ihrem vorverstorbenen Mann erhalten, so daß insgesamt die Rentenleistungen voll die Aufrechterhaltung des erreichten Lebensstandards ermöglichen.

Ein letzter wichtiger Punkt der Reform von 1957 liegt im Bereich der eigentlichen Invaliditätsversicherung, also der vorgezogenen Rente. Hier hat die damalige neue Regelung besonders starke Verbesserungen gebracht und dem Zustand ein Ende bereitet, daß der Berufs- oder Erwerbsunfähige nur eine Rente bezog, die sich weitgehend nach der Zahl seiner Versicherungsjahre richtete, also unvertretbar niedrig war, wenn die Invalidität im frühen Alter eintrat.

In der sozialen Unfallversicherung sind zunächst nach dem Kriege keine wichtigen Neuerungen inkraft getreten. 1963 wurden durch Gesetz Betriebe mit mehr als 20 Beschäftigten gezwungen, Sicherheitsbeauftragte einzusetzen. Darüber hinaus wurde die Einbeziehung von Berufskrankheiten unter bestimmten Voraussetzungen erleichtert. Besonders wichtig war aber, daß im Jahre 1964 auch bei den Unfallrenten eine Dynamisierung eingeführt wurde, und zwar in der Weise, daß sie nach demselben Verfahren fortgeschrieben werden wie in der sozialen Rentenversicherung. 1971 ist dann eine wesentliche Ausweitung der Unfallversicherung eingetreten, indem unter bestimmten Voraussetzungen auch Schüler, Studenten und Kinder in die Versicherung einbezogen sind. Im Bereich der Unfallverhütung, einer wichtigen weiteren Aufgabe der

Unfallversicherung, ist seit 1950 ebenfalls von einer wesentlichen Verstärkung und Intensivierung zu berichten, die sich in einer Fülle von Einzelmaßnahmen niedergeschlagen haben.

Im Gegensatz zu anderen Sozialversicherungszweigen, insbesondere der Rentenversicherung, hatte die Geldentwertung während des zweiten Weltkrieges und kurz danach die gesetzliche Krankenversicherung in ihrer Funktionsfähigkeit kaum beeinträchtigt, da sie als Umlageversicherung auf ein Deckungskapital nicht angewiesen war. Nachdem 1949 Leistungen und Beiträge den veränderten wirtschaftlichen Verhältnissen angepaßt waren und 1950 die vom Nationalsozialismus beseitigte Selbstverwaltung wiederhergestellt worden war, erfolgten in den 50er Jahren zunächst viele kleine Änderungen, die allerdings keine größere Bedeutung hatten. Von großer Wichtigkeit war dagegen die Einführung der Lohnfortzahlung im Krankheitsfalle. Diese Maßnahme und ihr weiterer Ausbau haben die Entwicklung unserer gesetzlichen Krankenversicherung in dem Betrachtungszeitraum entscheidend geprägt. Die zunächst von der Krankenversicherung geleistete Lohnfortzahlung für den Arbeiter wurde 1970 auf den Arbeitgeber übergeleitet, womit eine entscheidende Angleichung zwischen dem Recht der Angestellten und dem der Arbeiter vollzogen wurde.

Ein weiterer wichtiger Punkt in der Entwicklung der gesetzlichen Krankenversicherung ist die Förderung der Früherkennung von Krankheiten und die Unterstützung von Maßnahmen zu ihrer Verhütung. Die Krankenversicherung ist im letzten Jahrzehnt auf diesen Gebieten zunehmend tätig geworden.

Immer wieder zu neuen Lösungen, die dann binnen kurzem wieder geändert wurden, hat das Problem der Krankenversicherung der Rentner geführt. Man kann ohne Einschränkung behaupten, daß es auch heute noch eines der schwierigsten Probleme unserer Krankenversicherung bildet.

Eine böse Folge der weiteren Entwicklung mit ihren starken Leistungsverbesserungen, aber auch mit ihrer steigenden Inanspruchnahme war, daß sich die Beitragssätze von ca. 6 % (Arbeitgeber- und Arbeitnehmeranteil im Jahre 1950) auf fast 12 % im Jahre 1976 erhöhten [1], wobei sich die Beitragsbemessungsgrenze von 375,-- DM monatlich 1950 auf 2.325,-- DM am 1.1.1976 steigerte. Das entspricht ziemlich genau der prozentualen Zunahme des durchschnittlichen Bruttowochenverdienstes der Industriearbeiter.

Im Bereich der Arbeitslosenversicherung traten nach 1948 zunächst abweichende Bestimmungen in den verschiedenen Besatzungszonen inkraft; nach Gründung der Bundesrepublik Deutschland gab es einzelne kleinere Novellierungen, die auch die Geschlossenheit der Regelung wiederherstellten. 1956 wurde ein umfassendes Ergänzungsgesetz erlassen. Es brachte im wesentlichen eine Anpassung der Bestimmungen an die Erfordernisse der damaligen Zeit. 1959 wurde ein Schlechtwettergeld eingeführt, das eine wesentliche Verbesserung für die Bauarbeiter, vor allem in der kalten Jahreszeit, zur Folge hatte. In der zweiten Hälfte der 60er Jahre wurden dann mehrfach Verbesserungen insbesondere hinsichtlich des Verhältnisses von Arbeitslosengeld und Arbeitslosenhilfe zum Arbeitsentgelt vorgenommen.

Das Arbeitsförderungsgesetz von 1959 brachte eine umfassende Neuregelung der gesamten Materie. Ihr erklärtes Ziel war "der Vorrang aller aktiven vorausschauenden vorbeugenden Maßnahmen gegenüber den Leistungen bei Arbeitslosigkeit" [2]. Daneben traten eine umfassende berufliche Förderung sowie der weitere Ausbau der Berufsberatung; eine Vielzahl weiterer Maßnahmen kam hinzu. In der Folgezeit hat sich die Bundesanstalt für Arbeit zunächst stark an die Dominanz der neuen Ziele der Arbeitsmarktpolitik

1) Der Bundesminister für Sozialordnung, a.a.O., S. 201.
2) Franz Coester, Art. "Arbeitsmarktpolitik", in: Staatslexikon, 6. Aufl., Freiburg 1960, 9. Bd., S. 103.

halten können. In den letzten Jahren ist aber die Zahlung von Arbeitslosengeld stärker in den Vordergrund getreten, vor allem als Folge der zunehmenden Arbeitslosigkeit, ohne daß indes die anderen Zielsetzungen ganz untergegangen wären.

Zusammenfassend ist das Bild der Entwicklung von 1950 bis heute durch ganz entscheidende Leistungsverbesserungen und Leistungssteigerungen im gesamten Bereich der Arbeitslosenversicherung gekennzeichnet, verbunden mit einer in wesentlichen Teilen neuartigen Konzeption in Form der Arbeitsförderung.

Der Zentralbereich der deutschen Sozialversicherung ist also seit 1950 mehr durch einen systematischen Ausbau als durch durchgreifende Reformmaßnahmen gekennzeichnet. Ein entscheidender Durchbruch in der Entwicklung war jedoch der Übergang zur dynamischen Rente, eine Art der Rentenfestsetzung, die vorher bei der starken Nähe zur Lebensversicherung nicht möglich gewesen wäre.

In jüngster Zeit ist die Lage der deutschen Sozialversicherung in allen ihren Zweigen durch sehr große finanzielle Probleme gekennzeichnet. So ist z.B. im Bereich der Krankenversicherung seit Jahren die Frage akut, ob und in welcher Weise es gelingen kann, die wachsenden Ansprüche der Versicherten bei einem konstanten Beitragsanteil am Lohn sicherzustellen. Man hat mit umfassenden Maßnahmen, vor allem in Form einer konzertierten Aktion im Gesundheitswesen, versucht, die verschiedenen Ausgabenarten einigermaßen in den Griff zu bekommen. Das gelang dem Staat zunächst bei allen wichtigen Ausgaben. In jüngster Zeit verbreitet sich aber Skepsis, ob es auf Dauer gelingen wird, diese Entwicklung steuern zu können. Besondere Schwierigkeiten ergeben sich in diesem Zusammenhang im Bereich der Krankenhauskosten. Hier ist vor einigen Jahren in der Bundesrepublik Deutschland das Krankenhausfinanzierungsgesetz inkraft getreten. Es sieht vor, daß die investiven Kosten, die die bauliche Unterhaltung der Krankenhäuser betreffen, von Staats wegen getragen werden, während alle laufenden Kosten, einschließlich der Kosten für Ärzte und das Krankenhauspersonal, von den Pflegesätzen getragen werden müssen. Es ergeben sich daraus sehr hohe Pflegesätze, die z.B. im Bereich der Universitätskliniken Freiburg in der niedrigsten Pflegeklasse z.Zt. bei fast 300,- DM pro Tag liegen. Diese Kosten haben in letzter Zeit wieder eine Steigerung erfahren, die über dem Zuwachs des nominalen Sozialproduktes liegt. Auch bei den übrigen Bereichen der Krankheitskosten erscheint es in zunehmendem Maße schwierig, sie mit den finanziell möglichen Leistungen in Einklang zu bringen.

Vor ähnlichen Problemen steht auch die Rentenversicherung. Es ist in den letzten Jahren immer das Ziel der Gesetzgebung gewesen, vor allem unmittelbar vor Wahlen, die Leistungen umfassend zu verbessern. Hinsichtlich der Frage der Deckung hat man es dann in der Regel nicht so genau genommen. Jetzt steht man daher auch hier vor der Tatsache, daß man den Beitragsprozentsatz kaum noch wird steigern können, während die Leistungen laufend weiterwachsen. Das alles ist auch zu sehen auf dem Hintergrund der Tatsache, daß wir in der Bundesrepublik Deutschland seit etwa 1965 rückläufige Geburten haben, so daß etwa ab 1990 mit einem Absinken der Zahl der Versicherten bei einer Zunahme der Rentnerzahl gerechnet werden muß [1].

Angesichts dieser wachsenden Diskrepanz ist z.Zt. das Problem der langfristigen Sicherung der künftigen Renten ungelöst.

Ein anderes Problem liegt darin, daß es bei unserem weitgehend kausal orientierten Rentensystem durchaus möglich ist, daß ein und dieselbe Person mehrere Renten aus ver-

1) Ich habe über dieses Problem auf der letzten Tagung unseres Kreises in Lake Biwa berichtet.

schiedenen Versicherungstatbeständen nebeneinander bezieht. Dem steht aber gegenüber, daß es Bezieher von Kleinstrenten gibt, die über kein zusätzliches Einkommen verfügen und deren Renten unter dem Existenzminimum liegen. Es ergeben sich also trotz aller Bestimmungen über Anrechnung durchaus Renten - vor allem in Verbindung mit anderen Einkommen - die ein weit überdurchschnittliches Einkommen ermöglichen, während andere nicht einmal ein Minimum sicherstellen.

Ein besonders schweres Problem der Rentenversicherung liegt darin, daß unser Bundesverfassungsgericht im Jahre 1975 den Gesetzgeber verpflichtet hat, bis zum Jahre 1984 in der Hinterbliebenenversorgung der Sozialversicherung die formalen Voraussetzungen für die Gleichberechtigung von Mann und Frau zu schaffen. Heute ist es noch so, daß diese Gleichbehandlung keineswegs gesichert ist. Nach der geltenden Regelung kann nämlich der Witwer aus den Beitragsleistungen seiner Frau nur dann Ansprüche ableiten, wenn sie vor ihrem Tode überwiegend den gemeinsamen Lebensunterhalt bestritten hat. Andererseits ist die Gewährung einer Witwenrente nicht davon abhängig, wer den größten Teil zum Familieneinkommen beigetragen hat.

Im Bereich der Unfallversicherung sind die Probleme der finanziellen Deckung weniger stark. Einerseits ist es gelungen, die Zahl der Unfälle und vor allem ihre Schwere herabzudrücken; andererseits tragen die Unternehmer aus den Erträgen ihrer laufenden Produktion auch die Unfalllasten, so daß hier von einer besonderen Schwierigkeit der Finanzierung nicht gesprochen werden muß.

Im Bereich der Arbeitslosenversicherung liegen die Dinge auch nicht ganz so problematisch wie bei der Unfall- und Rentenversicherung. Hier kann der Staat durch seine Maßnahmen die Belastungen der verschiedenen Institutionen fast nach Belieben verändern. Es kommt hinzu, daß die Arbeitslosenversicherung über eine umfassende Staatsgarantie verfügt, so daß ihre Finanzierungsprobleme weniger gravierend sind. Andererseits ist zu betonen, daß wir in den letzten Jahren eine im Vergleich zu der vorangegangenen Zeit stark erhöhte Arbeitslosenquote von 4 bis 5 % pro Jahr aufwiesen. Man hat staatlicherweise, z.T. auch finanziert aus Mitteln der Arbeitslosenversicherung, eine Reihe von Maßnahmen ergriffen, um diese Arbeitslosenzahl abzusenken. Es sind auch gewisse Erfolge durchaus zu verzeichnen gewesen, aber es ist die Frage, ob angesichts der zu erwartenden Zunahme der erwerbsbereiten Bevölkerung von ungefähr einer Mio. Personen in den nächsten fünf Jahren es nicht wieder zu einer stärkeren Arbeitslosigkeit kommen wird.

Im Augenblick ist nicht abzusehen, wie der Gesetzgeber die Lösung dieser schwierigen finanziellen Probleme vornehmen wird. Es steht aber zu erwarten, daß in der nächsten Legislaturperiode, die ab Herbst d.J. beginnen wird, wichtige Neuregelungen vorgenommen werden.

PROBLEME EINER NEUORDNUNG DER STAATSFINANZEN IN JAPAN UNTER BERÜCKSICHTIGUNG DER ENTWICKLUNG DER SOZIALAUSGABEN

Massaichi Mizuno

Einführung

Der japanische Staatshaushalt für 1980 kann als ein erster Schritt in Richtung auf eine Konsolidierung der öffentlichen Finanzen angesehen werden. Die Emission von Staatspapieren wurde, im Vergleich zum Vorjahr, reduziert: Der Anteil der Kreditfinanzierung am Gesamthaushalt konnte von 39,6 auf 33,5% gesenkt werden, und der Anstieg der Staatsausgaben (ohne Zinszahlungen und Finanzzuweisungen an lokale Gebietskörperschaften) gegenüber dem Vorjahr beträgt lediglich 5,1%. Dies ist die geringste Wachstumsrate der Staatsausgaben seit 24 Jahren. Dennoch ist eine Staatsverschuldung in Höhe von 14,270 Mrd. Yen immer noch außergewöhnlich hoch. Ferner wurden noch keine finanzpolitischen Maßnahmen ergriffen, um das für 1984 angestrebte Ziel eines vollständigen Abbaus der Kreditfinanzierung laufender Ausgaben zu erreichen.

In ihrer "Empfehlung für die Steuerreform im Finanzjahr 1979" hat die japanische Steuerkommission zur Konsolidierung der öffentlichen Finanzen die Einführung einer allgemeinen Verbrauchssteuer vom Jahre 1980 an empfohlen. Aufgrund dieser Empfehlung hat sich die Regierung um eine Neuordnung und Rationalisierung der öffentlichen Aufgabenerfüllung sowie um eine Beschränkung der Ausgabenzuwächse bemüht, um die mit der Einführung der allgemeinen Verbrauchssteuer angestrebte Haushaltskonsolidierung zu unterstützen. Aufgrund von Meinungsverschiedenheiten innerhalb der Liberalen Partei und unter erheblichem politischem Druck von verschiedenen Seiten sah sich die Regierung dann doch veranlaßt, auf die Einführung der allgemeinen Verbrauchssteuer im Jahre 1980 zu verzichten. Ein neuer Ansatzpunkt für das höchst dringliche

Problem der Neuordnung der Staatsfinanzen muß also gefunden werden. Andernfalls wäre mit erheblichen volkswirtschaftlichen Nachteilen zu rechnen. Im folgenden sollen zum einen die Dringlichkeit dieser Neuordnung und zum anderen Ansatzpunkte für ihre Realisierung aufgezeigt werden.

1. Zum Charakter des japanischen Staatsdefizits

Die Haushaltsdefizite seit 1975 weisen drei bemerkenswerte Kennzeichen auf. Erstens ist das Defizit ausgesprochen groß. Nach dem Zweiten Weltkrieg wurden erstmals 1965 wieder Staatspapiere ausgegeben. Betrug die Kreditfinanzierungsquote im Jahre 1972 noch 19%, so wuchs sie nach 1975 erheblich an. Im Jahre 1975 lag sie bei 26,3%, im Jahre 1976 bereits bei 29,9%, 1977 bei 34% und 1978 sogar bei 39,6% des Gesamthaushalts. Außer während der Kriegsjahre gab es derartig hohe Kreditfinanzierungsquoten lediglich zwischen 1932 und 1936, während der Amtszeit von Finanzminister K. Takahashi. Im Vergleich mit anderen Industriestaaten ist die Staatsverschuldung in Japan ungewöhnlich hoch. So beträgt die Verschuldungsquote in den USA für 1980 ca. 5,3%, in Großbritannien 14,1% (für 1979), in der Bundesrepublik 15,5% (1979) und in Frankreich gar nur 2,9% (1979).

Das zweite Kennzeichen ist der besonders hohe Anteil der Kreditfinanzierung laufender Ausgaben am Gesamtvolumen der Staatsverschuldung. Während die Kreditfinanzierung öffentlicher Investitionen damit gerechtfertigt werden kann, daß sie über einen höheren Bestand an öffentlichem Kapital zukünftige Generationen begünstigt, erscheint eine Kreditfinanzierung laufender Ausgaben problematisch. Etwa die Hälfte der Staatspapiere dient zur Finanzierung solcher laufender Staatsausgaben, und mehr als ein Fünftel der ordentlichen Staatsausgaben wird auf diese Weise finanziert.

Drittens hat ein wesentlicher Teil des Staatsdefizits keinen konjunkturellen, sondern strukturellen Charakter,

Tabelle 1: Emission von Staatsanleihen und Kreditfinanzierungsquoten

	1975	1976	1977	1978	1979	1980
(1) Emission von Staatsanleihen (in Mrd. Yen)	5,480	7,375	9,985	11,285	15,270	14,270
(2) Anleihen zur Finanzierung laufender Ausgaben (in Mrd. Yen)	2,290	3,650	4,957	4,955	8,055	7,485
(3) Kredit-finanzierungs-quote (%)	26,3	29,9	34,0	32,8	39,6	33,5
$\frac{(2)}{(1)}$ x 100 (%)	41,8	49,5	49,6	43,9	52,8	52,5
(4) Quote der Anleihe-finanzierung laufender* Ausgaben	13,9	18,7	21,6	18,6	27,1	22,0

Anmerkungen: Die Zahlen für 1975 - 1978 beziehen sich auf den vom Parlament verabschiedeten Haushalt, die für 1979 und 1980 auf die Haushaltsentwürfe. (* ordentliche Gesamtausgaben)

d.h., dieser Teil des Defizits bleibt auch bei Steuermehreinnahmen im Zuge eines wirtschaftlichen Aufschwungs weiterhin bestehen. Unter "strukturellem Defizit" verstehen wir also ein Defizit, das auch bei Vollbeschäftigung existieren würde, und das nur durch besondere diskretionäre Maßnahmen auf der Ausgaben- oder der Einnahmenseite abgebaut werden kann. Die Hauptgründe für solche strukturellen Defizite sind folgende:

(1) Steuersenkungen in Perioden der Hochkonjunktur haben das Steuersystem dahingehend verändert, daß die Steuereinnahmen in Phasen mit geringeren Wachstumsraten ein unzureichendes Steueraufkommen erbringen. In diesem Zusammenhang spielt die Verringerung der Wachstumsraten der japanischen Wirtschaft eine entscheidende Rolle für die ungünstige Entwicklung der Struktur des Staatshaushaltes.

(2) Aufgrund erheblicher Steuermehreinnahmen wurde das Leistungsniveau im Bereich der sozialen Sicherung und auf anderen Gebieten erheblich angehoben.

Das Konzept des strukturellen Defizits wird in Abbildung 1 veranschaulicht. Angenommen sei eine Gesamtnachfrage in Höhe von $(C + I + G)_o$. Das Volkseinkommen Y_o . Y_f bezeichne das Vollbeschäftigungseinkommen. Es herrscht in diesem Fall also Unterbeschäftigung, und die Nachfragelücke beträgt E_fE. Der untere Teil der Abbildung stellt den Zusammenhang zwischen Volkseinkommen und Staatshaushalt dar. Bei einem Einkommen Y_o beträgt das Haushaltsdefizit G_oT_o. Nehmen wir nun an, daß es aufgrund eines exogen verursachten Nachfrageanstiegs, zum Beispiel bei den autonomen Investitionen oder beim privaten Konsum, zu Vollbeschäftigung kommt, so verschiebt sich die Gerade der Gesamtnachfrage nach $(C + I + G)_f$, und das Volkseinkommen entspricht nunmehr Y_f. Trotz des gestiegenen Volkseinkommens und des damit verbundenen Anstiegs des Steueraufkommens um $T_f - T_o$ verbleibt ein Defizit im Staatshaushalt. Das Defizit bei Y_o besteht demnach aus

Schaubild 1: Das strukturelle Defizit

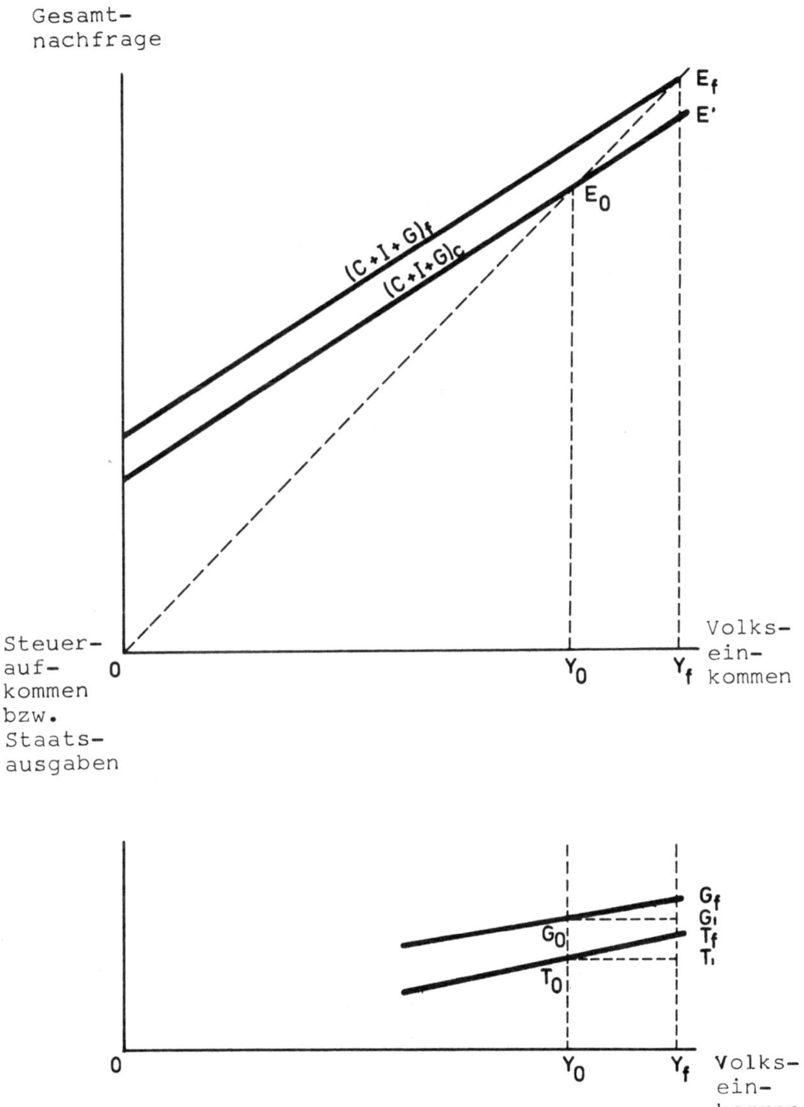

C Privater Konsum
I Private Investitionen
G Staatsausgaben
Y Volkseinkommen
Y_f Vollbeschäftigungsvolkseinkommen

zwei Teilen: der eine verschwindet bei Erreichen der Vollbeschäftigung, der andere verbleibende Teil ist das strukturelle Defizit.

2. Zur Notwendigkeit einer Neuordnung der öffentlichen Finanzen

Nicht jedes Staatsdefizit und nicht jede Ausgabe von Staatspapieren muß für eine Volkswirtschaft von Nachteil sein. In Rezessionsphasen, in Kriegszeiten oder bei Naturkatastrophen kann die Emission von Staatspapieren unvermeidbar, notwendig oder sogar erwünscht sein. Außerdem kann die Kreditfinanzierung öffentlicher Investitionen dazu dienen, Ressourcen vom privaten zum staatlichen Sektor hin zu verlagern.

Obwohl ein gewisser Teil des seit 1975 immer wiederkehrenden und wachsenden Defizits auf finanzpolitische Maßnahmen zur Rezessionsbekämpfung zurückgeführt werden kann, ist doch der größte Teil strukturell bedingt. Dieser Teil des Defizits führt zu nachteiligen Effekten folgender Art:

(1) Der Schuldenbestand der öffentlichen Hand wächst ständig und damit steigt die Belastung des Haushalts durch Zinszahlungen, womit die Flexibilität der Haushalts- und Finanzpolitik zunehmend eingeschränkt wird. Während der Anteil der Zinszahlungen an den öffentlichen Gesamtausgaben 1974 noch 4,4% betrug, beläuft er sich im Finanzjahr 1980 auf ca. 12,5%. Damit sind die Zinsausgaben bereits höher als die Ausgaben für Bildung und Forschung und belaufen sich auf ca. 65% der Sozialausgaben. Für 1985 wird bereits mit einem Anteil der Zinszahlungen an den öffentlichen Ausgaben von 17% gerechnet. Ein derartiger Anstieg der Zinskosten muß entweder den Spielraum für andere Ausgaben einengen oder zu einer weiteren Erhöhung der Staatsverschuldung führen.

(2) Dauernde Abhängigkeit von der Anleihefinanzierung verschleiert den Zusammenhang zwischen öffentlichen Ausgaben und der damit verbundenen Finanzierungslast. Sie kann außerdem leicht zur Ineffektivität des öffentlichen Finanzgebarens führen. Für den Allokationseffekt öffentlicher Ausgaben spielt es keine Rolle, ob diese kredit- oder steuerfinanziert werden. Güterwirtschaftlich gesehen findet in jedem Fall eine Verlagerung von Ressourcen vom privaten zum öffentlichen Sektor hin statt. Das Verhältnis zwischen öffentlichen Ausgaben (bzw. dem damit gestifteten Nutzen) und der Finanzierungslast wird im Falle der Steuerfinanzierung jedoch besser widergespiegelt als im Falle der Kreditfinanzierung. Bei einer Steuerfinanzierung entsteht die Finanzierungslast zum Zeitpunkt der Verausgabung der Mittel, während im anderen Fall die heutigen Staatsausgaben erst bei zukünftigen Generationen zu einer finanziellen Belastung führen. Daher besteht die Gefahr mangelnder Effektivität und eine Übersteigerung der öffentlichen Ausgaben.

(3) Durch die Ausgabe von Staatspapieren wird die Finanzierungslast von der gegenwärtigen auf die zukünftige Generation verlagert. Dies ist in zweierlei Hinsicht bedeutsam: Erstens profitiert die gegenwärtige Generation von öffentlichen Ausgaben und Staatsleistungen, deren Finanzierungslast von späteren Generationen von Steuerzahlern getragen wird. Die Ausgabe von Staatspapieren ruft daher in gewissem Umfang ungerechte intergenerative Verteilungswirkungen hervor. Zweitens können im Falle der Steuerfinanzierung - bei Vollbeschäftigung - in größerem Umfang Ressourcen zu Lasten des privaten Konsums in den öffentlichen Sektor verlagert werden. Im Falle der Kreditfinanzierung würde demgegenüber die Kapitalbildung und, daraus resultierend, die zukünftige Wachstumsrate des Sozialprodukts stärker reduziert werden. Daraus ergibt sich eine stärkere Einschränkung des Konsums zukünftiger Generationen.

(4) Wenn wir fortfahren, auch bei Annäherung an die Vollbeschäftigung weiterhin in großem Umfang öffentliche Anleihen zu begeben, müßte die private Nachfrage nach Kreditmitteln zwangsläufig durch die umlaufenden Staatspapiere zurückgedrängt werden. Zur Wahrung der Preisniveaustabilität wären wahrscheinlich sehr restriktive geldpolitische Maßnahmen erforderlich, die die Wirtschaft leicht in die Rezession führen könnten. Zur Vermeidung einer Rezession oder gar Depression müßten die geldpolitischen Instanzen das Geldangebot in genügendem Umfang ausweiten, um die zunehmende private Nachfrage nach Krediten zu befriedigen. Dies erhöht die Gefahr einer staatlich induzierten Inflation; die Regierung befindet sich in einer Dilemma-Situation. Auf jeden Fall sind zunehmende wirtschaftliche Instabilitäten unvermeidlich.

(5) Eine zu starke Abhängigkeit von der Anleihefinanzierung erschwert eine flexible und zielgerichtete Handhabung des finanz- und geldpolitischen Instrumentariums. Insbesondere in Rezessionsphasen, in denen expansive finanzpolitische Maßnahmen erforderlich werden, verbleibt der Regierung wenig Spielraum zur Durchführung einer Steuersenkung und/oder einer Staatsausgabenerhöhung. Das bedeutet, daß die Effizienz der Finanzpolitik eingeschränkt ist. Um die Wirksamkeit der Finanzpolitik zu erhöhen, muß die Abhängigkeit der Finanzwirtschaft von der Anleihefinanzierung verringert werden.

3. Vorschlag für eine Neuordnung der öffentlichen Finanzen

I. Zielsetzung

Geht man davon aus, daß die Notwendigkeit einer Haushaltskonsolidierung allgemein anerkannt wird, so ist im weiteren zu untersuchen, auf welchem Wege dies geschehen kann. Zunächst sind die angestrebten Ziele zu präzisieren.

Die oberste Zielsetzung besteht selbstverständlich darin, die Abhängigkeit von der Neuverschuldung vollständig oder zumindest auf ein sehr geringes Maß zu reduzieren. Damit sind jedoch einige Probleme verbunden. So wäre als erstes zu klären, ob nur die Kreditfinanzierung laufender Ausgaben oder auch die Kreditaufnahme für die Durchführung staatlicher Investitionen eingeschränkt werden soll. Einigkeit scheint nur über den Abbau der Kreditfinanzierung laufender Ausgaben zu bestehen. Dagegen gibt es nicht wenige Stimmen, die eine Anleihefinanzierung öffentlicher Investitionen befürworten, und die Notwendigkeit eines Abbaus unter dem Aspekt der intergenerativen Verteilungsgerechtigkeit bestreiten. Es wird argumentiert, daß in einer Wirtschaft, in welcher kontinuierlich öffentliche Investitionen vorgenommen werden, hinsichtlich der intergenerativen Verteilungswirkungen keine Unterschiede zwischen einer Steuerfinanzierung und einer Kreditfinanzierung öffentlicher Investitionen bestehen. Unter stabilitätspolitischem Aspekt muß aber gesehen werden, daß das finanzpolitische Instrumentarium um so flexibler und wirkungsvoller eingesetzt werden kann, je geringer die Abhängigkeit von der Anleihefinanzierung ist. Wenn dies berücksichtigt wird, müßte das Gesamtvolumen der öffentlichen Kreditfinanzierung, einschließlich der Investitionskredite reduziert werden. Daher sollte in einem ersten Schritt ein Abbau der Kreditfinanzierung laufender Ausgaben angestrebt werden, um dann in einem zweiten Schritt die Kreditfinanzierung öffentlicher Investitionsvorhaben einzuschränken.

Zweitens wäre zu klären, welcher Grad der Abhängigkeit von der öffentlichen Anleiheemission letztlich erreicht werden sollte. Diese Frage kann nun unterschiedlich beantwortet werden. Eine Möglichkeit besteht darin, sich am Prinzip des jährlichen Haushaltsausgleichs zu orientieren, eine weitere darin, einen Haushaltsausgleich nur über einen gesamten Konjunkturzyklus hinweg anzustreben und so weiter. Uns scheint eine Kreditfinanzierungsquote von 4-5% angemessen zu sein, obwohl dies nicht ohne weiteres theoretisch zu rechtfertigen ist.

Drittens muß gesehen werden, daß es bei einer Neuordnung der öffentlichen Finanzen um mehr geht, als nur um eine Einschränkung der jährlichen Neuverschuldungsquote. Grundsätzlich erfordert eine solche Neuordnung der öffentlichen Finanzen die Klärung der Frage, welche Bedeutung und welchen Umfang der Staatsanteil in einer Volkswirtschaft haben sollte, und von wem die Kosten der Staatsleistungen getragen werden sollen. Die Bestimmung der Höhe der Kreditfinanzierung ist nur ein Teil dieses Problems. Sie spiegelt jedoch in konzentrierter Form die grundlegenden finanzpolitischen Probleme, weswegen wir sie zum Ausgangspunkt unserer Überlegungen über eine Neuordnung des öffentlichen Haushalts gemacht haben.

II. Ausgabenbeschränkung oder Steuererhöhung?

Wir wollen uns nun der Frage zuwenden, mit welchen Mitteln das Ziel einer Neuordnung der öffentlichen Finanzen im Sinne eines Abbaus der Abhängigkeit von der Anleihefinanzierung erreicht werden kann.

In diesem Zusammenhang haben sich bisher zwei einflußreiche Strömungen herausgebildet. Die eine geht davon aus, daß eine Haushaltskonsolidierung über Einschränkungen auf der Ausgabenseite des Staatshaushalts unter Berücksichtigung wachstumsbedingter Steuermehreinnahmen erreicht werden sollte, ohne das Steuersystem zu verändern. Die andere geht davon aus, daß sowohl eine Ausgabeneinschränkung als auch eine Reform des Steuersystems erforderlich sei. Wir wollen zunächst den erstgenannten Ansatz betrachten, der sich gewiß der Unterstützung breiter Kreise erfreuen würde, da er zum einen eine Reduzierung und Rationalisierung der öffentlichen Ausgaben anstrebt, die in Phasen höherer Wachstumsraten ausgeweitet wurden, und zum anderen keine zusätzliche Steuerbelastung vorsieht. Die stark steigenden Steuereinnahmen in den vergangenen Wachstumsperioden haben einen überproportionalen Anstieg der öffentlichen Ausgaben ermöglicht. Von daher liegt es nahe, daß die Regierung in einer Phase abnehmender Einnahmenzuwächse verschiedene Staatsausgaben neu überdenkt und eine Neugestaltung und Rationalisierung im öffentlichen Sektor zum Zwecke der Haushaltskonsolidierung anstrebt. Dennoch bleibt die Frage, ob der beste Weg einer Neuordnung der öffentlichen Finanzen darin besteht, ausschließlich auf der Ausgabenseite einzugreifen und die Steuerbelastung unverändert zu lassen.

Ein solches Vorgehen wäre mit folgenden Nachteilen verbunden: Würden wir nur auf einer Ausgabenrestriktion und auf die wachstumsbedingten Steuermehreinnahmen abstellen, würde es lange dauern, bis das Ziel der Haushaltskonsolidierung erreicht werden könnte. In der Zwischenzeit würden die negativen Wirkungen, die zuvor dargestellt wurden, insbesondere unter (4) und (5), eintreten. Das heißt, aufgrund der wachsenden Instabilität würde die Wirtschaft erheblich geschädigt werden. Wenn die Regierung so schnell wie möglich zu einer Neuordnung der öffentlichen Finanzen kommen will, um diese Schäden von der Wirtschaft abzuwenden, wäre eine zu starke Reduktion der Staatsausgaben erforderlich, die lediglich ein Minimalbudget erlauben würde. An diesem Punkt sind wir gezwungen, uns mit der grundsätzlichen Frage auseinanderzusetzen, welcher Staatsanteil wünschenswert ist. Eine zu starke Expansion des Staatshaushaltes muß vermieden werden, aber auf der anderen Seite ist auch ein zu kleines öffentliches Budget unerwünscht.

Die Bestimmung des optimalen Staatsanteils ist ein zentrales Problem der modernen Finanzwissenschaft und kann kaum mit wenigen Worten beantwortet werden. Wir wollen hier nur insoweit auf diese Frage eingehen, wie sie für die Neuordnung der öffentlichen Finanzen von Bedeutung ist. Damit der Staat seine allokations-, verteilungs- und stabilitätspolitischen Ziele verfolgen kann, ist ein angemessenes Haushaltsvolumen erforderlich. Zu starke

Einschränkungen des Haushaltsvolumens führen zur Funktionsfähigkeit. Zwar war die japanische Finanzpolitik auch in Phasen hoher Wachstumsraten teilweise wenig wirkungsvoll, aber wie aus Tabelle 2 hervorgeht, ist der japanische Staatshaushalt, im Vergleich zu dem anderer entwickelter Länder, relativ klein.

In der Zukunft ist jedoch mit einer zunehmenden Nachfrage nach öffentlichen Leistungen, vor allem im Bereich der Sozialversicherung (verursacht durch den schnellen Anstieg des Anteils älterer Bevölkerungsschichten an der Gesamtbevölkerung) und anderer sozialer Einrichtungen zu erwarten. Berücksichtigt man dies, so ist es nicht nur unrealistisch, sondern sogar unerwünscht, daß die öffentlichen Finanzen ausschließlich über eine Beschränkung der öffentlichen Ausgaben konsolidiert werden. Folglich sind wir gezwungen, auf die zweite Möglichkeit zurückzugreifen: Einschränkung der Staatsausgaben bei gleichzeitiger Erhöhung der Steuerbelastung.

III. Möglichkeiten der Steuererhöhung

Wie bereits erwähnt, hatte die japanische Steuerkommission die Einführung einer allgemeinen Verbrauchssteuer ab 1980 vorgeschlagen, die jedoch aus politischen Gründen nicht durchgesetzt werden konnte.

Meines Erachtens kann jedoch auf die Einführung einer allgemeinen Verbrauchssteuer nicht verzichtet werden; und zwar aus folgenden Gründen:

(1) Die Konsolidierung der öffentlichen Finanzen erfordert eine beträchtliche Erhöhung des Steueraufkommens. Um das zu erreichen, muß entweder die Einkommensteuer angehoben oder eine allgemeine Verbrauchssteuer eingeführt werden. Denn es besteht kaum ein Spielraum für eine Erhöhung des Körperschaftsteuersatzes, da die bestehenden Sätze, im Vergleich zu anderen entwickel-

Tabelle 2: Anteil der öffentlichen Ausgaben am Bruttosozialprodukt (in v.H.)

	Staatsverbrauch	Verteidigung	Bruttoinvestitionen des Staates	Soziale Leistungen	Andere Ausgaben[1)]	Staatsquote
Japan	9.8	0.9	5.2	8.5	4.0	27.5
U.S.A.	18.5	5.5	1.9	11.1	3.1	43.6
England	21.6	5.0	4.4	10.9	8.6	45.6
Bundesrepublik Deutschland	20.3	3.0	3.4	16.0	4.9	44.5
Frankreich	14.7	3.3	3.7	20.9	4.4	43.6
Italien	13.7	2.0	3.9	19.1	8.9	43.7

Anmerkungen: Die Zahlenangaben für Japan beziehen sich auf das Haushaltsjahr 1976, die für die anderen Länder auf das Kalenderjahr 1976.

1) Zinsen auf öffentliche Schulden, Subventionen und sonstige Übertragungen

ten Ländern, bereits außergewöhnlich hoch sind. Außerdem würde auch aus einem Abbau möglicherweise ungerechtfertigter Steuervergünstigungen nur ein relativ geringes Steuermehraufkommen resultieren. Ferner weisen verschiedene neue Steuern, wie zum Beispiel die Bodenwertzuwachssteuer, die Vermögensteuer und eine Besteuerung der Werbung eine Reihe von Mängeln auf.

(2) Eine Erhöhung der Einkommensteuer wird unter dem Gerechtigkeitsaspekt als vorteilhaft angesehen, und auch deswegen empfohlen, weil die Einkommensteuerbelastung in Japan, im Vergleich mit anderen Ländern, ziemlich gering ist. Dagegen sprechen jedoch einige Überlegungen. Bedingt durch die Tarifstruktur der Einkommensteuer und die Charakteristika der Einkommensverteilung in unserem Land würden die mittleren und unteren Einkommensschichten im Falle einer Erhöhung der Einkommensteuer nämlich weit stärker belastet werden, so daß unter dem Gerechtigkeitsaspekt eine solche Steuererhöhung nicht unbedingt wünschenswert wäre. Überdies weist die Erfassung der Einkünfte immer noch Unzulänglichkeiten auf, so daß die Einkommensteuer nicht in allen Fällen gerecht erscheint. Schließlich würde auch die Bevölkerung, die sich an Steuersenkungen während der Phasen hoher Wachstumsraten gewöhnt hat, einer Anhebung der Einkommensteuer erhebliche Widerstände entgegenbringen.

(3) Eine allgemeine Verbrauchssteuer, wie sie etwa in den EG-Ländern in Form der Mehrwertsteuer bereits existiert, würde in Japan die Einkommensteuer ergänzen und das Steuersystem vereinfachen. Zugleich hätte sie den Vorteil, das zusätzliche Steueraufkommen für eine Konsolidierung der öffentlichen Finanzen zu erbringen. Die regressive Wirkung dieser Steuer, gegen die von vielen Bedenken erhoben werden, könnte weitgehend dadurch vermieden werden, daß Nahrungsmittel von der Besteuerung ausgenommen werden. Der Anstieg des Preisniveaus, der durch die Einführung dieser

Steuer auftreten kann, ist einmalig oder zumindest vorübergehend. Die Verbraucher werden diese Steuer tragen, indem sie höhere Preise für die von ihnen gekauften Güter bezahlen.

In der Einführung einer allgemeinen Verbrauchssteuer kann ein außerordentlich positiver Beitrag für die langfristige Weiterentwicklung des japanischen Steuersystems gesehen werden. Es könnte nur von Vorteil sein, wenn die Einführung dieser Steuer sachlicher und ernsthafter diskutiert würde.

VI. Offizieller Finanzplan oder Planung der Haushaltskonsolidierung?

Das Finanzministerium hat seit 1976 dem Parlament jährlich einen Finanzplan vorgelegt. Diese Finanzpläne stellen nur eine Schätzung der voraussichtlichen Budgetentwicklung ohne Berücksichtigung der Neuordnung der öffentlichen Finanzen dar. Trotzdem wollten die Träger der Finanzpolitik auf der Grundlage dieser Pläne zu einer Neuordnung gelangen. Außerdem wurden die Pläne dazu genutzt, in der Bevölkerung ein Bewußtsein für die ungünstige Situation der öffentlichen Finanzen zu schaffen. Sie basierten jeweils auf dem nationalen Wirtschaftsplan bzw. auf den Daten, die aus seiner mittelfristigen Fortschreibung resultierten. Die jüngsten Erfahrungen mit diesen Plänen lassen jedenfalls die Zwangslage, in der sich die Träger der Finanzpolitik befinden, deutlich werden. Die formulierten Ziele konnten jeweils nicht erreicht werden, und der angestrebte Zeitpunkt für eine vollständige Rückführung der Kreditfinanzierung laufender Ausgaben wurde immer wieder verschoben. Der Grund hierfür liegt darin, daß die Einnahmen nicht so stark anstiegen wie erwartet, da die Stagnation ungewöhnlich lange anhielt und wiederholt expansive finanzpolitische Maßnahmen zur Konjunkturanregung ergriffen werden mußten. Die grundlegende Problematik dieser Pläne ist jedoch darin zu sehen, daß sie nur eine aus der nationalen Wirtschaftsplanung abgeleitete Schätzung der Budgetentwicklung darstellen, welche keine bindende Wirkung für die Finanzpolitik der Regierung besitzt. Der jüngste Finanzplan, veröffentlicht im Januar 1980, beinhaltet Einnahmen- und Ausgabenvorausschätzungen für die Finanzjahre 1980 bis 85, abgeleitet aus der Schätzung der Wirtschaftsentwicklung für das Jahr 1985, die wiederum auf dem "neuen sozialökonomischen 7-Jahres-Plan" vom August 1970 basiert. Aus diesem Überblick geht hervor, daß der durchschnittliche jährliche Budgetzuwachs mit 11,4% in etwa der nominellen Wachstumsrate des Sozialprodukts entspricht, und daß die durchschnittliche Wachstumsrate des Steueraufkommens vom Finanzjahr 1980 bis zum Finanzjahr 1983 17,9% betragen muß, um die Anleihefinanzierung für laufende Ausgaben bis zum Jahre 1984 auf Null zurückzuführen. Die Kreditfinanzierungsquote würde dann für das Finanzjahr 1985 bei 16,8% liegen, bei einem Staatsschuldenbestand von insgesamt 131,6 Billionen Yen, und der Anteil der Zinsausgaben an den Gesamtausgaben würde 21,6% betragen.

Um endlich zu einer Neuordnung der öffentlichen Finanzen zu gelangen, müßte ein Plan zur Reform der öffentlichen Finanzen aufgestellt werden, der sich von den oben erwähnten Finanzplänen unterscheidet. Ein solcher Plan müßte verbindliche Angaben darüber enthalten, welches Ziel anzustreben ist, welches Programm für eine Haushaltskonsolidierung durchzuführen ist und wie diese durch andere Maßnahmen der Finanzpolitik unterstützt werden kann. Außerdem müssen in diesem Plan so lange Obergrenzen für die Budgetentwicklung festgelegt werden, bis das gesetzte Ziel erreicht ist. Ein solcher Plan ist eine Voraussetzung erstens für eine Konsensbildung in der Regierung und in der Regierungspartei, zweitens für eine breite öffentliche Diskussion und drittens für die Sicherstellung der Neuordnung der öffentlichen Finanzen.

Schlußfolgerungen

Eine Neuordnung der öffentlichen Finanzen Japans ist unumgänglich. Der Anstieg des Großhandelspreisniveaus seit Ende 1978 ist weitgehend kosteninduziert und auf Preissteigerungen bei Importen, vor allem beim Öl, zurückzuführen. Wenn ein solcher Preisdruck mit einer Nachfrageinflation aufgrund von Staatsdefiziten zusammentrifft, besteht die große Gefahr einer Hyperinflation. Es sind daher umgehend große Anstrengungen zur Erreichung einer Haushaltskonsolidierung notwendig, selbst wenn es sich dabei um sehr globale Maßnahmen handeln sollte. Eine Konsolidierung der öffentlichen Finanzen kann nicht erreicht werden, ohne der gesamten Bevölkerung Lasten und Opfer, wie zum Beispiel eine Erhöhung der Steuerlast, aufzubürden. Es ist leider eine Tatsache, daß dies die Kosten sind, die wir alle bezahlen müssen, um eine katastrophale Entwicklung zu vermeiden.

A n h a n g

Verzeichnis der Tabellen und Schaubilder

Tabelle 1: Übersicht über die Entwicklung der Staatsausgaben und der Steuereinnahmen in Japan - 1965-1980 (in Mrd. Yen).

Haushalts-jahr	Bruttosozial-produkt	(A)	Öffentliche Gesamtausgaben (B)		Steuereinnahmen (C)		(B)/(A) (%)	(C)/(A) (%)	(C)/(B) (%)
1965	329.816	11.2	37.230	12.4	32.300	3.7	11.3	9.8	86.8
1966	388.728	17.9	44.591	19.8	36.039	11.6	11.5	9.3	80.8
1967	458.968	18.1	51.130	14.7	42.729	18.6	11.1	9.3	83.6
1968	545.768	18.9	59.370	16.1	51.758	21.1	10.9	9.5	87.2
1969	645.136	18.2	67.178	16.5	62.823	21.4	10.7	9.7	90.8
1970	755.237	17.1	81.876	18.3	72.958	16.1	10.8	9.7	89.1
1971	831.660	10.1	95.611	16.8	82.183	12.6	11.5	7.9	86.0
1972	968.837	16.5	117.322	24.8	101.097	23.0	12.3	10.4	84.7
1973	1.172.579	21.0	147.783	23.9	137.222	35.7	12.6	11.7	92.9
1974	1.392.193	18.7	190.998	29.2	153.784	12.1	13.7	11.0	80.5
1975	1.531.263	10.0	208.609	9.2	140.932	8.4	13.6	9.2	67.6
1976	1.718.151	12.2	244.676	17.3	163.192	15.8	14.2	9.5	66.7
1977	1.907.133	11.0	290.598	18.8	178.963	9.7	15.2	9.4	61.6
1978	2.092.482	9.7	344.400	18.5	218.665	22.2	16.5	10.5	63.5
1979	2.265.000	8.2	396.676	15.2	239.962	9.7	17.5	10.6	60.5
1980	2.478.000	9.4	425.888	7.4	271.699	13.2	17.2	11.0	63.8
1965-1971		16.7 (11.1)		17.0		16.8			
1971-1974		18.7 (5.5)		25.9		23.2			
1974-1978		10.7 (5.1)		15.9		9.2			
1978-1980		8.8 (5.2)		11.2		11.5			

Anmerkung: Bei den Zahlen für das Bruttosozialprodukt handelt es sich in den Jahren 1965-1978 um tatsächliche, in den Jahren 1979 und 1980 um geschätzte Größen. Bei den Staatsausgaben u. Steuereinnahmen handelt es sich für die Jahre 1965-1977 um endgültige Zahlen, für 1978 und 1979 um die Ansätze im berichtigten Haushalt und für 1980 um die Ansätze im Haushaltsentwurf.

Tabelle 2: Haushaltsansätze 1970 - 1977 (in 100 Mio. Yen)

Haushaltsjahr Positionen	1970	1971	1972	1973	1974	1975	1976	1977
Steueraufkommen	118,623	129,156	155,782	208,749	248,573	234,790	271,984	305,434
Sozialabgaben	33,099	39,007	45,663	56,785	78,412	94,034	110,964	130,992
Sonstige Einnahmen	7,428	9,341	11,215	14,554	18,981	21,814	25,429	29,712
Laufende Einnahmen insgesamt (A)	159,149	177,504	212,659	280,088	345,966	350,639	408,378	466,137
Verbrauchsausgaben des Staates	56,469	66,312	77,797	96,537	131,003	152,007	167,738	185,956
Sozialleistungen	35,374	40,244	50,385	62,475	90,798	118,260	146,339	168,987
Sonstige Ausgaben	15,159	17,060	20,895	28,753	38,107	45,756	57,245	72,128
Laufende Ausgaben insgesamt (B)	107,002	123,616	149,077	187,765	259,908	316,023	371,322	427,071
Saldo der laufenden Positionen (C=A-B)	52,145	53,887	63,581	92,324	86,057	34,615	37,055	39,067
Sonstiges	1,024	1,822	2,581	1,183	897	2,741	3,565	5,489
Kapitalbildung (D)	53,170	55,709	66,162	93,507	86,955	37,357	40,620	44,556
Staatliche Bruttoinvestitionen (E)	34,622	44,423	55,276	61,201	75,391	81,631	88,850	109,487
Bodenerwerb (netto)	4,612	6,469	8,443	8,033	10,817	10,878	11,444	14,963
Differenz zwischen staatl. Ersparnis und Investition (F=D-E)	13,936	4,817	2,443	24,273	747	55,152	59,674	79,894

Anmerkung: Die Berechnungen basieren auf der volkswirtschaftlichen Gesamtrechnung des Haushaltsjahres 1977

Schaubild 1: Entwicklung des Staatsdefizits in Japan

Durchschnittliche Wachstumsraten Haushaltsjahre 1974-1979	
Steueraufkommen	6,9%
Emission öffentlicher Anleihen	47,9%
Ausgaben insgesamt	15,0%
Sozialleistungen	19,5%
Öffentl. Bauinvestitionen	17,1%
Anleihefinanzierung laufender Ausgaben	36,8%

Defizit im Haushaltsjahr 1979: 15,3 Billionen Yen
davon:
Kreditfinanzierung laufender Ausgaben: 8,1 Billionen Yen
Kreditfinanzierung öffentlicher Investitionen: 7,2 Billionen Yen

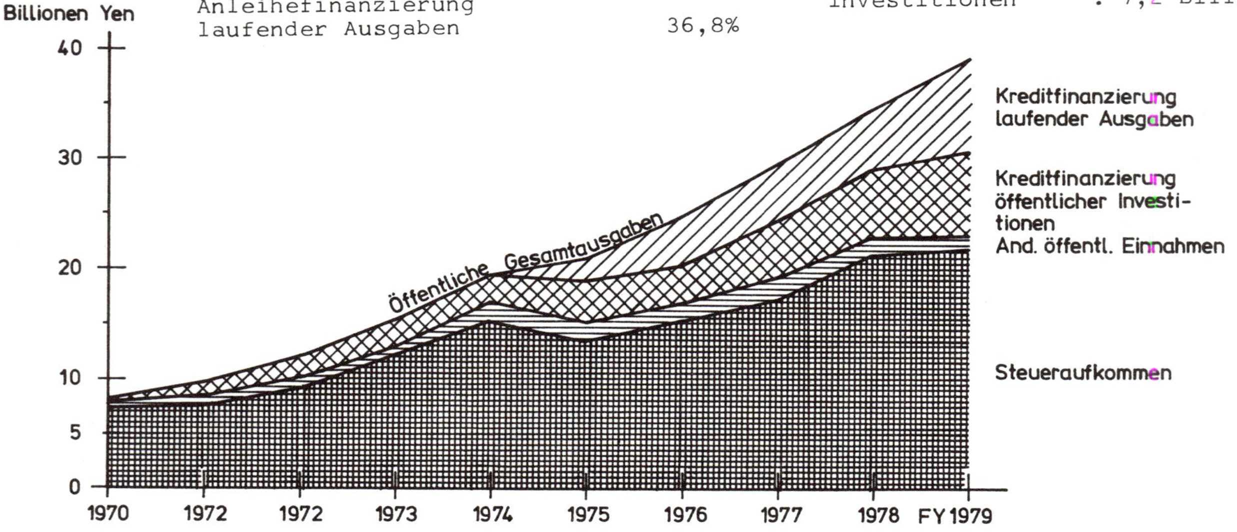

Schaubild 2: Grad der Abhängigkeit von der Emission öffentlicher Anleihen

Anmerkung: Die Abhängigkeitsgrade werden für Japan an der Quote $\frac{\text{emittierte öffentliche Anleihen}}{\text{öffentliche Gesamtausgaben}}$ gemessen,

für die übrigen Länder an der Quote $\frac{\text{öffentliche Ausgaben - Einnahmen aus Steuern u. Abgaben}}{\text{öffentliche Gesamtausgaben}}$

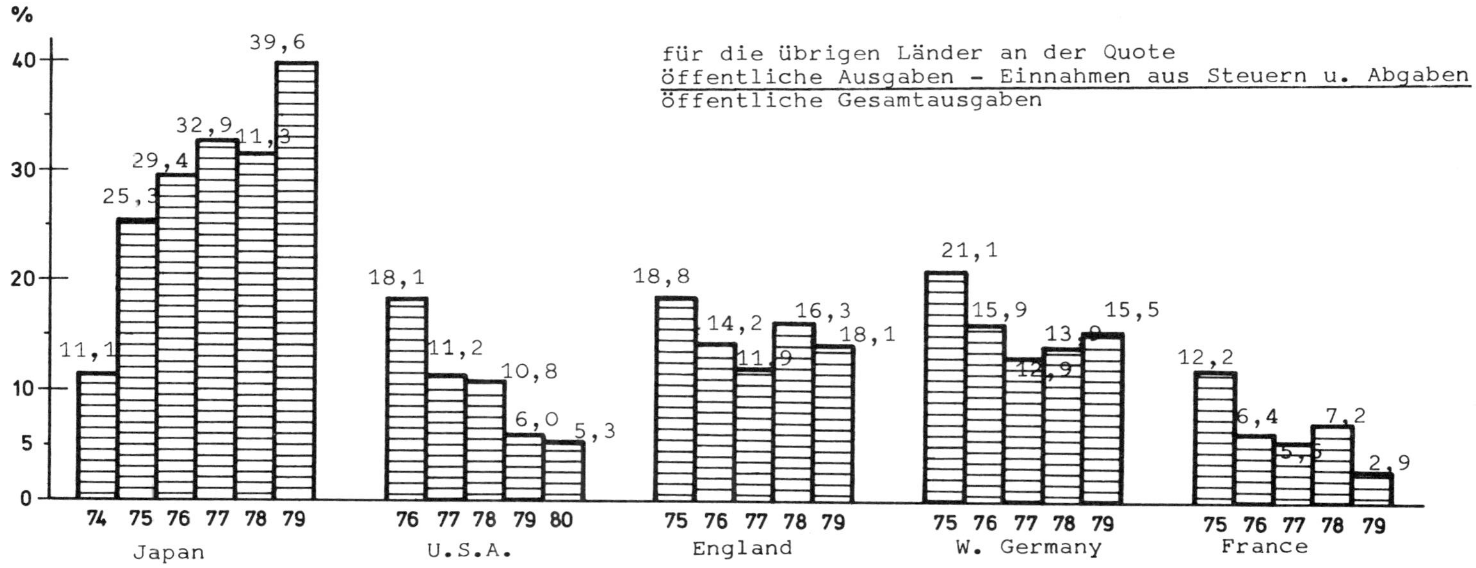

Schaubild 3: Internationaler Vergleich der Emission öffentlicher Anleihen

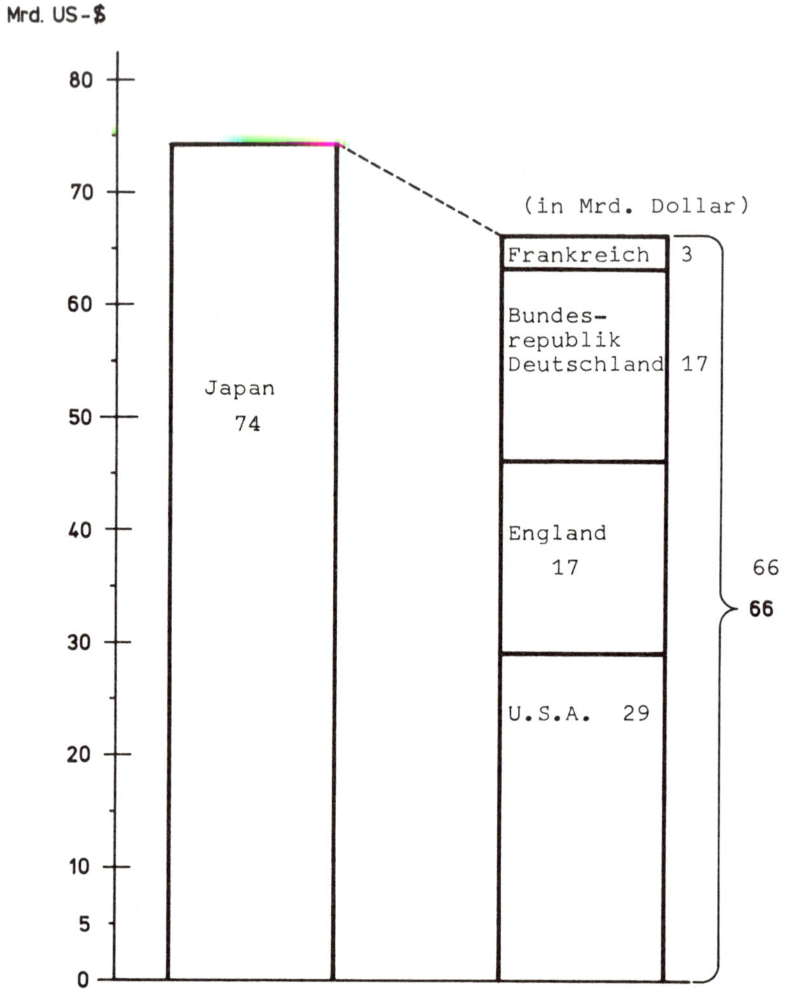

Anmerkung: Die Angaben für die USA beziehen sich für die USA auf den berichtigten Haushalt für das Jahr 1980, für die übrigen Länder auf die Haushalte des Jahres 1979.

Schaubild 4: Öffentliche Anleihen (Zentralstaat) in Japan

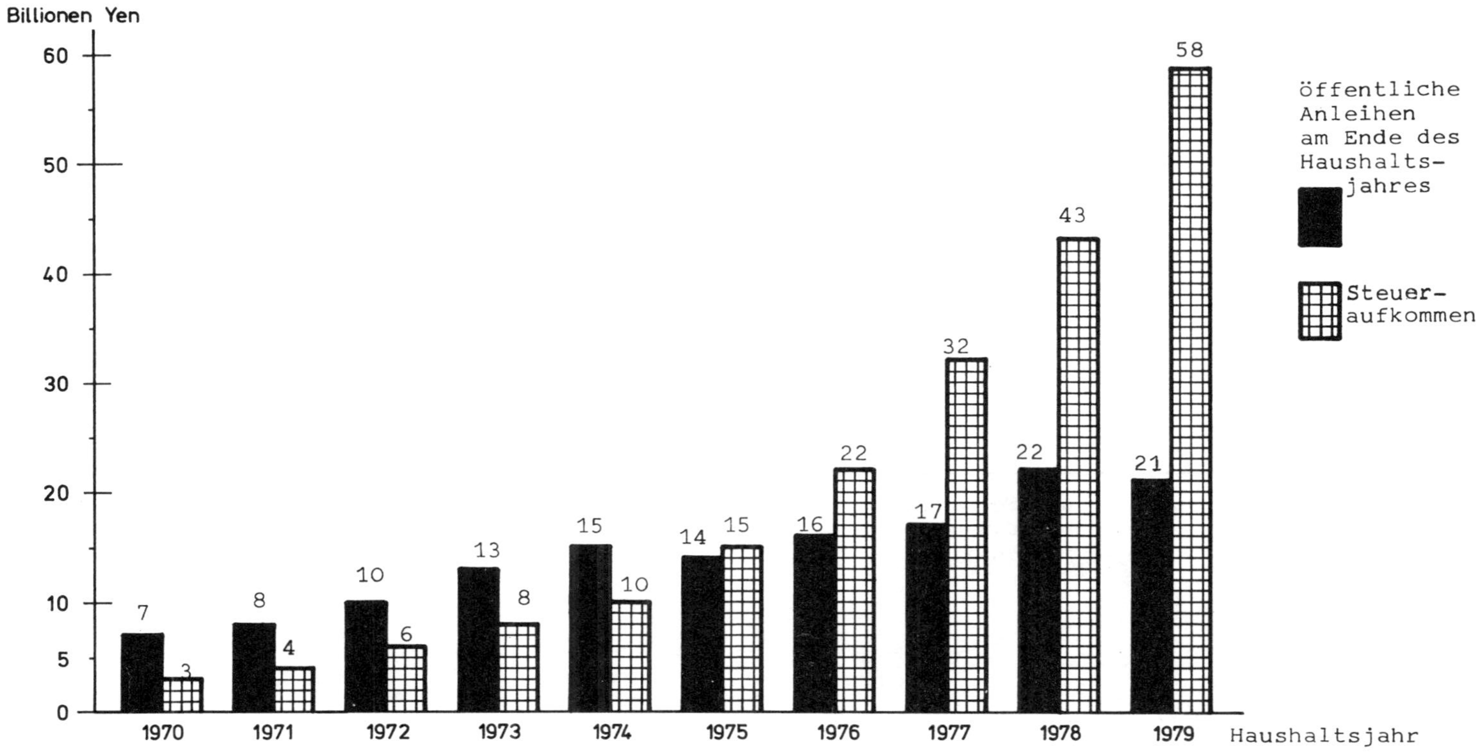

Tabelle 3: Kreditforderungen und Verbindlichkeiten nach Sektoren (am Ende des Kalenderjahres)

	Unternehmenssektor	Haushalte	Öffentl. Sektor	Zentral regierung	Öffentl. Unternehmen und Gemeinden	Finanzsektor	Ausland
1964	- 21.724	26.528	- 6.532	1.136	- 7.668		1.728
1965	- 14.297	25.176	- 9.205	969	- 10.174	1.678	- 3.352
1966	- 17.371	33.188	- 14.692	- 2.757	- 11.935	3.379	4.504
1967	- 31.772	41.154	- 13.648	- 3.080	- 10.568	3.578	688
1968	- 34.397	46.792	- 13.958	618	- 14.576	5.336	- 3.773
1969	- 41.070	51.970	- 9.803	3.620	- 13.423	6.531	- 7.628
1970	- 50.587	57.753	- 6.633	9.506	- 16.139	6.559	- 7.092
1971	- 50.148	75.725	- 15.335	7.142	- 22.477	9.774	20.016
1972	- 73.648	106.618	- 24.752	6.016	- 30.768	12.184	20.402
1973	- 85.752	99.977	32.472	12.166	- 44.638	17.929	318
1974	- 115.163	138.450	- 50.022	9.713	- 59.735	13.443	13.292
1975	- 61.369	156.639	- 109.009	- 40.299	- 68.710	11.733	2.006
1976	- 65.839	190.077	- 124.031	- 54.894	- 69.137	10.570	- 10.777
1977	- 47.865	205.677	- 134.382	- 73.384	- 60.998	5.000	- 28.430
1978	- 20.673	225.822	- 185.113	- 109.325	- 75.788	14.809	- 34.845
1979							

Schaubild 5: Kreditforderungen und Verbindlichkeiten nach Sektoren (am Ende des Kalenderjahres)

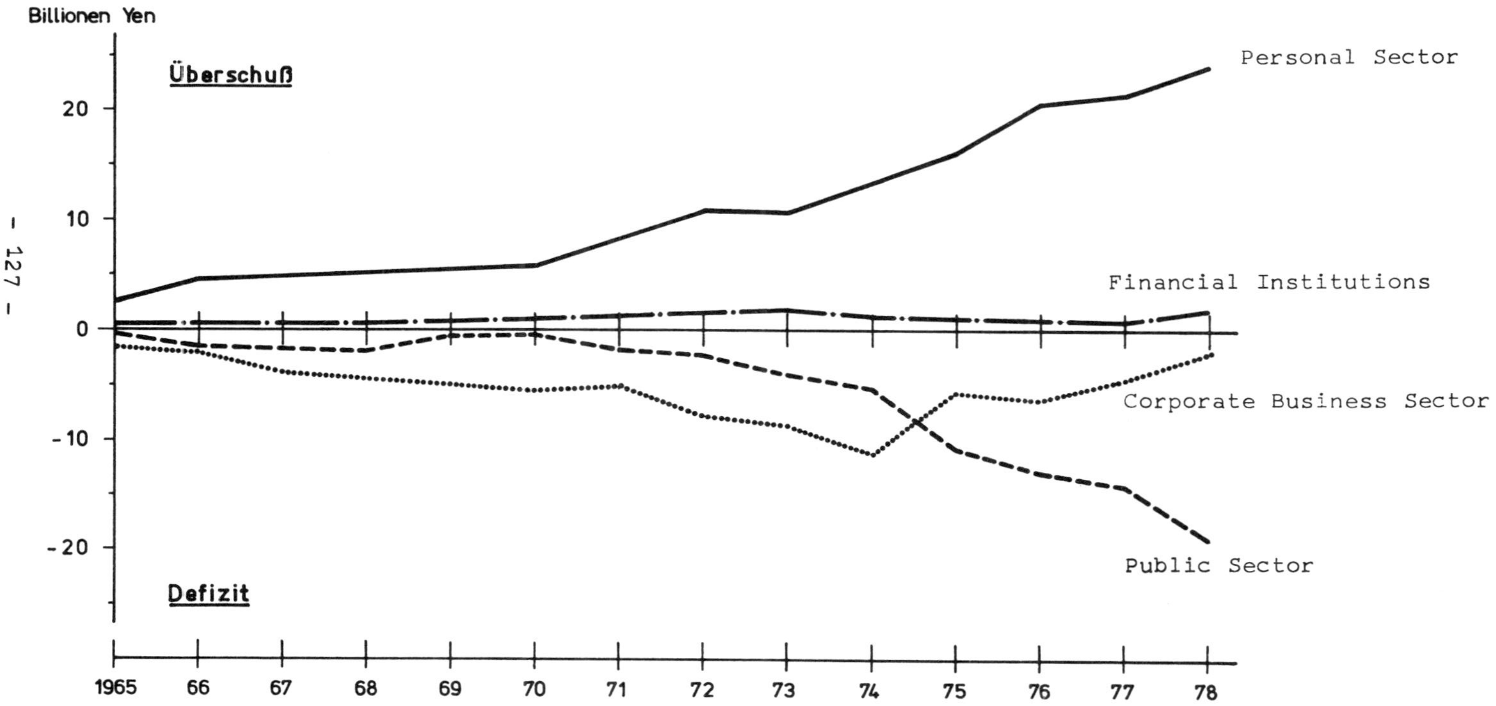

Tabelle 4: Steuerbelastungsquoten 1934 - 1979
(für 1934 - 1936 Angaben in Mio. Yen, ab 1949 in 100 Mio. Yen)

Haushaltsjahr	Volkseinkommen	Steuerbelastung (absolut)			Steuerbelastung in %	
		Steuern d. Zentralstr.	Gemeinde-steuern	insgesamt	Steuern d. Zentralst.	insgesamt
1934-36	14.372	1.226	629	1.855	8.5	12.9
49	27.373	6.364	1.424	7.788	23.2	28.5
55	72.985	9.369	3.815	13.184	12.8	18.1
60	132.691	18.015	7.442	25.457	13.6	19.2
64	233.904	31.592	13.996	45.588	13.5	19.5
65	262.228	32.797	15.494	48.291	12.5	18.4
66	309.970	36.630	17.686	54.316	11.8	17.5
67	371.067	43.968	21.495	65.463	11.8	17.6
68	433.232	53.238	25.801	79.039	12.3	18.2
69	515.677	64.554	30.902	95.456	13.5	18.5
70	608.325	77.754	37.507	115.261	12.8	18.9
71	655.522	84.439	42.358	126.797	12.9	19.3
72	768.805	104.006	50.044	154.050	13.5	20.9
73	946.636	140.478	64.913	205.391	14.8	21.7
74	1.117.688	157.544	82.375	239.919	14.1	21.5
75	1.240.386	145.068	81.548	226.616	11.7	18.3
76	1.378.483	168.063	95.641	263.704	12.2	19.1
77	1.532.812	184.415	110.052	294.467	12.0	19.2
78	1.690.000	224.322	119.505	343.827	13.3	20.3
79	1.845.000	228.546	132.382	360.928	12.4	19.6

Anmerkung: 1.) Volkseinkommen: tatsächliche Zahlen bis 1977
Schätzungen für 1978, 1979

2.) Steuern : tatsächliche Zahlen bis 1977
berichtigter Haushalt für 1978
Haushaltsentwurf für 1979

Schaubild 6: Steuerbelastungs- und Sozialabgabenquoten im internationalen Vergleich

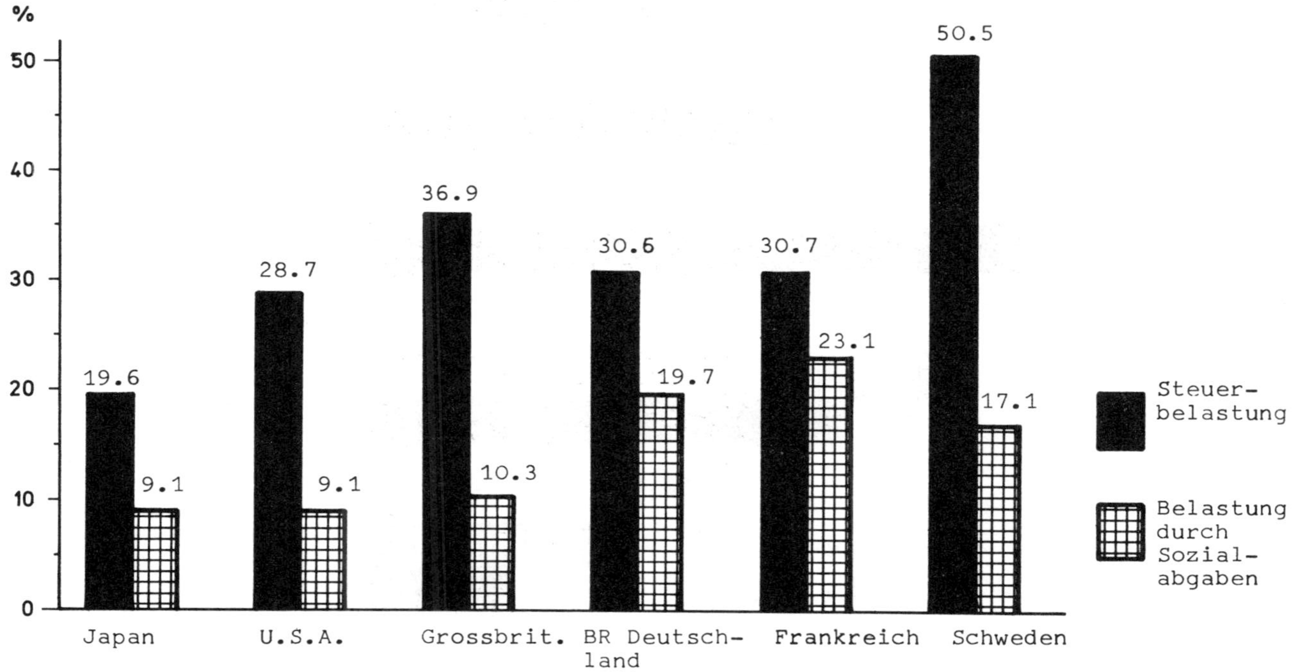

Anmerkung: 1. Japan: Haushaltsentwurf für 1979, übrige Länder Kalenderjahr 1976.
2. Die Zahlen in ═══ bezeichnen die Summe aus Steuerbelastungs- u. Sozialabgabenquoten.

Schaubild 7: Belastung der persönlichen Einkommen durch Einkommensteuer im internationalen Vergleich

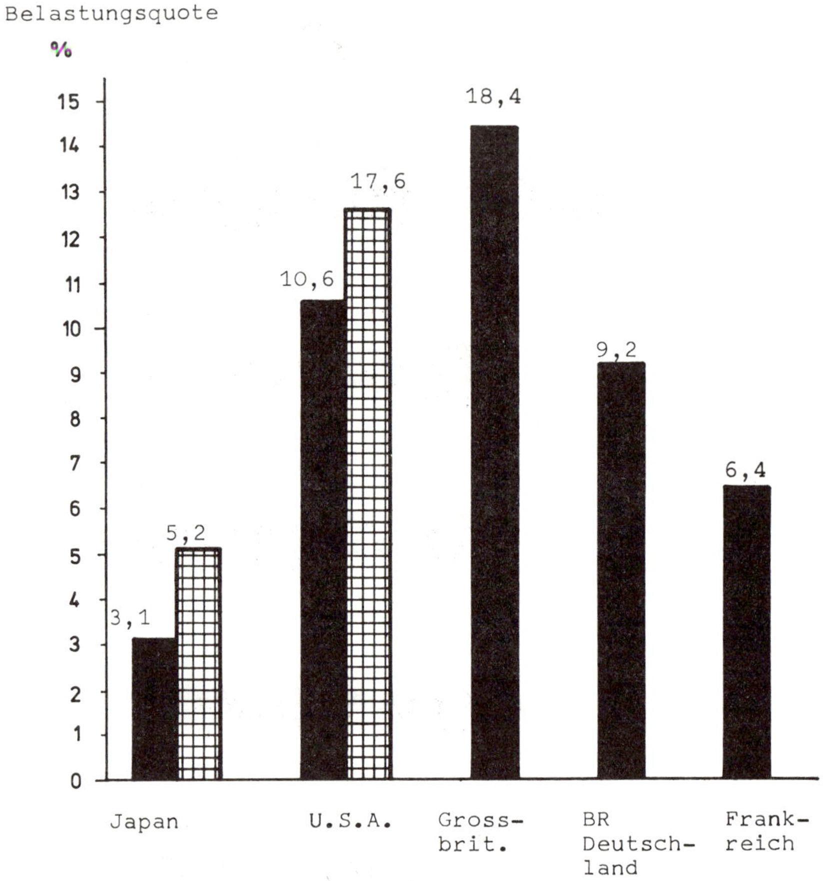

Anmerkung: 1. Japan: Haushaltsjahr 1977
USA, Grossbritannien, Frankreich: Kalenderjahr 1977
BR Deutschland: Kalenderjahr 1976

2. Die jeweils rechts stehenden Angaben für Japan und die USA schließen lokale Einwohnersteuern (Japan) bzw. staatliche Einkommensteuern (USA) mit ein.

Schaubild 8: Steuerbelastung bei Unselbständigen im internationalen Vergleich (am Beispiel einer Familie mit 2 Kindern)

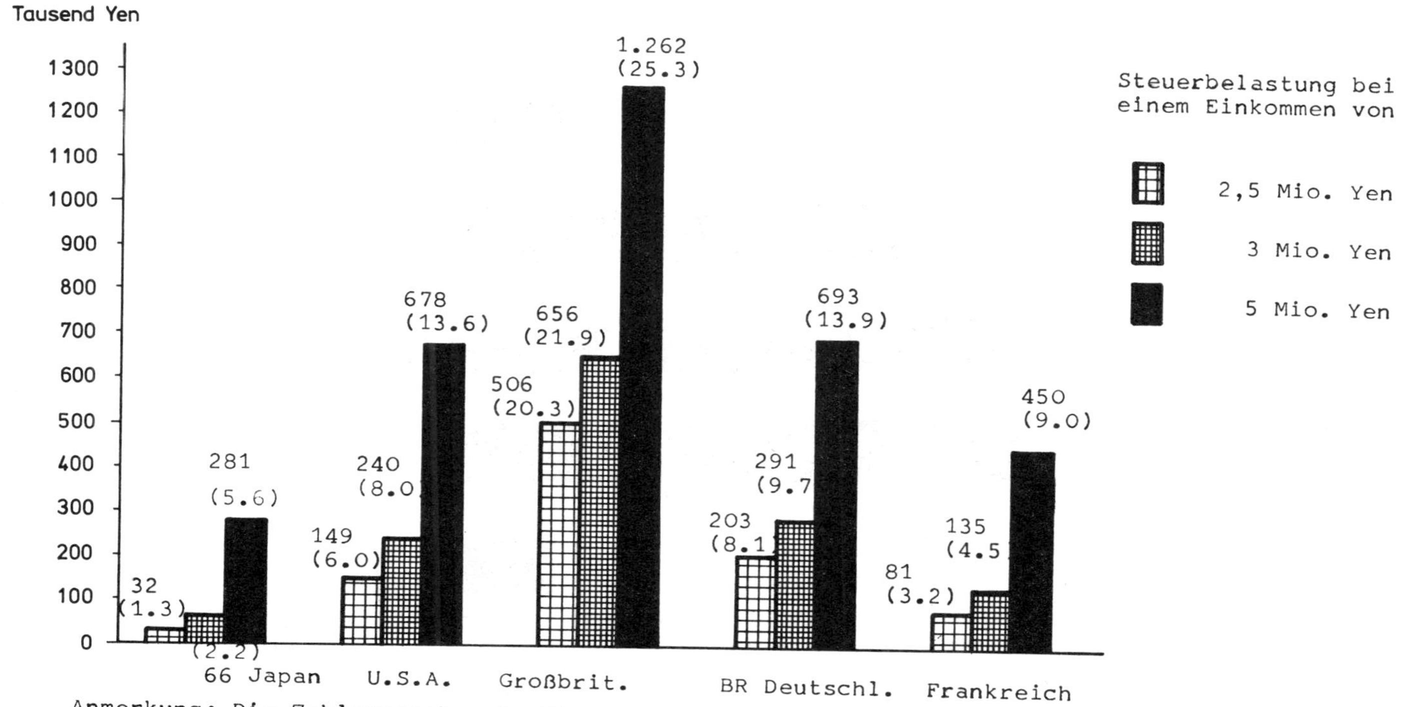

Anmerkung: Die Zahlenangaben in Klammern bezeichnen die Steuerbelastungsquote, die darüber stehenden Zahlen die absolute Steuerbelastung.

Schaubild 9: Anzahl der Steuerzahler in verschiedenen Einkommensgrößenklassen (Unselbständige im Jahre 1977)

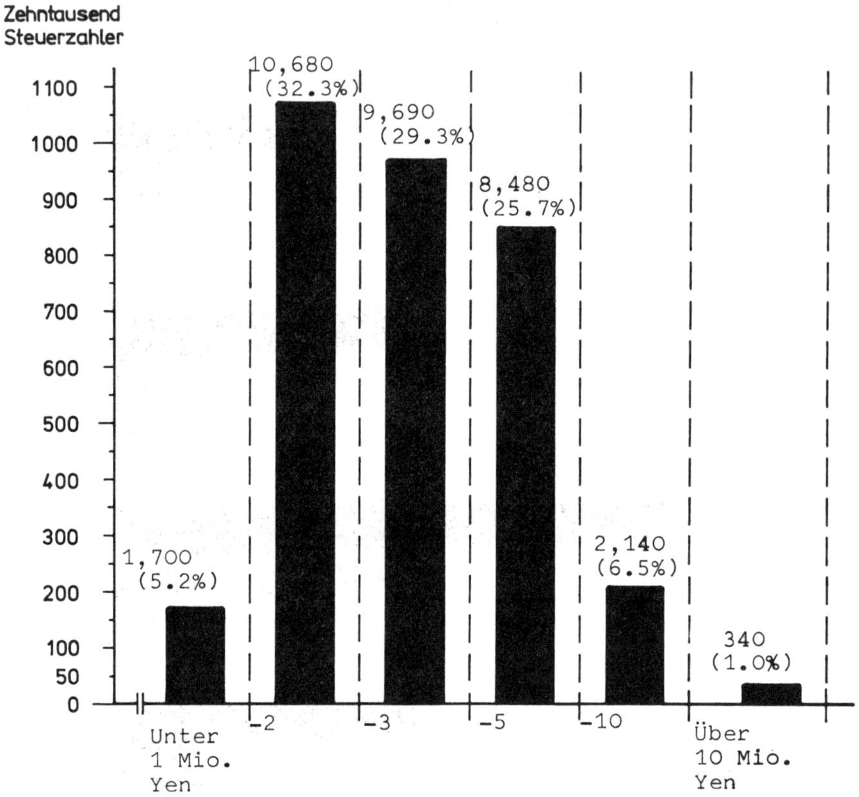

Anmerkung: Berücksichtigt sind nur Einkommen aus Erwerbstätigkeit, dabei sowohl einbehaltene Lohnsteuern als auch Steuerzahlungen im Rahmen der Selbstveranlagung.

Schaubild 10: Effektiver Körperschaftsteuersatz im internationalen Vergleich

Anmerkung:
1. Basis ist das Steuergesetz vom Januar 1979
2. Effektiver Körperschaftsteuersatz = Summe der zentralstaatlichen und gemeindlichen Steuern auf Körperschaftsgewinne / zu versteuernden Körperschaftsgewinn

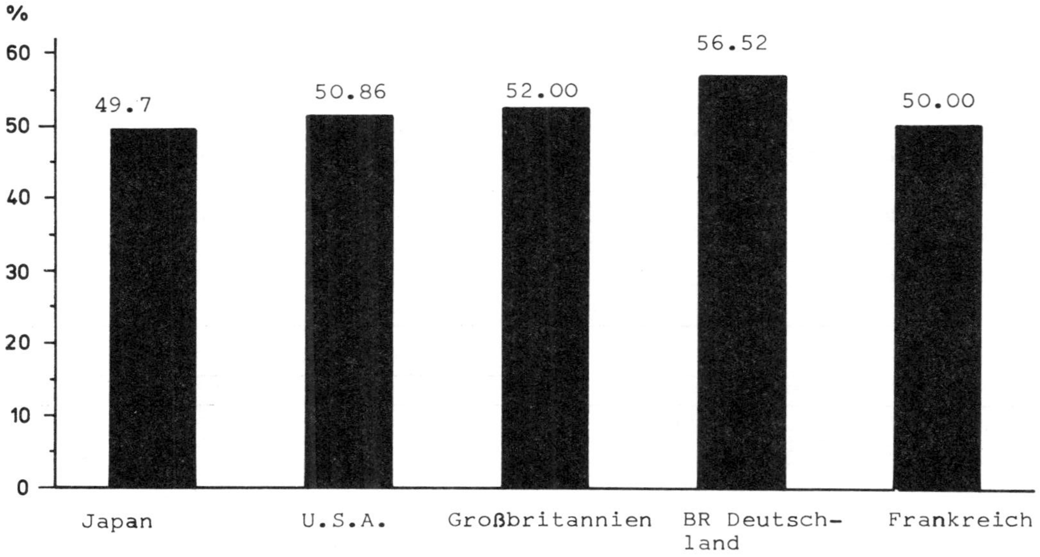

Tabelle 5: Anteile der direkten und indirekten Steuern am Gesamtsteueraufkommen (1934 - 36 in Mio. Yen, ab 1949 in 100 Mio. Yen)

Haushaltsjahr	Direkte Steuern			Indirekte Steuern	Insgesamt
	insgesamt	Einkommen-steuer	Körperschaft-steuer		
1934 - 36	427 (34.8)	136 (11.1)	97 (7.9)	799 (65.2)	1.226 (100)
49	3.444 (54.1)	2.789 (43.8)	613 (9.7)	2.920 (45.9)	6.364 (100)
55	4.811 (51.4)	2.787 (29.8)	1.921 (21.5)	4.558 (48.6)	9.369 (100)
60	9.784 (54.3)	3.906 (21.7)	5.734 (31.8)	8.231 (45.7)	18.015 (100)
65	19.416 (59.2)	9.704 (29.6)	9.271 (28.3)	13.381 (40.8)	32.797 (100)
70	51.344 (66.0)	24.282 (31.2)	25.672 (33.0)	26.410 (34.0)	77.753 (100)
73	101.609 (72.3)	53.322 (38.0)	45.180 (32.2)	38.869 (27.7)	140.478 (100)
74	116.497 (73.9)	53.504 (34.0)	58.161 (36.9)	41.047 (26.1)	157.544 (100)
75	100.583 (69.3)	54.823 (37.8)	41.279 (28.5)	44.485 (30.7)	145.068 (100)
76	113.509 (67.5)	62.125 (37.0)	47.920 (28.5)	54.554 (32.5)	168.063 (100)
77	124.984 (67.8)	65.783 (35.7)	55.662 (30.2)	59.431 (32.2)	184.415 (100)
78	154.250 (68.8)	77.970 (34.8)	72.620 (32.4)	70.072 (31.2)	224.322 (100)
79	153.840 (67.3)	83.950 (36.7)	65.750 (28.8)	74.706 (32.7)	228.546 (100)

Anmerkung: Bis Haushaltsjahr 1977: tatsächliche Größen
Haushaltsjahr 1978: berichtigter Haushalt
Haushaltsjahr 1979: Haushaltsentwurf.
Die Zahlen in Klammern geben jeweils die Anteile am Gesamtsteueraufkommen wider.

Schaubild 11: Anteile der direkten und indirekten Steuern am Gesamtsteueraufkommen im internationalen Vergleich

(1) Japan

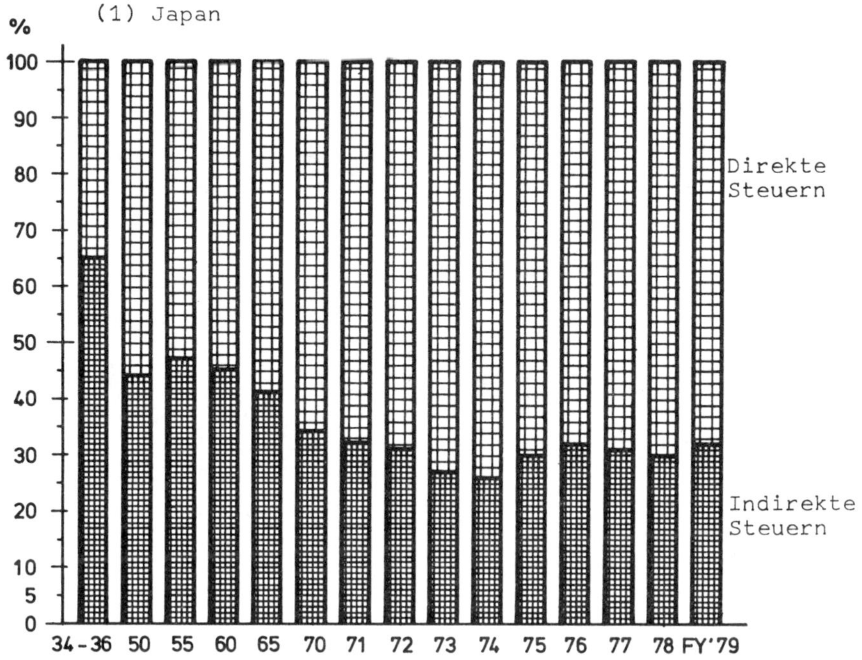

(2) Andere Länder (1977)

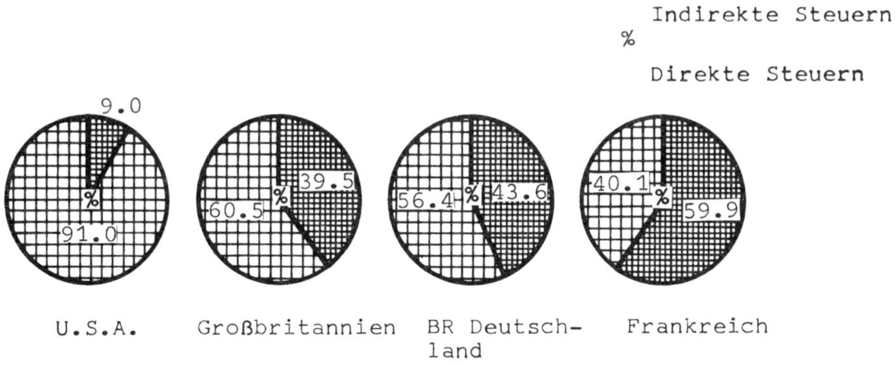

Tabelle 6: Sozialleistungsquoten im internationalen Vergleich

Japan	U.S.A.	Grossbritannien	BR Deutschland	Frankreich	Schweden
12.4% (14 1/2%)	14.0%	13.9%	20.5%	27.1%	21.9%

Anmerkung:

1. Japan : Haushalt 1979 (zum Vergleich Haushalt 1976: 10.6%)
   Andere Länder: Kalenderjahr 1976

2. Die Zahl in Klammern bezieht sich auf das Haushaltsjahr 1985, gemäß dem "Neuen wirtschaftlichen und sozialen 7-Jahres-Plan".

MITTEL- UND LANGFRISTIGE FINANZIERUNGSPROBLEME DER RENTENVERSICHERUNG IN DER BUNDESREPUBLIK DEUTSCHLAND

Alois Oberhauser

I. Grundzüge des deutschen Systems der Rentenversicherung

1. Die deutsche Rentenversicherung besteht in der derzeitigen Form seit 1958. Ihre Hauptziele sind:

   - die Renten sollen im Alter und bei Invalidität nicht nur das sozialkulturelle Existenzminimum decken. Sie sollen vielmehr den Rentnern ein Verbleiben in ihrer bisherigen sozialen Schicht ermöglichen.
   - Dazu sollen die Renten in einem angemessenen Verhältnis zum früher erzielten Einkommen und den daraus entrichteten Beiträgen stehen. Die Struktur der Renten soll also einkommensabhängig sein.
   - Die Rentner sollen nicht nur gegen Preissteigerungen gesichert sein, sondern auch am allgemeinen Anstieg des Lebensstandards teilhaben (Dynamisierung).

2. Um diese Ziele zu erreichen, werden die Renten nach folgendem Berechnungsverfahren festgesetzt:

   - Die individuellen Rentenansprüche, die ein Versicherter jedes Jahr durch seine Beitragszahlungen erwirbt, werden als Prozentsatz der jeweiligen allgemeinen Bemessungsgrundlage ausgedrückt. Diese allgemeine Bemessungsgrundlage entspricht im Prinzip dem durchschnittlichen Bruttoarbeitsentgelt, doch ist eine zeitliche Verzögerung von etwa 3 Jahren eingebaut.
   - Für jedes anrechnungsfähige Versicherungsjahr erhält der Versicherte 1,5 % seiner individuellen Bemessungsgrundlage als Rentenanspruch.
   - Zu den Versicherungsjahren, in denen Beiträge gezahlt

werden, kommen noch beitragslose Versicherungszeiten für Ausbildung, Arbeitslosigkeit, Unterbrechungen durch Kriegsereignisse usw. hinzu. Auch bei vorzeitiger Invalidität werden Zurechnungen vorgenommen.

3. Insgesamt ergibt sich, daß die Rentenansprüche eines Rentners einen bestimmten Prozentsatz der allgemeinen Bemessungsgrundlage betragen und dadurch mit dem allgemeinen Anstieg der Lohneinkommen gekoppelt sind. Auf diese Weise wird erreicht, daß der Rentner bei einer entsprechenden Anzahl von Versicherungsjahren in etwa seinen bisherigen sozialen Status beibehalten kann. Bei 40 Versicherungsjahren z.B. erhält der Rentner 60 v.H. des Prozentsatzes der allgemeinen Bemessungsgrundlage, den er im Durchschnitt seines Arbeitslebens erreicht hat - allerdings mit der erwähnten Verzögerung von etwa 3 Jahren. Da die Renten faktisch steuerfrei sind und im Alter keine Sozialabgaben gezahlt werden müssen, da außerdem der Bedarf nach Ausscheiden aus dem Arbeitsleben zurückgeht, kann näherungsweise der bisherige Lebensstandard gewahrt werden.

4. Die Beteiligung am allgemeinen Anstieg des Lebensstandards auch nach Eintritt des Rentenfalls wird dadurch erreicht, daß die Renten Jahr für Jahr angepaßt werden. Sie steigen prozentual mit dem Anstieg der allgemeinen Bemessungsgrundlage (Dynamisierung). Dabei macht sich allerdings der eingebaute timelag von 3 Jahren bemerkbar. Sind in den letzten Jahren die Nominallöhne schneller gestiegen als zuvor, hinken die Renten nach. Hat sich der Lohnanstieg verlangsamt, steigen die Renten schneller als die Löhne. Da die Lohnveränderungsraten konjunkturabhängig sind, ist die Entwicklung der realen Rentenhöhe von den konjunkturellen Schwankungen abhängig.

II. Finanzierung durch Umlageverfahren und Staatszuschüsse

5. Die Konzeption zur Finanzierung der Renten basiert auf dem ökonomischen Tatbestand, daß die Rentner stets aus

dem Sozialprodukt leben, das in der jeweiligen Periode durch die Erwerbstätigen erzeugt wird. Real müssen also Einkommensteile von den Erwerbstätigen auf die Rentenempfänger umgelagert werden. Aus diesem Grund sollen die Beitragszahlungen von Arbeitgebern und Arbeitnehmern den Rentenleistungen in etwa entsprechen. Dieses wird als Umlageverfahren bezeichnet. Es steht im Gegensatz zu dem bei privaten Versicherungen angewandten Kapitaldeckungsverfahren. Um allzu häufige Anpassungen der Beitragssätze zu vermeiden, können vorübergehend Überschüsse oder Defizite hingenommen werden, die sich in einer Ansammlung oder Auflösung von Vermögensbeständen bei der Rentenversicherung zeigen.

6. Die Höhe der erforderlichen Beitragssätze ist beim Umlageverfahren abhängig von der Anzahl der Rentner und deren durchschnittlicher Rentenhöhe im Verhältnis zum beitragsfpflichtigen Einkommen der Erwerbstätigen, soweit sie in die Rentenversicherung einbezogen sind. Je größer die Anzahl der Rentner im Verhältnis zur Anzahl der Erwerbstätigen ist, umso höhere Beiträge müssen also erhoben werden. Hieraus folgt, daß sich Veränderungen in der Bevölkerungsstruktur erheblich auf die Beitragssätze auswirken können.

7. In einem beschränkten Umfang trägt auch der Staat durch Zuschüsse zur Finanzierung der Renten bei. Die Höhe der Zuschüsse ist bisher mit dem Anstieg der allgemeinen Bemessungsgrundlage gekoppelt, so daß alle sonstigen Veränderungen im Finanzierungsbedarf durch Änderungen in den Beitragssätzen oder der Vermögensbestände aufgefangen werden müssen.

III. Ursachen konjunkturell bedingter Finanzierungsprobleme

8. Bei den Finanzierungsproblemen muß zwischen den vorwiegend konjunkturell bedingten und den langfristigen, die sich vor allem aus Änderungen der Bevölkerungsstruktur

ergeben, unterschieden werden. Zunächst soll auf die konjunkturellen Aspekte eingegangen werden, obgleich zu berücksichtigen ist, daß die beiden Tatbestände sich überlagern.

Der Anstieg der Einnahmen der Rentenversicherung ist besonders groß, wenn die Nominallöhne rascher als in der Vergangenheit wachsen und die Beschäftigung zunimmt (durch Abbau von Arbeitslosigkeit, Beschäftigung von ausländischen Gastarbeitern usw.). Wegen des timelags bei der Rentenanpassung müssen dann bei gegebenen Beitragssätzen Überschüsse auftreten. Aufgrund dieser Zusammenhänge wird deutlich, warum sich in den Phasen der konjunkturellen Übersteigerung Anfang der 70er Jahre hohe Überschüsse bei der deutschen Rentenversicherung ergaben. In der Annahme, daß die Zunahme der Lohneinkommen auch in Zukunft andauern werde und daß konjunkturelle Rückschläge vermieden werden könnten, glaubten damals die Politiker, die Überschüsse für dauerhafte Erhöhungen der Renten einsetzen zu können. Dies geschah durch die Rentenreform 1972.

9. Die Prognosen erwiesen sich als weitgehend falsch. Die lang andauernde Rezession von 1973 bis 1978/79 verlangsamte nicht nur den Anstieg der Nominal- und Reallöhne, auch der Rückgang der Beschäftigung trug zu einem stark verzögerten Zuwachs der Einnahmen bei. Gleichzeitig stiegen die Renten wegen des timelags bei der Anpassung überproportional an. Die Folge waren erhebliche Defizite, die anfangs durch einen Abbau der Vermögensbestände, später auch durch eine Verminderung der Rentenleistungen aufgefangen wurden (vgl. Ziff. 14).

10. Konjunkturpolitisch betrachtet wurde in beiden Konjunkturphasen falsch gehandelt. In der Hochkonjunktur wäre es angebracht gewesen, die Überschüsse bei der Zentralbank stillzulegen, statt sie zu nachfragewirksamen Rentenerhöhungen zu verwenden. Vor allem war es wirtschaftlich wie politisch bedenklich, kaum reversible

Leistungserhöhungen vorzunehmen.

In gleicher Weise lief die Kürzung der Rentenleistungen in der Rezession den konjunkturpolitischen Erfordernissen zuwider. Die Auflösung von Vermögensbeständen wirkt in dieser Konjunkturphase positiv. Über die Vermögensbestände hinausgehende Defizite hätten aus dem Staatshaushalt getragen werden müssen. Statt dessen versuchte der Staat, sich von derartigen Verpflichtungen zu entlasten.

11. Generell erscheint es verfehlt, das Umlageverfahren auch auf Defizite in der Rentenversicherung anzuwenden, die aus konjunkturellen Rückschlägen entstehen. Statt dessen sollten die konjunkturbedingten Defizite in die antizyklische Stabilitätspolitik eingebaut, das heißt als Teil des deficit-spendings in der Rezession aufgefaßt werden. Das könnte etwa in der Form geschehen, daß die Einnahmeausfälle, die durch die Unterbeschäftigung entstehen, soweit diese über eine bestimmte Arbeitslosenquote hinausgeht, vom Staat ausgeglichen werden. Die ab Juli 1978 geltende Bestimmung, daß auch für die Zeiten der Arbeitslosigkeit durch die Arbeitslosenversicherung (Bundesanstalt für Arbeit) Beiträge zu entrichten sind, die sich an dem bisherigen Bruttoarbeitsentgelt orientieren, geht bereits in diese Richtung. Jedoch dürften Defizite bei der Arbeitslosenversicherung nicht durch Beitragserhöhungen ausgeglichen werden.

IV. Langfristige Finanzierungsschwierigkeiten durch Änderungen der Bevölkerungsstruktur

12. Aber selbst wenn die konjunkturbedingten Finanzierungsprobleme gelöst werden, sind für die Zukunft längerfristig erhebliche Finanzierungsschwierigkeiten zu erwarten. Sie resultieren vor allem aus der Entwicklung der Bevölkerungsstruktur. Der seit Mitte der 60er

Jahre andauernde Rückgang der Geburtenrate in der Bundesrepublik führt nicht nur dazu, daß die Bevölkerung schrumpft. Er läßt aufgrund der unterschiedlichen Besetzung der Altersjahrgänge ab Mitte der 90er Jahre und verstärkt ab dem Jahre 2020 auch die Anzahl der alten Menschen im Verhältnis zur Anzahl zur erwerbstätigen Bevölkerung (Alterslastquote) erheblich steigen. Der Alterslastquotient wird sich bis zum Jahre 2030 annähernd verdoppeln.

13. Auch wenn einige Unsicherheiten in der Prognose enthalten sind wie zum Beispiel die Veränderungen der Erwerbsquote, die Anzahl der ausländischen Gastarbeiter und die Entwicklung des nominellen und realen Sozialproduktes, so kann doch mit Sicherheit gesagt werden: Wird das derzeitige Finanzierungssystem beibehalten und sollen die Renten weiterhin die bisherigen Relationen zum Bruttoeinkommen der Lohnempfänger behalten, müssen die Beitragssätze zur Rentenversicherung stark erhöht werden. Je nach den unterstellten Annahmen ist eine Steigerung von derzeit 18 % (nämlich je 9 % Arbeitgeber- und Arbeitnehmerbeiträge) auf 30 bis 35 % und mehr erforderlich. Die gesamte Abgabebelastung durch Sozialabgaben und Steuern würde damit ein Niveau erreichen, das im allgemeinen als nicht tragbar oder zumindest als nicht zumutbar angesehen wird.

Es hat sich daher in den letzten Jahren eine rege Diskussion darüber entwickelt, wie die auftretenden Finanzierungsschwierigkeiten gemildert und behoben werden könnten. Bei derartigen Überlegungen ist auch zu berücksichtigen, daß aufgrund eines Urteils des Bundesverfassungsgerichtes spätestens bis 1984 eine Neuregelung der Alterssicherung der Frauen erfolgen muß; diese Neuregelung wird kaum ohne eine zusätzliche Ausgabenbelastung der Rentenversicherung erfolgen.

V. Möglichkeiten zur Behebung der Finanzierungsschwierigkeiten

14. Vor allem durch die konjunkturell bedingten Defizite, zum Teil aber auch im Hinblick auf die langfristigen Finanzierungsschwierigkeiten wurden in den vergangenen Jahren schon verschiedene Maßnahmen zur Sanierung der Rentenfinanzen ergriffen. Quantitativ sind insbesondere die folgenden von Bedeutung:

- Die jährliche Rentenanpassung wurde um ein halbes Jahr hinausgeschoben und damit eine Leistungssteigerung aus dem Jahre 1972 wieder rückgängig gemacht.

- Für die Jahre 1979 bis 1981 wurde die Dynamisierung ausgesetzt und statt dessen für das Jahr 1979 eine Rentenerhöhung von 4,5 %, für die Jahre 1980 und 1981 von jeweils 4 % vorgesehen. Anschließend sollen die bruttolohnorientierten Rentenanpassungen wieder aufgenommen werden.

- Ab 1981 soll der Beitragssatz um 0,5 Prozentpunkte erhöht werden.

- Die Krankenversicherung der Rentner im Rahmen der gesetzlichen Krankenversicherung wurde neu gestaltet; die Abgaben dafür wurden erhöht.

Diese Maßnahmen reichen auf lange Sicht keineswegs aus. Sie können höchstens für die nächsten Jahre eine Dekkung der Ausgaben herbeiführen.

15. Um Beitragserhöhungen wird man daher langfristig nicht herumkommen. Die für 1981 geplante Beitragserhöhung kann als erster Schritt dazu angesehen werden. Auf der anderen Seite erscheint es jedoch nahezu unmöglich, die Abgabenbelastung allzu stark zu steigern. Allerdings ist zu berücksichtigen, daß jeweils nur die Hälfte der Beitragserhöhung die Arbeitnehmereinkommen unmittelbar belastet, da die zweite Hälfte als Arbeitgeberbeiträge

anfällt. Diese stellen eine Art indirekter Steuer dar, so daß ihre Belastungswirkung zum Teil verschleiert wird. Ähnlich wie bei den indirekten Steuern muß bei einer Anhebung der Arbeitgeberbeiträge indes mit Preissteigerungen gerechnet werden.

16. Auch einer Erhöhung der Staatszuschüsse sind Grenzen gesetzt. Man kann zwar darauf verweisen, daß die rückläufige Geburtenrate den Staat von einem Teil seiner Ausgabeverpflichtungen vor allem im Bereich des Bildungswesens entlastet. Auf der anderen Seite wird aber immer mehr nach familienfördernden Maßnahmen verlangt, um auf diese Weise dem weiteren Absinken der Geburtenrate entgegenzuwirken. Zusätzliche Staatszuschüsse an die Rentenversicherung laufen daher wenigstens zum Teil auf eine erhöhte Steuerbelastung hinaus, die ebenfalls an die erwähnten Abgabengrenzen stößt. Es wird daher nicht zu umgehen sein, zur Behebung der Finanzierungsschwierigkeiten der Rentenversicherung auch in die Rentenleistungen einzugreifen.

17. Die Durchbrechung der Rentendynamik durch die pauschalierte Rentenerhöhung für die Jahre 1979 bis 1981 muß jedoch als äußerst problematisch angesehen werden. Inzwischen zeigt sich bereits, daß der Preisanstieg über die Steigerungsraten der Renten hinausgeht, so daß die Renten real sinken. Die Koppelung der Renten mit dem allgemeinen Anstieg des Lebensstandards ist nicht mehr gewahrt. Es wird gegen die grundlegenden Zielsetzungen des Rentensystems verstoßen. Es wäre besser gewesen, wenn andere Maßnahmen zur langfristigen Sanierung der Rentenfinanzen gewählt worden wären. Derartige Maßnahmen sollten stets zielorientiert erfolgen.

18. Nach den Zielen der Rentenversicherung sollen die Renten in Relation zum früheren Nettoeinkommen stehen. Die bisherige Verknüpfung mit der Bruttolohnentwicklung bei gleichzeitiger Steuerfreiheit der Renten ist daher nicht zielkonform. Andererseits stößt eine Orientierung

der Rentenerhöhungen an der Nettolohnentwicklung auf kaum überwindbare technische Schwierigkeiten, da wegen der Progression der Besteuerung für die einzelnen Renten unterschiedliche prozentuale Erhöhungen vorgenommen werden müßten.

Ohne daß dies hier im einzelnen begründet werden kann, erweist sich folgende Lösungskombination als geeignet: Die bruttolohnbezogenen Renten sollten in gleicher Weise wie andere Einkommen der Einkommensbesteuerung unterliegen. Dabei könnten relativ hohe Freibeträge gewährt werden, um den größten Teil der Rentner steuerfrei zu stellen. Der Übergang könnte durch eine einmalige Rentenanhebung oder durch eine Einführung der Besteuerung in mehreren Stufen erleichtert werden. Auf diese Weise würde eine Gleichbehandlung von Renten und Erwerbseinkommen erreicht, die beim heutigen Verfahren nicht gegeben ist. Die Besteuerung hätte zudem sozialpolitisch erwünschte Nivellierungseffekte in der Verteilung der Nettorenten. Die Sozialabgaben müßten steuerfrei bleiben, da sie nicht zum verfügbaren Einkommen zählen; faktisch ist dies auch heute schon weitgehend der Fall.

Um in Zukunft die Belastung der Löhne mit den steigenden Sozialabgaben zu berücksichtigen, müßte dies im Rahmen der Dynamisierung bei den bruttolohnbezogenen Rentenerhöhungen angerechnet werden.

Die aus der Rentenbesteuerung resultirenden Steuermehreinnahmen müßten in etwa als Staatszuschüsse wieder an die Rentenversicherung zurückfließen. Selbst wenn der Übergang zur Rentenbesteuerung weitgehend ohne Verminderung der Nettorenten vorgenommen wird, bedeutet die Rentenbesteuerung kombiniert mit der Berücksichtigung der veränderten Sozialabgabenbelastung für die Zukunft eine erhebliche finanzielle Entlastung.

19. Des weiteren müßten einzelne Rentenleistungen auf ihre Berechtigung hin überprüft werden. So ist zum Beispiel schwer einzusehen, warum die Ausbildungszeiten als beitragslose Versicherungszeiten anerkannt werden. Diese Bestimmung läuft auf eine Begünstigung der besser Ausgebildeten zu Lasten der übrigen Versicherten hinaus. Durch die Abschaffung dieser und ähnlicher Begünstigungen könnten Milliardenbeträge jährlich gespart werden.

20. Reicht die Kombination derartiger Maßnahmen auf der Einnahmen- und Ausgabenseite nicht aus, um den langfristigen Finanzierungsbedarf der Rentenversicherung zu decken, müßte notfalls an eine generelle Senkung des Rentenniveaus durch einen verzögerten Anstieg der Renten gedacht werden. Dies sollte jedoch nicht durch eine problematische Festlegung der Steigerungssätze unabhängig von dem Anstieg der Nominallöhne wie für die Jahre 1979 bis 1981 geschehen. Statt dessen wäre es sinnvoller, den jährlichen Steigerungssatz der Rentenansprüche pro Versichertenjahr von 1,5 %, der bei der Rentenberechnung zugrundegelegt wird, etwas zu senken. Sanierungsmaßnahmen brauchen die zielorientierte Gestaltung des deutschen Rentensystems nicht zu durchbrechen.

DAS SYSTEM DER ARBEITSLOSENVERSICHERUNG IN DER BUNDESREPUBLIK DEUTSCHLAND

Zur Frage einer ausreichenden Versorgung der Arbeitslosen und der Rückwirkungen des Systems auf den Beschäftigungsgrad

Bernhard Külp

In dieser Arbeit sollen an das System der Arbeitlosenversicherung in der Bundesrepublik Deutschland drei Fragen gestellt werden. Erstens soll überprüft werden, ob die Arbeitslosen in der Bundesrepublik eine ausreichende materielle Absicherung erhalten. Darüber hinaus soll zweitens untersucht werden, welche Rückwirkungen vom System der Arbeitslosenversicherung in der Bundesrepublik auf die Arbeitslosigkeit selbst ausgehen, ob also durch den Umstand, daß es eine Arbeitslosenversicherung gibt, die Zahl und Dauer der Arbeitslosigkeit erhöht oder reduziert wird. Da diese Frage nur beantwortet werden kann, wenn man die eigentlichen Ursachen der Arbeitslosigkeit erforscht, kann diese zweite Frage nur für die einzelnen Arten der Arbeitslosigkeit getrennt untersucht werden. Wir haben hier zwischen konjunktureller, saisonaler, friktioneller und struktureller Arbeitslosigkeit zu unterschieden. Drittens schließlich soll - allerdings nur am Rande - auch der Frage nachgegangen werden, ob von der Arbeitslosenversicherung in der Bundesrepublik negative Allokationswirkungen ausgehen, die den Koordinationsmechanismus des Marktes stören.

Historisch gesehen wurde bei der Bildung der Arbeitslosenversicherung (in den 20er Jahren dieses Jahrhunderts) zunächst fast ausschließlich das Ziel verfolgt, den Arbeitnehmern, die von Arbeitslosigkeit betroffen sind, eine materielle Grundsicherung zu gewähren. Man ging hierbei von der Vorstellung aus, daß die Einrichtung der Arbeitslosenversicherung selbst keinen Einfluß auf Ausmaß und Dauer der Arbeitslosigkeit habe. Nur am Rande wurde die Frage der Verursachung der Arbeitslosigkeit im Zusammenhang mit der Arbeitslosenversicherung gestellt, so etwa bei der Frage, ob nicht durch ein zu hohes Arbeitslosengeld für den Arbeitnehmer ein Anreiz zur Arbeitslosigkeit gschaffen werde. Erst im Zusammenhang mit der Keynesschen Theorie konnte aufgezeigt werden, daß unter gewissen Voraussetzungen die Arbeitslosenversicherung wie ein eingebauter Stabilisator wirken kann, aufgrund dessen die Zahl der Arbeitslosigkeit selbst reduziert, wenn auch nicht vollkommen beseitigt werden kann. Auf der anderen Seite wurde vor allem im Rahmen der in den USA in der Nachkriegszeit entwickelten Job-Search-Theorie nachzuweisen versucht, daß Dauer und Zahl der Arbeitslosigkeit durch die Existenz der Arbeitslosenversicherung entscheided erhöht wurde. Schließlich ist in diesem Zusammenhang zu erwähnen, daß seit etwa Ende der fünfziger Jahre dieses Jahrhunderts die Bundesregierung eine Reihe von Maßnahmen im Rahmen des Systems der Arbeitslosenversicherung beschlossen hat, die expressis verbis den Zweck verfolgen, die Zahl der Arbeitslosen zu reduzieren. Hierzu zählen das Schlechtwettergeld zur Vermeidung von saisonaler Arbeitslosigkeit, das Arbeitsförderungsgesetz, aufgrund dessen die Bundesanstalt für Arbeitslosenversicherung und Arbeitslosenvermittlung die Umschulung von Arbeitslosen finanziell fördert und damit die Dauer der strukturellen Arbeitslosigkeit zu reduzieren versucht. Schließlich dienen das Kurzarbeitsgeld und die im Rahmen der Konjunkturprogramme beschlossenen Mobilitätshilfen ebenfalls der Überwindung von Arbeitslosigkeit.

Die Frage nach einer ausreichenden materiellen Absicherung der Arbeitslosen soll anhand von zwei Kriterien untersucht werden. Es soll erstens überprüft werden, ob alle Arbeitnehmer bei Arbeitslosigkeit einen Anspruch auf eine materielle Absicherung haben oder ob es Arbeitnehmergruppen gibt, die bei Arbeitslosigkeit überhaupt nicht abgesichert sind. Zweitens gilt es zu untersuchen, ob die Höhe des Arbeitslosengeldes ein solches Niveau erreicht hat, daß man vom verteilungspolitischen Standpunkt aus als von einer ausreichenden materiellen Absicherung sprechen kann. Die Frage nach einer ausreichen en Absicherung kann selbstverständlich nur auf dem Hintergrund bestimmter Normvorstellungen überprüft werden. Es sollen hier zwei Grundsätze unterstellt werden, die eine weitgehende Zustimmung in großen Teilen der Bevölkerung finden dürften: Es soll erstens unterstellt werden, daß jeder Arbeitslose unabhängig davon, wie die Arbeitslosigkeit verursacht wurde, einen Anspruch auf ein sozialkulturelles Existenzminimum hat; es handelt sich hierbei um eine verteilungspolitische Forderung, die im allgemeinen für alle Bürger, also nicht nur, aber eben auch für die Arbeitslosen, erhoben wird. Darüber hinaus dürfte insbesondere für die Frage nach der Höhe eines ausreichenden Arbeitslosengeldes das Verursachungsprinzip von Bedeutung sein; sicherlich wird man es für erwünscht halten, daß ein Arbeitsloser, der ohne sein Verschulden arbeitslos wurde, einen höheren finanziellen Anspruch gegenüber der Gesellschaft besitzen sollte als gerade nur das sozialkulturelle Existenzminimum. Die genaue Höhe der materiellen Abfindung dürfte hierbei durch den Zielkonflikt bestimmt sein, der darin besteht, daß auf der einen Seite dem Verursachungsprinzip entsprechend bei Nichtverschulden eigentlich das Arbeitslosengeld einem normalen Lohn entsprechen müßte, daßaber auf der anderen Seite das Arbeitslosengeld deutlich unterhalb eines möglichen Lohnes liegen muß, will man nicht dem Arbeitnehmer einen Anreiz zur Arbeitslosigkeit geben.

Der ersten Forderung (jedem Arbeitslosen eine Mindestsicherung zu gewähren) wird in der Bundesrepublik bereits dadurch entsprochen, daß jeder Bürger - also auch der Arbeitslose - einen Anspruch auf Sozialhilfe besitzt, wobei der Sozialhilferichtsatz als Maßstab für das sozialkulturelle Existenzminimum angesehen werden kann. Allerdings hat in der Bundesrepublik nicht jeder Arbeitslose einen Anspruch, dieses Mindesteinkommen von der Einrichtung der Arbeitslosenversicherung, also in Form von Arbeitslosengeld bzw. Arbeitslosenhilfe zu erhalten.

Schwieriger ist die Beantwortung der zweiten Frage, inwieweit man davon sprechen kann, daß in der Bundesrepublik jeder Arbeitslose auch eine entsprechend den oben entwikkelten Kriterien ausreichende materielle Absicherung erfährt. Das Arbeitslosengeld beträgt zur Zeit etwa 69 % des bisherigen Nettogehaltes, die Arbeitslosenhilfe etwa 58 %. in Anbetracht des oben erwähnten Zielkonfliktes dürfte vermutet werden, daß mit 65 % sicherlich eine durchaus ausreichende Absicherung gefunden wurde. Es bleibt deshalb die entscheidende Frage, ob auch alle Arbeitnehmergruppen, die unverschuldet in Arbeitslosigkeit geraten, einen Anspruch auf Arbeitslosengeld besitzen. Das Gesetz sieht vor, daß nur derjenige einen Anspruch auf Arbeitslosengeld besitzt, der bereits eine Mindestzeit vor Eintritt der Arbeitslosigkeit gearbeitet hat; weiterhin muß der Arbeitslose bereit und in der Lage sein, eine ihm zumutbare Arbeit anzunehmen; falls er seinen Arbeitsplatz selbst gekündigt hat, kann er für eine Dauer von 2 - 4 Wochen für den Bezug von Arbeitslosengeld gesperrt werden. Schließlich gilt es zu erwähnen, daß ein Anspruch auf Arbeitslosengeld nur für eine bestimmte Zeit (maximal ein Jahr) besteht, und daß bei Überschreitung dieser Zeit nur noch Anspruch auf die geringere Arbeitslosenhilfe besteht. Im großen und ganzen kann man jedoch davon sprechen, daß die einschränkenden Bedingungen nur diejenigen vom Anspruch auf Arbeitslosengeld ausnehmen, die Arbeitslosigkeit selbst verursacht haben oder durch ihr Verhalten dazu beitragen, daß die Arbeitslosigkeit nicht so schnell überwunden wird, wie sie eigentlich überwunden werden könnte. Für den überaus größten Teil der arbeitenden Bevölkerung dürften deshalb die oben genannten Kriterien für eine ausreichende materielle Absicherung erfüllt sein. Eine Ausnahme bilden diejenigen jugendlichen Arbeitslosen, die nach Beendigung ihrer Ausbildung noch keine Anfangsstellung erhalten haben und die deshalb auch keinen Anspruch auf Arbeitslosengeld oder Arbeitslosenhilfe besitzen, obwohl ihre Arbeitslosigkeit durchaus unverschuldet sein kann.

Wenden wir uns nun der Frage zu, inwieweit von der Einrichtung der Arbeitslosenversicherung positive oder negative Rückwirkungen auf das Ausmaß und auf die Dauer der Arbeitslosigkeit selbst ausgehen. Wie bereits erwähnt, kann diese Frage nur für die einzelnen Arten der Arbeitslosigkeit getrennt beantwortet werden. Beginnen wir mit der <u>konjunkturellen</u> Arbeitslosigkeit. Wir wollen hierbei immer dann von konjunktureller oder besser gesamtwirtschaftlicher Arbeitslosigkeit sprechen, wenn die Zahl der Arbeitslosen die Zahl der offenen Stellen übersteigt, wenn also mit anderen Worten insgesamt weniger Arbeitsplätze von seiten der Unternehmungen angeboten als von seiten der Arbeitnehmer nachgefragt werden, und zwar unabhängig davon, ob dieses Arbeitsplatzdefizit aufgrund der periodischen Schwankungen marktwirtschaftlicher Systeme, also der eigentlichen Konjunkturbewegungen oder aufgrund anderer, z.B. säkularer Bestimmungsfaktoren ausgelöst wurde. Der Haupteinfluß der Arbeitslosenversicherung auf das Ausmaß an gesamtwirtschaftlicher Arbeitslosigkeit ergibt sich hierbei aufgrund der im Rahmen der Keynesschen Theorie dargestellten Zusammenhänge: In Zeiten der Rezession gehen die Beitragseinnahmen der Arbeitslosenversicherung mit der Zahl der Beschäftigten zurück, gleichzeitig steigen mit der Zahl der Arbeitslosen die Arbeitslosengeldzahlungen und damit die Ausgaben dieses Systems an. Aufgrund dieser gegenläufigen Entwicklung von Einnahmen und Ausgaben weist das Budget dieser Einrichtung ein Defizit aus, das gesamtwirtschaftlich einer Nachfrageausweitung gleichkommt. Damit gehen jedoch von der Arbeitslosenversicherung beschäftigungssteigernde Effekte aus.

Voraussetzung für diesen positiven Beschäftigungseffekt ist jedoch, daß keine politischen Maßnahmen eingeleitet werden, die den geschilderten Einnahmen- und Ausgabenentwicklungen gegensteuern. Betrachtet man unter diesem Gesichtspunkt die Entwicklung in der Bundesrepublik, so stellt man zwar fest, daß in der vergangenen Rezession die Bundesanstalt für Arbeitslosenversicherung und -vermittlung ein hohes Defizit aufweist und daß deshalb in der Tat von dieser Einrichtung ein beschäftigungssteigernder Effekt zu erwarten ist, auf der anderen Seite muß jedoch auch vermerkt werden, daß die Bundesregierung eine Reihe von Maßnahmen beschlossen hat, die diesem Effekt entgegenwirken. Dies gilt einmal für die Tatsache, daß in Zeiten hoher Überschüsse Ausgabenausweitungen und Beitragsreduzierungen, in Zeiten der Defizite jedoch Beitragserhöhungen beschlossen wurden. Kritisch muß zweitens auch hinzugefügt werden, daß auch die Art der Finanzierung der Defizite und nicht nur ihre Höhe darüber mitentscheidet, wie stark die beschäftigungssteigernden Effekte der Defizite der Bundesanstalt ausfallen. Würde das Defizit aus Staatszuschüssen gedeckt, die selbst wiederum aus Steuererhöhungen oder Staatsausgabenminderungen finanziert würden, so bliebe die beschäftigungssteigernde Wirkung aus. Mit einer Reduzierung der Arbeitslosenzahl kann nur gerechnet werden, wenn die gesamtwirtschaftliche Nachfrage ingesamt, in diesem Falle also das <u>Gesamt</u>defizit der öffentlichen Hand ansteigt. Es ist schwierig zu entscheiden, ob eine solche Gesamtsteigerung des Defizites der öffentlichen Hand in der Bundesrepublik vorliegt.

Die bisher besprochenen <u>positiven</u> Beschäftigungseffekte der Arbeitslosenversicherung bezogen sich auf im Grunde genommen unbeabsichtigte Nebenwirkungen. Wir haben uns darüber hinaus die Frage zu stellen, ob der Staat nicht auch ganz bewußt bestimmte Maßnahmen im Rahmen der Arbeitslosenversicherung ergreift, um die gesamtwirtschaftliche Arbeitslosigkeit gezielt zu reduzieren. In diesem Zusammenhang dürfte vor allem auf das Kurzarbeitsgeld hingewiesen werden. Mit der Gewährung von Kurzarbeitsgeld wird den Unternehmungen ein finanzieller Anreiz gegeben, bei Auftragsrückgang Arbeitskräfte nicht sofort zu entlassen, sondern zunächst auf Kurzarbeit überzugehen. Vor allem aufgrund der multiplikativen Wirkungen, mit denen bei Entlassungen zu rechnen ist, können auf diese Weise Depressionsspiralen u.U. gedämpft werden. Sofern maneine beschäftigungssteigernde Wirkung einer Gewährung von Kurzarbeitsgeld bejaht, dürfte in der Vergangenheit über diese gezielte Einrichtung der Bundesanstalt in der Tat ein beachtlicher Effekt ausgeübt worden sein.

Wenden wir uns nun der etwas schwieriger zu beantwortenden Frage zu, ob von der Einrichtung der Arbeitslosenversicherung in der Bundesrepublik auch Wirkungen ausgehen, die die gesamtwirtschaftliche Arbeitslosigkeit sogar vergrößern. Gesamtwirtschaftliche Arbeitslosigkeit muß ja damit erklärt werden, daß auf dem Arbeitsmarkt die sonst üblichen Gleichgewichtsmechanismen versagen und somit aufgrund von Immobilitäten Arbeitslosigkeit nicht von selbst wiederum abgebaut wird. Wir haben die Frage zu stellen, ob durch die Einrichtung der Arbeitslosenversicherung u.U. das Ausmaß an Immobilitäten auf dem Arbeitsmarkt zunimmt, so daß von dieser Seite her letztlich auch das Ausmaß an gesamtwirtschaftlicher Arbeitslosigkeit eher erhöht wird. Zwei Hypothesen werden in diesem Zusammenhang diskutiert. Hypothese Nr. 1: Die Existenz einer Arbeitslosenversicherung und damit einer ausreichenden materiellen Absicherung der Arbeitslosen veranlasse die Gewerkschaften, in geringerem Maße als sonst mögliche negative Beschäftigungswirkungen ihrer Lohnforderungen zu berücksichtigen. Bestünde die Gefahr, daß Arbeitnehmer, die aufgrund expansiver Lohnforderungen arbeitslos werden, in ihrer materiellen Existenz gefährdet würden, so stünden die Gewerkschaften unter starkem Druck, diese Nebenwirkungen mit in ihr Kalkül einzubeziehen. Da jedoch wegen der Existenz der Arbeitslosenversicherung der einzelne Arbeitnehmer auch bei Arbeitslosigkeit eine ausreichende materielle Absicherung erfahre, könnten es sich die Gewerkschaften leisten, diese Nebenwirkungen ihrer Lohnpolitik zu vernachlässigen. Hypothese Nr. 2: Auch das Verhalten der Arbeitgeber sei durch die Existenz der Arbeitslosenversicherung beeinflußt. Der Umstand, daß arbeitslose Arbeitnehmer materiell abgesichert sind, entbinde die Unternehmer des moralischen Druckes, Arbeitslosigkeit möglichst zu vermeiden, die Unternehmungen könnten nun verstärkt jeweils den Beschäftigungsgrad ansteuern, der ihrem Rentabilitätskalkül entspreche.

Ich möchte bezweifeln, ob unter den in der Bundesrepublik verwirklichten Bedingungen diese beiden Hypothesen Gültigkeit besitzen. Die Erfahrung zeigt, daß die Gewerkschaften in der Bundesrepublik in Zeiten der Rezession in ihren Lohnforderungen Zurückhaltung üben, man kann diese Zurückhaltung damit erklären, daß eine expansive Lohnpolitik, die zu Arbeitslosigkeit führen würde, gerade die Arbeitnehmer trifft, für die diese expansiven Lohnforderungen erkämpft wurden. Die Arbeitslosigkeit als Folge expansiver Lohnforderungen trifft in der Bundesrepublik auch die Gewerkschaftsmitglieder, z.B. im Gegensatz zu Ländern, in denen ein closed shop praktiziert wird und in denen deshalb von Arbeitslosigkeit in erster Linie Nichtgewerkschaftsmitglieder betroffen werden. Es liegt also im Eigeninteresse der Gewerkschaften und der organisierten Arbeitnehmer, auf die negativen Beschäftigungswirkungen ihrer Lohnpolitik Rücksicht zu nehmen. Wie Meinungsbefragungen wiederholt gezeigt haben, wird Arbeitslosigkeit auch bei einer ausreichenden materiellen Absicherung von der Masse der Arbeitnehmer so eingestuft, daß sich die Gewerkschaften gezwungen sehen, die Beschäftigungseffekte ihrer Lohnpolitik mit zu berücksichtigen.

Es ist weiterhin zweifelhaft, ob die Existenz einer Arbeitslosenversicherung das Verhalten der Unternehmungen nachhaltig beeinflußt hat. Natürlich ist es denkbar, daß Unternehmungen Entlassungen, die aufgrund eines Rückgangs im Absatz notwendig werden, etwas schneller vollziehen, wenn sie wissen, daß die entlassenen Arbeitnehmer materiell abgesichert sind. Man wird jedoch davon ausgehen müssen, daß bei einem anhaltenden Rückgang in der Nachfrage auch dann schließlich Entlassungen ausgesprochen werden, wenn keine befriedigende Absicherung der Arbeitslosen gewährt wäre. Entlassungen würden also bei Nichtexistenz der Arbeitslosenversicherung allenfalls verzögert. Ob aber eine Verzögerung auf lange Sicht gesehen die Arbeitslosigkeit reduzieren hilft, ist mehr als fraglich. Das Beispiel der Kohlenkrise in der Bundesrepublik in den 60er Jahren hat gezeigt, daß eine aus politischen Gründen hintangestellte Schließung von Zechen und eine damit verbundene Entlassung von Arbeitskräften u.U. sogar die Situation der entlassenen Arbeitnehmer verschärfen kann. Wären nämlich die Arbeitnehmer in den Zeiten entlassen worden, in denen es die Marktlage auf dem Kohlensektor angezeigt hatte, wären wegen der damaligen Hochkonjunktur für die entlassenen Arbeitnehmer relativ einfach neue Arbeitsplätze gefunden worden. Entlassen wurden die Arbeitskräfte jedoch erst zu einer Zeit, in der wegen allgemeiner Rezession neue Arbeitsplätze für die im Bergbau entlassenen Arbeitskräfte nur sehr schwer gefunden werden konnten. Wird die Frage der Entlassung dem Marktprozeß überlassen, kann damit gerechnet werden, daß Entlassungen sukzessive erfolgen, da immer nur einzelne Unternehmungen Grenzunternehmungen darstellen und somit die Rentabilitätsgrenze unterschreiten. Bei politischen Lösungen von Absatzkrisen ist hingegen damit zu rechnen, daß die Entlassungen dann, wenn sie nicht mehr zu vermeiden sind, geballt in einem kurzen Zeitraum auftreten. Die Dauer der Arbeitslosigkeit ist jedoch um so höher, je größer die Zahl der Entlassungen in einem bestimmten Zeitraum ist; insofern kann kann man davon sprechen, daß Ausmaß und Dauer an Arbeitslosigkeit um so geringer ausfallen, je mehr sich Entlassungen im Zeitraum verteilen.

Wenden wir uns der Frage nach dem Einfluß der Arbeitslosenversicherung auf die saisonale Arbeitslosigkeit zu. Die saisonale Arbeitslosigkeit ist ein typisches Beispiel dafür, daß seit Ende der 50er Jahre der Staat bemüht ist, auf diesem Wege unmittelbaren Einfluß auf die Arbeitslosigkeit auszuüben. Nach der Schlechtwettergeldregelung von 1959 gewährt der Staat ein Schlechtwettergeld, wenn im Baugewerbe in den Wintermonaten aus witterungsbedingten Gründen nicht gearbeitet werden kann, die Unternehmungen jedoch die Arbeitnehmer weiterbeschäftigen. Allerdings war mit dieser gesetzlichen Regelung die Absicht verbunden, den Unternehmungen im Baugewerbe finanzielle Anreize zu geben, in grösserem Maße als bisher die technischen Möglichkeiten der

Produktion im Baugewerbe auch in den Wintermonaten auszunutzen.

Die Erfahrung hat nun gezeigt, daß nach Einführung der Schlechtwettergeldregelung zwar die Zahl der Arbeitslosen im Baugewerbe in den Wintermonaten stark zurückgegangen ist, daß aber die Produktion nicht in gleichem Maße angestiegen ist. Diese unterschiedliche Entwicklung in den Beschäftigten- und Produktionsstatistiken macht deutlich, daß die eigentliche Absicht des Gesetzgebers vereitelt wurde, daß jedoch diese Arbeitskräfte trotzdem nicht effektiv beschäftigt werden, so daß wir eine Art versteckte Arbeitslosigkeit haben. Das 1972 eingeführte Wintergeld, das nur bei geleisteter Arbeit gewährt wird, soll diese Mängel beheben.

Wenden wir uns nun der friktionellen Arbeitslosigkeit zu. Vor allem die Vertreter der in den USA entwickelten Job-Search-Theorien hatten die These aufgestellt, daß die Einrichtungen der Arbeitslosenversicherung Ausmaß und Dauer der Arbeitslosigkeit vergrößert hätten. An zwei verschiedenen Zusammenhänge wird hierbei gedacht. Auf der einen Seite hätten die Arbeitnehmer einen Anreiz, bei Zahlung von Arbeitslosengeldern häufiger den Arbeitsplatz zu kündigen und längere Zeit mit der Suche nach einem neuen Arbeitsplatz zu verbringen. Es wird hierbei unterstellt, daß ein Großteil von Arbeitslosigkeit freiwilliger Natur ist und daß sich die Dauer der Suche nach einem neuen Arbeitsplatz aus einem Nutzenkalkül des Arbeitnehmers ergibt, in dem die Kosten der Arbeitslosigkeit (das entgehende Einkommen während der Arbeitslosigkeit) mit dem potentiellen Gewinn der Arbeitssuche (die Wahrscheinlichkeit, einen höher bezahlten Arbeitsplatz bei Verlängerung der Arbeitsplatzsuche zu erhalten) verglichen wird. Unterstellt man ein solches Nutzenkalkül, so wird die Dauer der Arbeitsplatzsuche um so größer sein, je höher das gezahlte Arbeitslosengeld ist. Auf der anderen Seite sind die Vertreter der Job-Search-Theorien der Meinung, daß auch die Art der Beitragsfinanzierung der

Arbeitslosenversicherung den Unternehmungen einen Anreiz gibt, Arbeitnehmer zu entlassen, da bei der derzeitigen Regelung die Beitragsverpflichtung um so geringer ausfalle, je geringer die Zahl der Beschäftigten und damit je höher die Zahl der Entlassungen sei.

Es ist fraglich, ob diese beiden erwähnten Hypothesen für die besondere Situation der Bundesrepublik zutreffen. Es muß bezweifelt werden, ob der Großteil der Arbeitnehmer, die arbeitslos sind, erst bei Beginn der Arbeitslosigkeit mit der Suche nach einem neuen Arbeitsplatz beginnt. Aufgrund der sehr langen Kündigungsfristen ist es wahrscheinlicher, daß die meisten Arbeitnehmer, die ihren Arbeitsplatz wechseln wollen, bereits mit der Arbeitsplatzsuche beginnen, wenn sie noch beschäftigt sind. Auch muß vermutet werden, daß das Anspruchsniveau mit wachsender Dauer der Arbeitslosigkeit zurückgeht, was wiederum den Thesen der Job-Search-Theorien widerspricht. Weiterhin gilt es, daran zu erinnern, daß die Regelung der Arbeitslosenversicherung in der Bundesrepublik mehrere Vorkehrungen kennt, aufgrund derer sonst mögliche Anreize zum A beitslosenfeiern unterbunden werden. Hierzu zählt sowohl die Bestimmung, daß Arbeitnehmer, die ihren Arbeitsplatz selbst kündigen, für einige Wochen für den Bezug eines Arbeitslosengeldes gesperrt werden können als auch die Bestimmung, daß Arbeitnehmer, die Arbeitslosengeld beziehen, stets bereit sein müssen, einen ihnen vom Arbeitsamt nacngewiesenen Arbeitsplatz anzunehmen, sofern es sich um zumutbare Arbeit handelt. Wenn auch lange Zeit hindurch der Begriff der zumutbaren Arbeit von den Arbeitsämtern sehr großzügig zugunsten der Arbeitslosen ausgelegt wurde, ist zu erwarten, daß in Zukunft strengere Maßstäbe angelegt werden. Schließlich muß auch daran erinnert werden, daß Meinungsbefragungen in der Vergangenheit immer wiederum ergeben haben,daß die Sicherheit des Arbeitsplatzes bei den Arbeitnehmern an erster Stelle ihrer Bedarfsskala steht, weit vor dem Wunsch nach höheren Löhnen, ein Ergebnis, das vermuten läßt, daß die überwiegende Zahl der Arbeitnehmer in der Bundesrepublik in der Arbeitslosigkeit einen höheren Nutzenentgang sieht als nur einen Einkommensverlust.

Schwieriger zu beantworten ist die Frage nach der Bedeutung der zweitgenannten Hypothese, wonach die Art der Beitragsfinanzierung bewirke, daß die Unternehmungen geradezu einen Anreiz hätten, Arbeitskräfte zu entlassen. Zunächst gilt es festzustellen, daß eine andere Regelung wohl kaum realisierbar erscheint: Wenn Unternehmungen Arbeitskräfte entlassen, so deshalb, weil ihre Absatz- und damit auch Gewinnchancen zurückgehen; in einer solchen Situation ist es auch nicht möglich, von diesen Unternehmungen um so höhere Beiträge zu erhalten, je mehr Arbeitskräfte entlassen werden. Nun muß man sich klar machen, daß eine Regelung, nach der die Beitragslast um so größer wird, je mehr Arbeitskräfte entlassen werden, auch aus wohlfahrtspolitischen Gründen kaum vertreten werden kann. Zwei Kostenarten sind hierbei zu unterschieden: Unterstellt man eine funktionierende Marktwirtschaft, so entstehen der Volkswirtschaft dadurch, daß an der einen Stelle Arbeitskräfte entlassen werden, keine zusätzlichen Kosten, da die Arbeitskräfte für die Produktion an anderer Stelle zur Verfügung stehen. Gerade der Umstand, daß das eine Unternehmen Arbeitskräfte entlassen mußte, ist ein Indiz dafür, daß diese Produktivkräfte an anderer Stelle einen größeren Nutzen stiften können. Allerdings muß von dieser Überlegung ein Teil der Kosten, die in Zusammenhang mit der friktionellen Arbeitslosigkeit entstehen, ausgenommen werden: Aufgrund der Suche nach einem neuen Arbeitsplatz entstehen zusätzliche Kosten, sogenannte Suchkosten, und entsprechend dem Verursachungsprinzip sollten diese Kosten von demjenigen getragen werden, der diesen Arbeitsplatzwechsel verursacht hat, also vom Unternehmer, der den Arbeitnehmer entlassen hat bzw. von den Konsumenten, die aufgrund ihrer Entscheidung letzten Endes den Produktionsrückgang verursacht haben. Es dürfte also allenfalls angezeigt sein, die mit der Arbeitslosigkeit entstehenden Suchkosten den Unternehmungen in dem Maße anzulasten, in dem sie Arbeitnehmer entlassen.

Schließlich einige Worte zu der Frage nach dem Einfluß der Arbeitslosenversicherung auf die strukturelle Arbeitslosigkeit. Die strukturelle Arbeitslosigkeit stellt ein zweites Beispiel dafür dar, daß die Regierung seit einiger Zeit bemüht ist, im Rahmen der Arbeitslosenversicherung das Ausmaß der Arbeitslosigkeit selbst zu bekämpfen. Aufgrund des Arbeitsförderungsgesetzes von 1969 gewährt die Bundessnstalt für Arbeitslosenversicherung und -vermittlung finanzielle Zuschüsse für Arbeitskräfte, die sich weiterbilden oder umschulen lassen. Auf diese Weise soll die Mobilität der Arbeitskräfte erhöht werden. Es kann kein Zweifel bestehen, daß eine wachsende Zahl von arbeitslosen Arbeitnehmern von diesen Möglichkeiten Gebrauch gemacht haben. Fraglich ist es jedoch, ob auf diese Weise tatsächlich strukturelle Arbeitslosigkeit zurückgeht. Oftmals werden arbeitslose Arbeitnehmer auf Berufe umgeschult, bei denen dann in kurzer Zeit ebenfalls Arbeitslosigkeit entsteht. Zur Verringerung von struktureller Arbeitslosigkeit wäre es sicherlich vorteilhafter und würde einem effizienteren Einsatz von knappen Ressourcen entsprechen, wenn die Unternehmungen selbst für die Umschulungen verantwortlich wären, da es in ihrem eigenen finanziellen Interesse liegt, nur Umschulungen zu solchen Berufen zu finanzieren, nach denen auch in Zukunft ein Bedarf bestehen wird. Es ist mehr als fraglich, ob diese Aufgabe im Rahmen eines staatlichen Monopols der Arbeitsvermittlung befriedigend gelöst werden kann. Die bei einer privaten Vermittlung möglicherweise auftretenden Mißbrauchsgefahren könnten sicherlich auch auf andere Weise durch eine Rahmenordnung weitgehend vermieden werden.

Literaturhinweise

Barron, John M.: Search in the Labor Market and the Duration of Unemployment: Some Empirical Evidence, in: American Economic Review, Vol. 65, 1975.

Feldstein, Martin: Unemployment Compensation: Adverse Incentives and Distributional Anomalies, in: National Tax Journal, Vol. 27, 1974.

Freiburghaus, Dieter: Zentrale Kontroversen der neuen Arbeitsmarkttheorie, in: M. Bolle (Hrsg.): Arbeitsmarkttheorie und Arbeitsmarktpolitik, Opladen 1976, S. 71-91.

Grubel, H./Walker, M.A. (Hrsg.): Unemployment Insurance - Global Evidence on its Effects on Unemployment, Vancouver 1978.

Lester, Richard: The Economics of Unemployment Compensation, Princeton 1962.

Lippman, Stephen L./McCall, John: The Economics of Job Search: A Survey, in: Economic Inquiry, Vol. 14, 1976.

Mackscheidt, K./Steinhausen, J.: Finanzpolitik. Grundfragen fiskalpolitischer Lenkung, Tübingen - Düsseldorf 1973, S. 66-74.

Mertens, D./Kühl, J.: Arbeitsmarkt I: Arbeitsmarktpolitik, in: W. Albers u.a. (Hrsg.): Handwörterbuch der Wirtschaftswissenschaft, Bd. I, Stuttgart u.a. 1977, S. 279-291.

Richter, R./Selten, R.: Dynamische Theorie der Built-in-Flexibility, Zeitschrift für die gesamte Staatswissenschaft, Bd. 119, 1963.

Bundesminister für Arbeit und Sozialordnung (Hrsg.): Übersicht über die Soziale Sicherung, Bonn, Juli 1977.

III. Die soziale Sicherung in der Landwirtschaft

PROBLEME DER SOZIALEN SICHERUNG IN DER JAPANISCHEN LANDWIRTSCHAFT

Takashi Matsugi

1. Einleitung

Ziel der Agrarpolitik in Japan ist die Angleichung der Einkommen in der Landwirtschaft an das Einkommensniveau in den anderen Wirtschaftssektoren. Dies soll in der Hauptsache durch Produktivitätssteigerungen in der Agrarproduktion erreicht werden. Jedoch ist die durchschnittliche Betriebsgröße in Japan so klein, daß sie kaum eine ausreichende Grundlage für wirtschaftlich lohnende Tätigkeiten im landwirtschaftlichen Vollerwerb bietet. Dies hat negative Auswirkungen auf die Altersstruktur: Das Durchschnittsalter der Landwirte steigt, da immer weniger junge Leute bereit sind, in der Landwirtschaft hauptberuflich tätig zu sein.

Diese Situation hat sich in jüngster Zeit noch verschärft. Erstens überstieg die Reisproduktion die seit Jahren rückläufige Nachfrage. Aus ökonomischer Sicht ist es unvermeidlich, den Reisanbau in einem gewissen Umfang zu reduzieren und dementsprechend die bisherige Preisstützungspolitik aufzugeben. Zweitens dind seit der "Ölkrise" steigende Arbeitslosenzahlen zu verzeichnen; zusätzliche Arbeitsplätze außerhalb der Landwirtschaft stehen nicht in ausreichendem Maße zur Verfügung. Drittens ist die Landwirtschaft infolge der Mechanisierung der Agrarproduktion und der Ausweitung des Treibhausanbaus energieabhängiger geworden. Die gestiegenen Energiekosten können die landwirtschaftlichen Einkommen erheblich verringern.

Was den Bereich der sozialen Sicherung angeht, so sind die

Landwirte in das nationale Rentensystem einbezogen worden, das jedoch ohne Bezug zu Rationalisierungsmaßnahmen in der Landwirtschaft entwickelt wurde. Unter den bestehenden Regelungen des Rentensystems erreichen Bauern nur mit 65 Jahren eine Pensionsberechtigung; dies scheint wenig geeignet, die Lage der in der Landwirtschaft Beschäftigten zu verbessern bzw. durch Verringerung der Zahl der landwirtschaftlichen Arbeitskräfte die Produktivität zu erhöhen. Vor diesem Hintergrund hat das Ministerium für Landwirtschaft, Fischerei und Forsten versucht, ein neues System der sozialen Sicherung einzuführen, welches den Bauern mehr Anreize dafür geben soll, sich früher aus der Landwirtschaft zurückzuziehen und ihr Land denjenigen zu übertragen, die bereit sind, ihren Betrieb zu vergrößern.

Die vorgelegte Ausarbeitung analysiert dieses neue System der sozialen Sicherung und versucht, seine Auswirkungen auf die Produktivität in der japanischen Landwirtschaft abzuschätzen.

2. Das Rentensystem in der Landwirtschaft vom Jahre 1971

Die Geschichte des japanischen Systems der sozialen Sicherung wird ausführlich dargestellt im Beitrag von Prof. Tsutsumi. Es wurde oft argumentiert, daß die hohe Sparrate in Japan hauptsächlich auf die unzureichende soziale Sicherung zurückzuführen sei und daß man deshalb gezwungen war, eine eigene Vorsorge für die Alterssicherung zu treffen. Die gesetzliche Rentenversicherung bildete eine erste Vorsorge für die aus dem Erwerbsleben Ausgeschiedenen.

Auch Landwirte können Mitglieder in der Nationalen Rentenversicherung werden. Dieses Vorsorgesystem bietet allerdings nur eine Grundrente, die in ihrer Höhe nicht ausreicht. Die 1971 ins Leben gerufene Rentenversicherung für Landwirte dient als Ergänzung zu den Beitragszahlungen für die Nationale Rentenversicherung. Diese Regelung hat folgende Ziele:

1) Stabilisierung der Alterssicherung,
2) Verstärkte Landabgabe an jüngere Landwirte,
3) Aufstockung der Betriebsgröße,
4) Modernisierung der Betriebe,
5) Vereinfachung der komplizierten Besitzverhältnisse.

Vier Haupteigenschaften der landwirtschaftlichen Rentenversicherung seien hier aufgeführt: (1) Die spezielle Vorsorgeleistung für Landwirte ergänzt die staatliche Rentenversicherung dahingehend, daß für Landwirte die Rentenberechtigung statt mit 65 schon mit 60 Jahren eintritt. (2) Renten in der Landwirtschaft bestehen zu einem Teil aus Landabgabe-Renten (management transfer pension; MTP) und zum anderen Teil aus einer Altersrente ähnlich den Rentenzahlungen durch die staatliche Rentenversicherung. Landabgabe-Renten werden in voller Höhe an Bauern im Alter von 60 bis 65 Jahren gezahlt (87 867 Yen monatlich für den Modellfall Abb. 1); ab 65 Jahren nur noch zu 10 Prozent. Die Altersrente beträgt ein Viertel der Landabgabe-Rente (21 967 Yen) und wird ab dem 65. Lebensjahr zusätzlich zu den Leistungen der staatlichen Rentenversicherung gezahlt. Die Struktur der Rentenzahlungen wird in Abb. 1 verdeutlicht.

Tabelle 1: Berechnungsbeispiel einer Rente für eine normale Versicherungsperiode von 28 Jahren (je Monat)

60 - 64 Jahre	(65 Jahre und älter)
Landabgabe-Rente 87 867 Yen	Landabgabe-Rente 8 787 Yen Landwirtschaftliche Altersrente 21 967 Yen Staatliche Altersrente 65 225 Yen

(3) Der Staat zahlt 30% der von den Beitragspflichtigen geleisteten Beiträge zusätzlich in die Rentenversicherung ein und außerdem ein Drittel der Leistungen aus der Landabgabe-Rente, während in der nationalen Rentenversicherung ein staatlicher Beitragszuschuß entfällt. (4) Die Organisation der landwirtschaftlichen Rentenversicherung wird von eigenen Versicherungsgenossenschaften durchgeführt, deren Verwaltungsräte in engem Kontakt mit dem Ministerium für Landwirtschaft, Fischerei und Forsten stehen. Demgegenüber untersteht die nationale Rentenversicherung direkt dem Ministerium für Gesundheit und Soziales.

3. Die ökonomischen Auswirkungen der landwirtschaftlichen Rentenversicherung

3.1 Anzahl der Beitragspflichtigen

Für eine Mitgliedschaft in der landwirtschaftlichen Rentenversicherung sind folgende Voraussetzungen zu erfüllen:
(1) Mitgliedschaft in der nationalen Rentenversicherung
(2) Grundbesitz von mindestens 0,5 ha (in Hakkaido 2 ha)
(3) Beitragszahlungen über mindestens 20 Jahre vor Eintritt der Leistungsberechtigung (während einer Übergangsperiode variiert diese Frist zwischen 5-19 Jahren, je nach Alter der Beitragspflichtigen).

Da nach den oben genannten Kriterien nicht alle Landwirte rentenbezugsberechtigt sind, wurde die Mitgliedschaft um folgende Personenkreise erweitert:
(4) Landwirte mit Betrieben zwischen 0,3-0,5 ha (1,0-2,0 ha in Hokkaido), wenn sie im Jahr mehr als 700 Stunden in der Landwirtschaft tätig sind;
(5) Mitglieder von landwirtschaftlichen Produktionsgenossenschaften, die Vollzeit-Arbeitskräfte sind und mehr als 0,5 ha (in Hokkaido 2,0 ha) bearbeiten, einschließlich der durchschnittlichen Fläche pro Mitglied des Genossenschaftsbetriebes;

(6) Söhne von Landwirten mit mehr als 0,5 ha (2,0 ha Hokkaido) Land, die länger als drei Jahre in der Landwirtschaft tätig sind.

1971 wurde die Zahl der Mitgliedschaftsberechtigten auf insgesamt 1,91 Millionen geschätzt. Die Anzahl der Beitragspflichtigen pro Jahr seit 1971 ist in Tabelle 2 widergegeben. In den ersten Jahren war eine starke Zunahme zu verzeichnen, die 1975 ihren Höhepunkt erreichte. Von da ab sank die Zahl der Beitragspflichtigen ständig, weil von da an verstärkt Landwirte im Zuge der gesamtwirtschaftlichen Entwicklung aus dem Agrarsektor ausschieden.

Der Eintritt in das Rentenversicherungssystem ist für diejenigen obligatorisch, die die Bedingungen 1-3 erfüllen; sie ist fakultativ für diejenigen, die die Bedingungen 4-6 erfüllen. Tabelle 2 zeigt, daß der Anteil der Beitragspflichtigen an der Gesamtzahl der Beitragsberechtigten drei Fünftel nicht überstieg. Es ist deshalb zu überprüfen, ob der Schätzwert für die Zahl der Beitrittsberechtigten zutrifft. Bei der Überprüfung stellte sich heraus, daß die Basisdaten nicht zutreffend ausgewählt waren; folgende Fehlerquellen können bei der Schätzung vorliegen:

1) Nicht das gesamte, von einem landwirtschaftlichen Betrieb bebaute Land ist im Eigentum des Landwirtes. Der Landwirt, der mehr als 0,5 ha Land bebaut, ist u.U. nicht beitrittsberechtigt, wenn er davon weniger als 0,5 ha als Eigentum hat. Diese Unterscheidung wurde bei der Schätzung nicht eindeutig befolgt.

2) In einigen Fällen ist der Haushaltsvorstand nicht Eigentümer des Landes. Tatsächlicher Eigentümer kann z.B. die Mutter sein, so daß damit der Haushaltsvorstand nicht die Voraussetzungen für einen Beitritt zur landwirtschaftlichen Rentenversicherung erfüllt.

3) Es ist nicht selten, daß das Landeigentum auf zwei oder mehr Personen entfällt. In einem solchen Fall ist keiner der Beteiligten - bei Unterschreitung der Mindestgröße - beitrittsberechtigt. So kam es zu der Schätzung einer zu hohen Zahl beitrittsberechtigter Landwirte. Inzwischen wurden die Schätzungen überprüft; die revidierten Zahlen werden demnächst verfügbar sein.

3.2 Unterschiede in der Zahl der Beitragspflichtigen nach Verwaltungsbezirken

Die Anzahl der Beitragspflichtigen und die Zugangsrate zeigen deutliche Unterschiede in den einzelnen Verwaltungsbezirken, wie Tabelle 3 zeigt. In den sechs Bezirken Hokkaido, Yamogate, Ishikawa, Shizuoka, Fukuoka und Saga traten traten schon im ersten Jahr mehr als die Hälfte der Beitrittsberechtigten der neuen Rentenversicherung bei. Insgesamt gibt es in Japan 47 Verwaltungsbezirke (einschließlich Okinawa); die wichtigsten landwirtschaftlichen Anbaugebiete befinden sich in den Bezirken Hokkaido, Tohoku, Hokuriku und Kyushu. Die schnelle Reaktion der Landwirte in diesen Bezirken ist zum einen auf ihr berufliches Engagement zurückzuführen, zum anderen auf sorgfältige Vorbereitungsmaßnahmen, die die Einführung der neuen landwirtschaftlichen Rentenversicherung erleichterten. Der Anteil der Beitragspflichtigen an der Zahl der Beitrittsberechtigten ist auffällig klein in städtisch bestimmten Gebieten wie Tokio, Kanagawa, Osaka und Kyoto. Landwirte aus diesen Regionen haben ihr Interesse an der Landwirtschaft verloren und warten auf den Tag, an dem sie ihr Land zu einem günstigen Preis veräußern können. In der weitgehend industrialisierten und urbanisierten Region zwischen Tokio und Osaka (mit Nagoya als größter Stadt) produziert die Landwirtschaft mehr Gemüse und Obst für den städtischen Bedarf als Reis. Für die Landwirte dieser Gegend ist die landwirtschaftliche Rentenversicherung daher durchaus attraktiv.

3.3 Auswirkungen auf die Altersstruktur und die Betriebsgröße

Mit der für Landwirte konzipierten Rentenversicherung ist beabsichtigt, die Landabgabe von der älteren an die jüngere Generation zu beschleunigen. In der Tat sind die meisten der Betriebsnachfolger nach der Landabgabe unter 34 Jahre alt, während fast 90% der Haushaltsvorstände über 40 Jahre alt sind (siehe Tabelle 4). Obwohl dieses neue Versicherungssystem erst seit 10 Jahren inkraft ist, kann der durchschnittliche Altersrückgang bei den Haushaltsvorständen bereits als signifikant angesehen werden. Nachhaltige und stärker sichtbare Veränderungen können jedoch erst in der Zukunft erwartet werden.

Die neueingeführte Rentenversicherung für Landwirte sieht die Möglichkeit vor, daß Land an Dritte außerhalb der Hofnachfolge übertragen wird. Tritt dies ein, so muß die Landabgabe eine Zunahme der durchschnittlichen Betriebsgröße bewirken. Obwohl eine solche Landabgabe bisher kaum festgestellt wurde, kann die erwartete Tendenz schon aus Tabelle 5 abgelesen werden. Während die durchschnittliche Betriebsgröße vor der Landabgabe 1,32 ha betrug, stieg sie unter dem neuen System nach der Landabgabe um 34,8% auf 1,78 ha. Der prozentuale Anteil der landwirtschaftlichen Betriebe mit einer Größe von weniger als 1 ha sank von 44,3% (vor der Einführung der Landabgabe) auf 17,6%. Aufgrund dieser Ergebnisse kann angenommen werden, daß das landwirtschaftliche Rentenversicherungssystem zu einer spürbaren Anhebung der Betriebsgröße und damit auch der Produktivität im Agrarsektor beitragen wird.

4. Reformen in der Zeit zwischen 1971 und 1979

Das 1971 eingeführte System der sozialen Sicherung wurde in den folgenden Jahren durch mehrere Reformen ergänzt. Die wichtigste Neuerung betraf die Einführung eines gleitenden Indexsystems für Beitrittszahler im Jahre 1974, dem ein auf dem Verbraucherpreisindex beruhender Indikator zugrunde liegt. Vor allem infolge der Ölpreissteigerung von 1973 wurde es dringend erforderlich, die Rentenbezieher durch eine Dynamisierung der Rente vor Kaufkraftverlusten zu schützen. In Verbindung mit dieser Änderung verringerten sich die Pflichtbeiträge für Betriebsnachfolger unter 35 Jahren um 30%. Tabelle 6 verdeutlicht diese Veränderungen.

Eine weitere nennenswerte Reform betrifft das System der Landabgaberente (MTP). Die Betriebsgröße kann nicht nur durch die Übertragung von Eigentumsrechten, sondern auch durch die Übertragung von Nutzungsrechten erhöht werden. Für den Fall einer mehr als zehnjährigen Verpachtung an Dritte kann - in Übereinstimmung mit der Reform vom Januar 1977 - eine besondere Unterstützung in Höhe von 770 000 Yen gezahlt werden. Ziel dieser Reform ist es, älteren Landwirten einen Anreiz zur Verpachtung zu geben und somit die Betriebsgrößen in der Landwirtschaft aufzustocken. Das ist eine wichtige agrarstrukturelle Maßnahme; denn die größenbedingten Produktivitätsunterschiede sind in der japanischen Landwirtschaft außerordentlich hoch. Die intensive Nutzung vergleichsweise kleiner Anbauflächen ist vorherrschend. Bei der Agrarreform nach dem 2. Weltkrieg wurde eine durchschnittliche Betriebsgröße von 1 ha für ausreichend gehalten, um die Einkommensparität der in der Landwirtschaft Beschäftigten zu Berufstätigen in anderen Sektoren zu erreichen. Bei beschleunigtem allgemeinem Wirtschaftswachstum stiegen jedoch die Einkommensdifferenzen zwischen den Sektoren; gleichzeitig wurde eine große Anzahl von Arbeitsplätzen außerhalb der Landwirtschaft geschaffen. Aufgrund struktureller Verschiebungen in der Allokation des Faktors Arbeit werden in der Agrarproduktion weniger ständig Beschäftigte benötigt. Diese Verschiebung wurde von einer Substitution der Arbeitskraft durch Kapital begleitet. Demzufolge ergibt sich auf der Makro-Ebene eine gestiegene Produktivität je Arbeitskraft bei höherer Kapitalintensität. Aus der fast unveränderten Größe der durchschnittlich bebauten Fläche ergibt sich, daß Kapital im Verhältnis zum Boden kein knapper Faktor ist und die Arbeitsproduktivität auf der Mikro-Ebene stark differiert. Neben der Arbeitsproduktivität schwankt auch die Kapitalproduktivität in Abhängigkeit von der Betriebsgröße (vgl. Tabelle 7). Vor diesem Hintergrund wird verständlich, daß mit der landwirtschaftlichen Rentenversicherung auch ein Beitrag zur Aufstockung der landwirtschaftlichen Betriebsgröße angestrebt wird.

5. Schlußbemerkungen

In der kurzen Geschichte des japanischen Rentenversicherungssystems für die Landwirtschaft sind bereits einige vielversprechende agrarstrukturelle Ergebnisse zu beobachten: Aufstockung der Betriebsgröße; die Übertragung von Land an die jüngere Generation u.a.m. Dennoch müssen zur Erhöhung des Zielerreichungsgrades einige Schwächen im gegenwärtigen System beseitigt werden:

(1) Die Bindung der Rentenberechtigung an die Übertragung des Bodeneigentums an den Sohn oder Dritte wirkt angesichts der herrschenden Bodenspekulation in Japan zu restriktiv. Es wäre deshalb angemessen, Rentenansprüche für eine mehr als zehnjährige Verpachtung, häufiger als dies bisher der Fall ist, zu gewähren.

(2) Bisher haben nur die männlichen Haushaltsvorstände eine Berechtigung zur Mitgliedschaft; sie gilt nicht für Ehefrauen, obwohl letztere das Recht haben, in die nationale Rentenversicherung einzutreten. Analog dazu ist der männliche Haushaltsvorstand nicht mitgliedsberechtigt, wenn die Ehefrau Eigentümer des Betriebes ist. Daher sollte der Umfang der Mitgliedschaft erweitert werden, um den Ehepaaren in der Landwirtschaft eine bessere Altersvorsorge zu ermöglichen.

(3) Wegen der zeitlich späten Einrichtung der landwirtschaftlichen Rentenversicherung werden gegenwärtig

in den Fonds mehr Beiträge akkumuliert als Renten ausgezahlt werden. Allerdings könnte sich in naher Zukunft die finanzielle Lage verschlechtern, wenn die Zahl der in der Landwirtschaft Beschäftigten stark zurückgeht; dann haben die Landwirte eine im Vergleich zu anderen Rentenversicherungen höhere finanzielle Last zu tragen.

Eine Rationalisierung der Agrarproduktion sollte vorwiegend direkt über die Agrarstrukturpolitik verfolgt werden. Auch wenn das landwirtschaftliche Rentenversicherungssystem einen wichtigen Beitrag zur Leistungssteigerung der Landwirtschaft leisten kann, so sollte diese Maßnahme doch in ein Bündel anderer wirtschaftspolitischer Mittel eingebettet sein, um eine optimale Zielerreichung zu gewährleisten.

Tabelle 2: Anzahl der Beitragspflichtigen in der Rentenversicherung für Landwirte

Jahr	Zahl der Beitragspflichtigen (in 1000)	Beitragspflichtige in % der Beitrittsberechtigten
1971	908	47,5%
1972	1.016	53,2%
1973	1.065	55,8%
1974	1.154	60,4%
1975	1.164	60,9%
1976	1.132	59,3%
1977	1.125	58,9%
1978	1.117	58,5%
1979	1.101	57,6%

Tabelle 3: Anzahl der Beitragspflichtigen in der Rentenversicherung für Landwirte nach Verwaltungsbezirken

Bezirk	Anzahl der Beitragsberechtigten	Beitragspflichtige in % der Beitrittsberechtigten		
		Juli 71	März 73	Januar 80
Hokkaido	94.200	56.7 %	82.2 %	87.4 %
Tohoku				
Aomori	45.300	24.1 %	44.1 %	69.8 %
Iwate	64.000	21.3 %	50.1 %	60.0 %
Miyagi	60.600	37.9 %	63.9 %	71.1 %
Akita	56.500	15.9 %	59.4 %	79.1 %
Yamagata	62.400	62.6 %	73.9 %	79.6 %
Fukushima	82.200	19.7 %	60.7 %	69.0 %
Hokuriku				
Niigata	99.000	45.6 %	55.5 %	58.7 %
Toyama	25.100	45.9 %	66.2 %	58.4 %
Ishikawa	15.300	55.7 %	73.6 %	63.2 %
Fukui	15.800	43.5 %	65.0 %	52.2 %
Tokai				
Shizuoka	50.500	62.0 %	69.6 %	61.3 %
Gifu	34.000	28.7 %	41.3 %	44.0 %
Aichi	38.300	47.2 %	61.2 %	55.3 %
Mie	31.100	27.5 %	41.4 %	39.3 %
Kyushu				
Fukuoka	34.600	54.1 %	77.1 %	78.9 %
Saga	29.700	51.8 %	69.9 %	70.9 %
Nagasaki	31.100	20.2 %	47.0 %	61.8 %
Kumamoto	63.500	20.0 %	52.2 %	71.1 %
Oita	34.000	35.0 %	49.4 %	52.3 %
Miyazaki	45.700	38.5 %	58.2 %	63.4 %
Kagoshima	67.200	46.1 %	56.8 %	54.5 %
Megalopolis				
Tokyo	6.000	11.9 %	20.6 %	22.5 %
Kanagawa	21.700	12.4 %	34.2 %	34.0 %
Osaka	7.800	16.1 %	24.5 %	32.3 %
Kyoto	15.000	6.8 %	22.0 %	35.2 %

Tabelle 4: Auswirkungen der Landabgabe auf die Altersstruktur der Landwirte

Alter	Betriebsnachfolger		Männliche Haushaltsvorstände	
	Anzahl	Verhältnis	Anzahl	Verhältnis
Unter 24	3.772	11.5 %	8.000	0.2 %
25 - 29	11.457	35.0 %	62.500	1.4 %
30 - 34	11.419	34.8 %	140.800	3.1 %
35 - 39	5.002	15.3 %	306.200	6.8 %
40 - 49	1.074	3.3 %	1.365.800	30.4 %
50 u. älter	43	0.1 %	2.609.000	58.1 %
Total	32.767	100.0 %	4.492.300	100.0 %

Tabelle 5: Auswirkungen der Landabgabe an Dritte auf die Betriebsgröße

Betriebsgröße in ha	Anzahl der Personen vor der Landabgabe	Anzahl der Personen nach der Landabgabe	Verhältnis vor der Landabgabe	Verhältnis nach der Landabgabe
unter 0.3	1	0	0.1%	0.0%
0.3 - 0.5	48	2	5.7%	0.2%
0.5 - 0.7	157	33	18.8%	3.9%
0.7 - 1.0	165	113	19.7%	13.5%
1.0 - 1.5	223	251	26.6%	30.0%
1.5 - 2.0	110	194	13.1%	23.2%
2.0 - 2.5	60	102	7.2%	12.2%
2.5 - 3.0	33	55	3.9%	6.6%
3.0 - 5.0	35	77	4.2%	9.2%
5.0 und größer	5	9	0.6%	1.1%
Total	837	837	100.0%	100.0%

Tabelle 6: Veränderung in den Versicherungsprämien seit 1974

Zeitraum	Allgemeine Prämie (pro Monat)	Sonderprämie (für Betriebs-nachfolger)
Jan. 1971-Dez. 1974	750 Yen	--- Yen
Jan. 1975-Dez. 1976	1 650 Yen	--- Yen
Jan. 1977-Dez. 1977	2 450 Yen	1 750 Yen
Jan. 1978-Dez. 1978	2 870 Yen	2 050 Yen
Seit Jan. 1979	3 290 Yen	2 350 Yen

Tabelle 7: Produktivitäten in Abhängigkeit von der Betriebsgröße

<table>
<tr><th rowspan="2">Betriebsgröße in ha</th><th colspan="3">Arbeitsproduktivität *</th><th colspan="3">Bodenproduktivität **</th><th colspan="3">Kapitalproduktivität ***</th></tr>
<tr><th>'66</th><th>'71</th><th>'76</th><th>'66</th><th>'71</th><th>'76</th><th>'66</th><th>'71</th><th>'76</th></tr>
<tr><td>0.1 - 0.3</td><td>52</td><td>55</td><td rowspan="2">48</td><td>95</td><td>89</td><td rowspan="2">78</td><td>48</td><td>59</td><td rowspan="2">66</td></tr>
<tr><td>0.3 - 0.5</td><td>59</td><td>60</td><td>101</td><td>86</td><td>65</td><td>64</td></tr>
<tr><td>0.5 - 1.0</td><td>69</td><td>70</td><td>63</td><td>116</td><td>114</td><td>109</td><td>71</td><td>85</td><td>89</td></tr>
<tr><td>1.0 - 1.5</td><td>78</td><td>81</td><td>73</td><td>121</td><td>128</td><td>118</td><td>82</td><td>96</td><td>97</td></tr>
<tr><td>1.5 - 2.0</td><td>87</td><td>90</td><td>84</td><td>114</td><td>119</td><td>115</td><td>91</td><td>103</td><td>102</td></tr>
<tr><td>2.0 -</td><td>100</td><td>100</td><td>100</td><td>100</td><td>100</td><td>100</td><td>100</td><td>100</td><td>100</td></tr>
</table>

*) Kennziffer berechnet als Yen/10 Std.

**) Kennziffer berechnet als 1000 Yen/10 a

***) Kennziffer berechnet als Yen/1000 Yen

PROBLEME DER SOZIALEN SICHERUNG UND DER SOZIALPOLITIK IN DER LANDWIRTSCHAFT DER BUNDESREPUBLIK DEUTSCHLAND

Theodor Dams

1. Vorbemerkung

Agrarpolitik war lange Zeit interne Markt- und internationale Handelspolitik; hinzu kam - mit stark wachsender Gesamtwirtschaft - die Strukturpolitik im Agrarbereich, um die Anpassung der Landwirtschaft und die Mobilität der agrarischen Produktionsfaktoren zu fördern. Als "vierte Säule" kam dann - in der Bundesrepublik Deutschland im Jahre 1957, mit dem Gesetz über die Altershilfe für Landwirte - die Sozialpolitik. Vergleichbare Erscheinungen und Entwicklungen sind auch in anderen marktwirtschaftlich orientierten Industriestaaten festzustellen. Das ist einer der Gründe, auch den Agrarsektor als Objekt der vergleichenden Untersuchungen auf diesem Nagoya-Freiburg-Seminar zu behandeln. Mit der Aufnahme der Agrarsozialpolitik in die Gesamtagrarpolitik ist diese noch komplexer als vorher geworden; das liegt einmal daran, daß sie in sich differenziert ist (Alterssicherung, Kranken- und Unfallversicherung), und zum anderen, daß zu anderen Bereichen der Wirtschafts- und Gesellschaftspolitik enge Wechselbeziehungen bestehen. In einer solchen Situation steht Information über das jeweilige System, die Darlegung seiner einzelnen Elemente im Vordergrund der folgenden Abhandlung, um eine Grundlage für einen Vergleich zu erarbeiten und vergleichbare Problemstellungen herauszufinden. - Als Materialbasis wird insbesondere das im Jahre 1979 vorgelegte Gutachten des Wissenschaftlichen Beirats des Bundesministeriums für Ernährung, Landwirtschaft und Forsten [1] herangezogen.

1) Agrarsozialpolitik - Situation und Reformvorschläge. Gutachten. Münster-Hiltrup 1979

2. Verschiedene Aspekte der Agrarsozialpolitik

Es gibt verschiedene Gründe, die in den letzten beiden Jahrzehnten für den Ausbau der Sozialpolitik im Bereich der Landwirtschaft anzuführen sind:

a) Im Zuge der Industrialisierung ist auch der Anspruch der Selbständigen, das gilt ebenfalls für die Landwirtschaft, auf stärkere Sicherung der Altersversorgung (Renten) gestiegen. Es sind für die Landwirtschaft sowohl direkt die Erhöhung der Einkommen über steigende Agrarpreise als auch indirekt ihre Entlastung über staatliche Zuschüsse zur sozialen Sicherung von Wichtigkeit. Von beiden Seiten her wird durch eine stärkere Präsenz des Staates eine Verbesserung der Lebensverhältnisse angestrebt.

b) Der Strukturwandel der Landwirtschaft, d.h. die Abnahme der Zahl der Betriebsleiter, hat dazu geführt, daß sich das Verhältnis von Beitragszahlern und Rentenempfängern verschlechtert hat; das gilt auch für die Unfallversicherung. Auch in anderen Sektoren, wie etwa im Bergbau, liegt eine vergleichbare Problematik vor. Vor dem Hintergrund der Abwanderung aus der Landwirtschaft und der dadurch bewirkten Veränderung der Alterspyramide funktioniert der "Generationen-Vertrag" als "Solidargemeinschaft" nicht. Alte Systeme der sozialen Sicherheit in der Landwirtschaft (Altenteil) reichen nicht mehr aus. - So betrachtet ist die Agrarsozialpolitik auf die Finanzzuschüsse des Staates angewiesen. Die staatlich stark bezuschußte Agrarsozialpolitik ist so zu einem guten Teil eine Konsequenz des landwirtschaftlichen Strukturwandels.

c) Von dieser Feststellung ist es nur ein kleiner Schritt zu der Konzeption, agrarsoziale Maßnahmen auch - gewissermaßen als Nebenbedingungen - als ein Instrument des agrarstrukturellen Wandels einzusetzen. Die staatlichen Subventionen, im sozialen Bereich im allgemeinen ohne Verhaltensauflagen gewährt, wurden an die Bedingung geknüpft, daß die Empfänger landwirtschaftlicher Altersrenten ihren agrarischen Hauptberuf aufgeben müssen. Damit wird die Zahl der Betriebe und der Arbeitskräfte verringert sowie der Altersaufbau der Gruppe der Betriebsleiter verbessert.

d) In der Europäischen Wirtschaftsgemeinschaft, der die Bundesrepublik Deutschland angehört, haben sich ihre Mitgliedstaaten zur Verfolgung einer Gemeinsamen Agrarpolitik verpflichtet. Während die internationale Handels- und die interne Marktpolitik im Bereich der Landwirtschaft "vergemeinschaftet" ist, gehören Agrarstrukturpolitik und -sozialpolitik in den Kompetenzbereich des jeweiligen Nationalstaates; letztere noch mehr als die Agrarstrukturpolitik, die über eigene gemeinsame Finanzierungsmittel verfügt. - In der Tat gibt es in den einzelnen Ländern der EWG nicht nur unterschiedliche Höhen der Sozialleistungen an die Landwirte, sondern die Systeme der sozialen Sicherung sind vollkommen verschieden. - Dieser Sachverhalt ist sowohl für die Gemeinsame Agrarpolitik der EG als auch für die Weiterentwicklung des sozialen Sicherungssystems auf nationalstaatlicher Ebene nicht unerheblich.

In seinem Referat hat K. Jojima die Frage gestellt, ob die Sozialpolitik für alle Länder allgemeingültig konzipiert sein müßte. Aus den Ausführungen zur sozialen Sicherung in der Landwirtschaft wird jedoch deutlich, daß auch innerhalb eines Landes - in unserem Falle der Bundesrepublik Deutschland - diese Einheitlichkeit des sozialen Sicherungssystems nicht besteht; so gibt es sektorale Unterschiede der sozialen Sicherung durch staatliche Gesetzgebung für den Bereich der Landwirtschaft.

3. Unterschiedliche Orientierung der Agrarsozialpolitik innerhalb der EG [1)]

Bei einem Vergleich der sozialen Sicherungssysteme auf der Ebene der EG-Staaten zeigen sich folgende grundsätzliche Unterschiede:

(a) bei der Trägerschaft der sozialen Sicherung;

(b) in der Höhe der Beiträge der Versicherten, der Leistungen, die sie erhalten, und der staatlichen Zuschüsse.

Das Bild ist in der Wirtschaftswirklichkeit noch vielfältiger, weil in einem Land bei den Teilsystemen der agrarsozialen Sicherung unterschiedliche Träger gewählt werden können (so z.B. für Alterssicherung und Familienbeihilfen).

Zwei entgegengesetzte Konzepte werden z.B. bei der Alterssicherung vertreten:

(a) In den Niederlanden (wie auch in Italien und Dänemark) gibt es eine "Allgemeine Altersversicherung" für die gesamte Bevölkerung, in die Arbeitnehmer, Selbständige (und dabei sind die Landwirte einbezogen) und Beamte obligatorisch einbezogen sind.

(b) In der Bundesrepublik Deutschland (wie in anderen EG-Staaten) wird ein Sondersystem für die Landwirtschaft praktiziert. -

In allen Fällen werden staatliche Zuschüsse gezahlt, um den Unterschiedsbetrag zwischen Leistungen und Beitragsaufkommen abzudecken.

Es gibt hier sicherlich einige Konflikte bei der europäischen Agrarintegration: Auf der einen Seite ist die Sozialpolitik im Bereich der Landwirtschaft ein Bestandteil der Gemeinsamen Agrarpolitik; auf der anderen Seite ist sie in ihrem Verhältnis zur allgemeinen Sozial-

---

1) siehe Anhang

politik zu sehen. Und für letztere hatte der EWG-Vertrag keineswegs eine Harmonisierung auf gemeinschaftlicher Ebene vorgesehen. - Der EWG-Vertrag verpflichtet die Mitgliedstaaten, die Gemeinsame Agrarpolitik auf die Verbesserung der Lebenshaltung der landwirtschaftlichen Bevölkerung auszurichten. Die Sozialpolitik im Bereich der Landwirtschaft ist eines der Instrumente dieser Zielerreichung; sie kann durch staatliche Finanzhilfen auf der Entstehungsseite des Sozialproduktes Entlastungen und auf der Verwendungsseite des Sozialproduktes Besserstellungen bewirken. Demgegenüber ist die Preispolitik, die ein wesentlicher Bestandteil der Einkommenspolitik ist, vergemeinschaftet. Trotz dieser Zusammenhänge wird es bei der nationalstaatlich bestimmten Sozial- und Agrarsozialpolitik der jeweiligen Mitgliedstaaten in der EG bleiben, wobei die Tendenz unverkennbar ist, bei Einbußen der landwirtschaftlichen Einkommen durch die Preispolitik auch sozialpolitische Maßnahmen kompensierend einzusetzen [1]. - Demgegenüber ist die EWG im Bereich der Agrarstrukturpolitik mit Maßnahmen sozialen Charakters weniger zurückhaltend gewesen (anteilige Finanzierung national-staatlicher Ausgaben für Landabgaberenten).

4. Allgemeiner Überblick über das System der Agrarsozialpolitik

Für selbständige Landwirte wurde in der Bundesrepublik Deutschland ein eigenständiges, von der gesetzlichen Sozialversicherung für die Berufstätigen in anderen Wirtschaftsbereichen weitgehend unabhängiges System der

---

1) So heißt es im schriftlichen Bericht des Ausschusses "Land- und Ernährungswirtschaft" des Deutschen Bundestages in dem schriftlichen Bericht zur Verabschiedung des "Gesetzes über die Krankenversicherung der Landwirte" (9.6.1972): "Der Anpassungsprozeß der deutschen Landwirtschaft an die veränderten Strukturen des Gemeinsamen Marktes soll durch sozialpolitische Maßnahmen erleichtert werden."

sozialen Sicherung geschaffen [1]. Es umfaßt die folgenden Bereiche:

a) Die Altershilfe (Rentenversicherung) für Landwirte; sie gliedert sich auf in die eigentliche Altershilfe, die Gewährung einer Landabgaberente sowie Zuschüsse zur Nachentrichtung von Beiträgen zur gesetzlichen Arbeiter- und Angestelltenversicherung. Die Konzeption folgt dem "Äquivalenz-Prinzip" [2].

b) Die landwirtschaftliche Krankenversicherung, bei der nicht nur die finanziellen Leistungen für die Heilbehandlung der landwirtschaftlichen Selbständigen und ihren Familienangehörigen angesprochen wird, sondern bei der Struktur der Landwirtschaft (Familienbetriebe) kann bei zeitweiliger Arbeitsunfähigkeit die Bewirtschaftung des Unternehmens gefährdet sein. - Hier gilt das "Solidaritäts-Prinzip" [3]. - Es wird an Stelle von Krankengeld eine Betriebshilfe vorgesehen, um die Bewirtschaftung der Betriebe zu sichern.

c) Die landwirtschaftliche Unfallversicherung, die als älteste der sozialen Einrichtungen im Laufe der Zeit eine Ausweitung erfahren hat: Sie wurde 1886 für landwirtschaftliche Arbeitnehmer geschaffen, in die (bereits) 1939 auch die landwirtschaftlichen Unternehmer durch Gesetz einbezogen wurden. "In engem Zu-

1) Wissenschaftlicher Beirat beim Bundesministerium für Ernährung, Landwirtschaft und Forsten, Agrarsozialpolitik - Situation und Reformvorschläge. Gutachten. Münster-Hiltrup 1979

2) "Der Umfang der Geldleistungen, die der einzelne Versicherte erwarten darf, orientiert sich an der Höhe der Beiträge, die er selber geleistet hat."

3) "Alle zu versichernden Risiken werden von allen Versicherten getragen, wobei die Leistungen unabhängig von der Beitragshöhe gewährt werden."

sammenhang mit den sozialökonomischen Wandlungen in der Landwirtschaft entstand bei den landwirtschaftlichen Unternehmern und ihren Familienangehörigen ein besonderes Schutzbedürfnis gegen das Risiko des Arbeitsunfalles."

In den nachfolgenden Ausführungen steht die Altershilfe für Landwirte im Vordergrund der Betrachtung. Das System wird in seinen Grundzügen aufgezeichnet, wobei - aus dem sektoralen Bezug - die Verteilungswirkungen, die Aspekte der Strukturpolitik sowie die finanzpolitischen Leistungen des Staates ausgewiesen werden. Auf die beiden anderen Elemente der Agrarsozialpolitik wird ergänzend eingegangen. - Nach dieser skizzenhaften Analyse sollen einige Gedanken entwickelt werden, wie sie zur Zeit in der Diskussion um eine Reform der Agrarsozialpolitik geäußert werden.

5. Die Altershilfe für Landwirte

5.1 Das System

Im September 1955 wurde das sogenannte Landwirtschaftsgesetz vom Deutschen Bundestag - mit der Zustimmung aller Parteien - verabschiedet; es wird als "Grundgesetz" für die Stellung der Landwirtschaft in der Gesamtwirtschaft und für die vergleichbare Entlohnung des Faktoreinsatzes in der Landwirtschaft angesehen. Es verpflichtet jedoch auch den Gesetzgeber, die "soziale Lage der in der Landwirtschaft tätigen Menschen an die vergleichbarer Berufsgruppen" anzugleichen. Die gesetzliche Grundlage wurde 1957 verabschiedet ("Gesetz über die Altershilfe für Landwirte"); die ursprünglich relativ bescheidene soziale Absicherung wurde inzwischen in sieben Novellierungen im System und in der Höhe der Leistungen erheblich ausgebaut. Sie beziehen sich - in der zeitlichen Reihenfolge - auf folgende Gebiete:

Gewährung eines vorzeitigen Altersgeldes bei Erwerbsunfähigkeit (1963); Möglichkeit der freiwilligen Versicherung für einen begrenzten Kreis der mithelfenden Familienangehörigen (1965); Einbeziehung von Maßnahmen der Rehabilitation (1965); Einführung der Landabgaberente (1969); Zuschuß zur Nachentrichtung von Beiträgen zur gesetzlichen Rentenversicherung (1971); Dynamisierung und Staffelung des Altersgeldes (1973).

Gegenwärtig (1979) zahlen selbständige Landwirte 63,-- DM im Monat, mithelfende Familienangehörige zahlen die Hälfte. Die Rentenhöhe betrug (1978) als Grundbetrag für Verheiratete 398,-- DM, für Alleinstehende 265,60 DM; für mithelfende Familienangehörige 132,80 DM. - Sofern mehr als 180 Monate Beiträge entrichtet wurden, steigt für jedes volle weitere Beitragsjahr die Rente um 3% [1]. Waisengelder werden bei Halbwaisen in Höhe von 1/6, bei Vollwaisen von 1/3 des Altersgrundbetrages gezahlt (siehe frühere Ausführungen).- Renten, die von anderen Versicherungsträgern gezahlt werden, sind in Abzug zu bringen. - Unter Rehabilitationsmaßnahmen wird verstanden, daß Beitragspflichtige oder Empfänger vorzeitigen Altersgeldes Finanzhilfen erhalten können, um durch Heilverfahren ihre Erwerbsfähigkeit wieder herzustellen; und während dieser Zeit wird Betriebs- und Haushaltshilfe gezahlt, so daß Unternehmen und Haushalt ohne große Schwierigkeiten weitergeführt werden können.

5.2 Landabgabe-Rente

Der agrarstrukturelle Aspekt der landwirtschaftlichen Alterssicherung kam dadurch zum Ausdruck, daß neben der Erreichung der Altersgrenze (65 bzw. 60 Jahre) die hauptberufliche Landbewirtschaftung aufgegeben werden muß. Damit soll die Betriebs- und Bodenmobilität ge-

1) Nach 21 Jahren (Fall 1978) maximale Zahlungen: 469,70 DM; 313,50

steigert werden. Darauf zielt auch die Einbeziehung der Landabgabe in das System der Agrarsozialpolitik ab. Ab 55. Lebensjahr, wenn der Betrieb nicht eine Vollexistenz ist und dem Landwirt nicht eine andere Tätigkeit vermittelt werden kann, ist die Zahlung einer Landabgaberente möglich; für 60 Kalendermonate müssen vorher Beiträge in die landwirtschaftliche Alterskasse gezahlt worden sein [1]. Die Landabgaberente wird dem Grundbetrag des Altersgeldes zugeschlagen; die Beträge sind 175,-- DM bei Verheirateten und 115,-- DM bei Ledigen (d.h. insgesamt 573,-- DM bzw. 300,-- DM/Monat). Sofern Altersrente oder eine andere Rente gezahlt werden, wird diese wiederum bei der Landabgaberente als Kürzung berücksichtigt.

5.3 Nachentrichtung von Beiträgen zur gesetzlichen Rentenversicherung

Sofern ein Landwirt seinen Hauptberuf aufgibt und als Arbeitnehmer in die gesetzliche Rentenversicherung eintritt, kann er Beiträge bei diesem Träger nachentrichten, die dann zu 70% vom Staat subventioniert werden[2]. Voraussetzung ist, daß die Begünstigten ihren Betrieb für strukturverbessernde Maßnahmen aufgeben. - Gerade bei dieser Maßnahme wird deutlich, wie stark Struktur - und Sozialpolitik miteinander verbunden sind.

6. Voraussetzungen und Konsequenzen der Altershilfe

6.1 Allgemeine Übersicht

Nachdem die Grundzüge des deutschen Systems der landwirtschaftlichen Rentenversicherung dargestellt wurde, sind die bisherigen Ergebnisse sowie die mittel- und lang-

---

1) Gleiches gilt für Unternehmer nicht entwicklungsfähiger Betriebe, wenn sie das 60. Lebensjahr vollendet haben oder berufsunfähig sind.
2) Das trifft auch zu, wenn früher eine Beschäftigung als versicherungspflichtiger Arbeitnehmer vorgelegen hat und jetzt eine Nachentrichtung von Beiträgen angestrebt wird.

fristigen Konsequenzen dieser Regelung auszuweisen [1]. Vor allem sind es vier Fragen, die zur Diskussion stehen: (1) Welcher Personenkreis erhält eine soziale Sicherung für das Alter, und wie wirkt sich das derzeitige System auf die einzelnen Zielgruppen aus? (2) Welche Verteilungswirkungen ergeben sich aus dem System der landwirtschaftlichen Altershilfe? (3) Welche Auswirkungen hatte die Regelung auf die agrarstrukturelle Entwicklung? (4) Welche finanzpolitischen Konsequenzen ergeben sich aus der sektoral organisierten sozialen Sicherung? - Der außerordentlich komplizierte und differenzierte Zusammenhang kann inhaltlich nur sehr verkürzt dargestellt werden.

6.2 Der Personenkreis der landwirtschaftlichen Alterssicherung

Nach Zielgruppen aufgegliedert sind folgende Kategorien bei der gesetzlichen Alterssicherung der Landwirtschaft zu berücksichtigen: Landwirtschaftliche Unternehmer(innen); ihre Hofnachfolger(innen); sonstige mitarbeitende Familienangehörige; landwirtschaftliche Arbeitnehmer(innen) sowie die Ehegatten und evtl. die Berücksichtigung der Kinder (Einbeziehung der Kindererziehung) [2].

---

1) In Anlehnung an die Ausführungen von A. Oberhauser werden dabei die generellen Finanzierungsprobleme und die durch die Änderungen der Erwerbsstruktur entstehenden Schwierigkeiten besonders hervorgehoben.

2) Gemeint ist hier die Diskussion und Vorschläge der Einbeziehung der Kindererziehung in das soziale Sicherungssystem (z.B. Zahlung eines Erziehungsgeldes oder zusätzliche Anrechnung von Versicherungsjahren für Ehepaare mit Kindern).

Im eigentlichen Sinne pflichtversichert sind nur die landwirtschaftlichen Unternehmer und die landwirtschaftlichen Arbeitnehmer, jeweils in verschiedenen Trägern. Alle anderen Gruppen können ihre Alterssicherung nur dann erreichen, wenn sie als mithelfende Familienangehörige entweder freiwillig für eine Alterssicherung sorgen oder als Arbeitnehmer ein entsprechendes Vertragsverhältnis im Betrieb [1] eingehen [2] oder außerhalb der Landwirtschaft Arbeitnehmer sind; daraus ergeben sich nicht nur Nachteile für die soziale Lage im Alter, sondern auch bei vorzeitiger Erwerbsunfähigkeit kann ihre Situation prekär werden (Fehlen eines obligatorischen Schutzes). - Diese Abgrenzung des Personenkreises zur landwirtschaftlichen Altershilfe - mit ihren Nachteilen - wird als "willkürlich" bezeichnet: (1) Die Hofnachfolger treten erst nach Übernahme des Betriebes (im Durchschnitt mit 33 Jahren, oft weit darüber) in die Alterskasse ein; ein beträchtlicher Teil ihres Erwerbslebens bleibt unberücksichtigt. (2) Bei späterem Wechsel in ein außerlandwirtschaftliches Arbeitnehmerverhältnis sind die versicherungspflichtigen Zeiten nach Jahren geringer und damit der spätere Rentenanspruch niedriger. (3) Eine Hinterbliebenenversorgung - aus der Alterssicherung - wird nur für den Ehegatten des landwirtschaftlichen Unternehmers gezahlt; d.h. die Hinterbliebenen des Hofnachfolgers und der mithelfenden Familienangehörigen bleiben ungesichert. - Schließlich ist noch zu berücksichtigen, daß die Höhe der Altersrenten dadurch beeinflußt wird, welche Entlohnung im Falle eines "betriebsinternen" und "intra.familiären" Arbeitsverhältnisses zu Grunde gelegt wird.

---

1) 1977 hatten nur 27% der in der landwirtschaftlichen Krankenkasse versicherten mitarbeitenden Familienangehörigen einen Arbeitsvertrag.

2) Nur ältere mitarbeitende Familienangehörige haben ein Recht zur freiwilligen Mitgliedschaft in einer landwirtschaftlichen Alterskasse, wenn sie am 1.5.1965 das 50. Lebensjahr vollendet hatten. Mitarbeitende Familienangehörige sind in der Altershilfe für Landwirte versichert, wenn sie hauptberuflich als Mitunternehmer tätig sind.

6.3 Die Verteilungswirkungen der landwirtschaftlichen Alterssicherung

Staatliche Zuschüsse werden sowohl bei dem allgemeinen System der Rentenversicherung als auch bei dem sektoralen System der landwirtschaftlichen Altershilfe gezahlt. Da die staatlichen Budgetzahlungen im Falle der Landwirtschaft ungleich höher sind, ergeben sich Verteilungseffekte. Diese sind zweifacher Art: (a) intersektorale Distribution, vom allgemeinen Steueraufkommen zum "Sektor Landwirtschaft"; (b) intrasektorale Verteilungseffekte, je nachdem wie diese Transferzahlungen eingesetzt werden. - Zu beiden Sachverhalten werden nachfolgend einige Quantifizierungen vorgenommen [1]:

Intersektoral muß festgestellt werden, daß zu Lasten des Steuerzahlers bei der Alterssicherung der Landwirte ein sehr günstiges Beitrags-Leistungs-Verhältnis im Vergleich zu Allgemeiner Rentenversicherung des Arbeitnehmers und anderer Selbständigen vorliegt.

Der Wissenschaftliche Beirat hat (für 1977) folgende Berechnung vorgelegt: Um die damals vorliegende landwirtschaftliche Altersrente von 362,-- DM (nach 15 Beitragsjahren) zu erhalten, mußte der selbständige Landwirt 63,-- DM/Monat zahlen; ein Arbeitnehmer hätte, um diese Rentenversicherung zu erreichen, demgegenüber 289,-- DM/Monat zahlen müssen; d.h., in jedem Monat wurden aus öffentlichen Mitteln 226,-- DM zugelegt (= 78,3%), auf das Jahr bezogen waren es 2.712,-- DM [2].

---

1) Wissenschaftlicher Beirat beim Bundesministerium für Ernährung, Landwirtschaft und Forsten, Agrarsozialpolitik - Situation und Reformvorschläge. Gutachten. Münster-Hiltrup 1979

2) Auf die Altersklassen bezogen, liegt der Beitrag jeweils 4,-- DM/Monat höher (Verwaltungskosten usw.).

Oder anders formuliert: Nur ein Fünftel des gezahlten Altersgeldes entspricht dem Äquivalenzprinzip (Umlageverfahren) [1]. Die absolute Höhe der Beitragsvergünstigungen steigt in dem Umfange, wie die Altersgeldzahlungen steigen und die Zahl der Beitragsjahre zunimmt [2].

Bei einer Beurteilung der intrasektoralen Verteilung ist zu berücksichtigen, wie sich das Beitrags-Leistungsverhältnis bei mehr als 15 Jahren Zugehörigkeit verändert und welche Bemessungsgrundlage für die einzelnen Beitragszahlungen der Landwirte herangezogen wird. Um beim letztgenannten Kriterium zu beginnen: Jeder Landwirt zahlte einheitlich (1978: 63,-- DM/Monat) - ohne Rücksicht auf seine persönlichen Einkommensverhältnisse - seinen Beitrag an die Landwirtschaftliche Alterskasse.

Damit erhält jeder selbständige Landwirt eine Beitragssubvention, d.h., es erfolgt eine Kostenentlastung auf der Aufwandsseite des landwirtschaftlichen Betriebes in der vorher genannten Größenordnung. - Das Beitrags-Leistungs-Verhältnis ist dann am günstigsten, wenn ein Landwirt nur die Mindestzeit von 15 Jahren erfüllt; bis zu diesem Zeitpunkt erreicht er je Beitragsjahr eine Rentenwirksamkeit von 6,7% des Altersgeldgrundbetrages, nach dem 15. Jahr dagegen nur noch 3%. "Das Resultat dieser Rentenbemessungsgrundlage ist eine Umverteilung von Rentenleistungen zugunsten von Landwirten mit kurzen Beitragszeiten" [3], hervorgerufen durch "unterschiedliche familienspezifische Generationsfolge" (Alter des Hofnachfolgers) sowie Zahlungen von Beitragssubventionen an Landwirte, "die ihrer aufgrund ihrer Einkommen nicht

1) Bezüglich der Rentenversicherung siehe: A. Oberhauser, Pkt. 7, S. 3 und 6
2) Relativ ist eine Abnahme zu verzeichnen, so z.B. bei 20 Beitragsjahren auf 74,8% Staatszuschuß.
3) Wissenschaftlicher Beirat beim Bundesministerium für Ernährung, Landwirtschaft und Forsten. Agrarsozialpolitik - Situation und Reformvorschläge. Gutachten. Münster-Hiltrup 1979

bedürfen".

6.4 Auswirkungen auf die agrarstrukturelle Entwicklung

Die landwirtschaftliche Alterssicherung ist dadurch gekennzeichnet, daß sozial- und strukturpolitische Elemente miteinander verbunden werden. Darin liegt eine doppelte Problematik: (a) Das soziale Sicherungssystem wird mit Aufgaben belastet, die außerhalb der eigenen eigentlichen Zielsetzung liegen (z.B. Umverteilung der Einkommen intersektoraler Art); (b) die mit der Agrarsozialpolitik verbundene Nebenbedingung, die Mobilität der in der Landwirtschaft eingesetzten Produktionsfaktoren (Boden- und Humankapital) zu steigern und dadurch Wachstumsverluste zu verringern, ist kaum in ihren Effekten meßbar. - Die sogenannte "Hofabgabeklausel" ist als strukturpolitisches Instrument anzusehen. Der Wissenschaftliche Beirat hat in diesem Zusammenhang folgende Auffassung vertreten: (a) Aus grundsätzlichen Erwägungen heraus ist die Kopplung einer Zahlung eines Altersgeldes an die Hofübergabe problematisch, denn der Landwirt hat durch seine Beiträge ein Anrecht auf Altersrente (zumindest zu einem guten Fünftel nach dem Äquivalenz-Prinzip; die Bundeszuschüsse könnten abgezogen werden). (b) In kleinbäuerlichen Betrieben reicht die Altersrente bei Verpachtung der Flächen nicht aus, um einen angemessenen Lebensstandard zu erreichen. - Der Einfluß der Alterssicherung auf das Abwanderungsverhalten der Landwirte zu außeragrarischen Tätigkeiten (als Arbeitnehmer) ist sehr schwierig abzuschätzen. Bliebe noch die strukturpolitische Wirkung der Landabgaberente; sie soll - nach den vorliegenden Erhebungen - nicht wesentlich zur zusätzlichen Bodenmobilität (zur Aufstockung entwicklungsfähiger landwirtschaftlicher Betriebe) beigetragen haben; das ist auf die relativ geringen Einkommensverbesserungen durch diese Maßnahme zurückzuführen (seit 1969 bis 1977: knapp 46.000 Betriebe mit rund 453 000 ha landwirtschaftlicher Nutzfläche). - Insgesamt gesehen scheint daher die Frage berechtigt, ob ausschließlich aus agrarstrukturellen

Gründen (bekanntlich werden auch aus Gründen der EG-Problematik zusätzliche sozialpolitische Leistungen des Staates gefordert) die Sonderstellung der Landwirtschaft in der Sozialpolitik gerechtfertigt ist.

6.5 Finanzielle Konsequenzen aus der sektoral organisierten Altershilfe

Der Ausbau der sozialen Sicherung in der Landwirtschaft (siehe: Pkt. 5.1), die Zunahme der Zahl der Leistungsempfänger und die höheren Ansprüche aufgrund von längeren Beitragszahlungen führten zu stetig steigenden staatlichen Aufwendungen: 1958 betrugen die Leistungsausgaben der Landwirtschaftlichen Altershilfe 164,6 Mill. DM; im Jahre 1977: 2,361 Mrd. DM. - Dieses hat für den Haushalt des zuständigen Ministeriums (BELF) erhebliche Konsequenzen: Zur Zeit ist knapp ein Drittel durch die Zuschüsse zur Alterssicherung gebunden [1]. Im gleichen Jahr standen 677 467 Zahlern (Unternehmer, Weiterversicherte, mithelfende Familienangehörige) 566 758 Empfänger (Unternehmer, Verwitwete, Familien-Mitarbeiter) gegenüber.

Die Landabgaberenten werden voll aus dem Bundeshaushalt finanziert (1977: 176,5 Mill. DM). - Weiterhin gewährte der Bund 1,6 Mill. DM (als 70%iger Zuschuß) für Nachentrichtungen von Beiträgen zur gesetzlichen Versicherung.

Entscheidend ist nun die Abschätzung des künftigen öffentlichen Finanzbedarfs, wenn <u>am derzeitigen System festgehalten</u> wird. Verschiedene Faktoren wirken auf die Höhe der Leistungsausgaben ein: (1) Die Zahl der Altersgeldempfänger wird nur unwesentlich fallen [2] (1977: 613 652;

---

1) 1977: Bundeszuschuß 1,61 Mrd.; Beiträge der Landwirtschaft 515,3 Mill; Leistungen der Alterskassen: 2,044 Mrd. DM.

2) Bei Abschätzung zwischen 2,0 und 3%/Jahr Abnahme der Zahl der landwirtschaftlichen Betriebe

1991: 574 344). (2) Das allgemeine Leistungsniveau der Renten wird steigen und die Anwartschaft nach Beitragsjahren zunehmen [1]. (3) Die Ansprüche auf Landabgaberenten werden sich verringern, da Ansprüche auf landwirtschaftliche Altershilfe sich zunehmend als kürzend auswirken. - Die unter (2) und (1) genannten Fakten werden die Leistungsausgaben der landwirtschaftlichen Altershilfe auf das 2,7-fache (1991 gegenüber 1977) auf 6,3 Mrd. DM ansteigen lassen. - Wenn die gesetzlich festgeschriebene Regelung von 1973 zur Anwendung kommt [2], steigen die Bundeszuschüsse aus dem Agrarhaushalt von 1,788 Mrd. (1977) auf 5,0 Mrd. DM (1991). Nach Berechnungen des Wissenschaftlichen Beirats werden - auf der Grundlage der Annahmen der mittelfristigen Finanzplanung - dann 36,6% des Agrarhaushalts als Zuschüsse zur Landwirtschaftlichen Altershilfe beansprucht.

Mit Recht wird daher - wie auch in den Bereichen der agrarischen Markt- und Preispolitik - die Frage gestellt, ob das landwirtschaftliche Alterssicherungssystem in der vorliegenden Form in Zukunft noch finanzierbar ist.

6. Die landwirtschaftliche Krankenversicherung

Ab Oktober 1972 besteht eine gesetzliche Krankenversicherung für Landwirte; sie wird als weiterer Beitrag zur "sozialen Parität" sowie zur Erleichterung der Anpassungen in der EWG zugunsten der in der Landwirtschaft Tätigen verstanden [3]. - Auch im Falle der Krankenversicherung

1) Je nach Steigerung der durchschnittlichen nominalen Brutto-Arbeitsentgelte (6% bis 10%)
2) 87,5% Bundesfinanzierung und nur 12,5% Beitragsfinanzierung; das bedeutet für 1991: 80 zu 20 Verteilung
3) So heißt es im schriftlichen Bericht des Ausschusses "Land- und Ernährungswirtschaft" des Deutschen Bundestages in dem schriftlichen Bericht zur Verabschiedung des "Gesetzes über die Krankenversicherung der Landwirte" (9.6.1972): "Der Anpassungsprozeß der deutschen Landwirtschaft an die veränderten Strukturen des Gemeinsamen Marktes soll durch sozialpolitische Maßnahmen erleichtert werden."

wurde auf eine berufsständische Organisation zurückgegriffen; verschiedene "Besonderheiten" werden dafür als Begründung angeführt [1].

Die Beitragsbemessung für Unternehmer und mitarbeitende Familienangehörige erfolgt - wegen fehlender Einkommensunterlagen - nach einem eigenen Maßstab (Flächenwert = ha-Wert auf Gemeindeebene x landwirtschaftlich genutzte Fläche des Betriebes oder nach Arbeitsbedarf). Der Gesetzgeber hat eine Mindest-Beitragsspanne verfügt (niedrigste zu höchste Beiträge), die 1:3 lautet [2]; sie wird de facto jedoch nicht eingehalten, d.h. die Differenzierung der Beiträge entspricht nicht der Streuung der Einkommen innerhalb der Landwirtschaft, und damit werden die einkommensstärkeren Betriebe begünstigt [3]. Außerdem werden nicht-landwirtschaftliche Einkünfte nicht berücksichtigt. Der Wissenschaftliche Beirat kommt in seiner Analyse zu dem Ergebnis, daß "nicht dem Solidaritätsprinzip Rechnung getragen wird..... wie es bei nichtlandwirtschaftlichen Krankenversicherungen" praktiziert wird; die "kleineren" Betriebe werden relativ stärker belastet. - In diesem Zusammenhang ist von Interesse, daß die landwirtschaftlichen Selbstverwaltungsorgane keineswegs der Mitgliederstruktur der Versicherten entspricht: Die Hälfte stellen die Zahler der höchsten Beitragsstufe, zu denen jedoch nur 12% der landwirtschaftlichen Unternehmer gehören.

---

1) So u.a.: Für Rentenempfänger zahlt der Staat die Beiträge; anstelle von Krankengeld erfolgt Zahlung von Betriebs- und Haushaltshilfe; es handelt sich um Selbständige. Bemessungsgrundlage ist nicht das Einkommen; Anspruch der Selbstverwaltung.

2) In der allgemeinen gesetzlichen Krankenversicherung beträgt sie 1:7 ("Geringfügigkeitsgrenze" als untere Versicherungspflichtgrenze).

3) Nach dem Agrarbericht 1977 beträgt der Unterschied der Netto-Einkommen je Familienarbeitskraft zwischen dem untersten und obersten Viertel 1:6.

Auch bei der landwirtschaftlichen Krankenversicherung ist die staatliche Präsenz nicht zu übersehen: Die Leistungsausgaben für Rentenbezieher der Landwirtschaft werden praktisch voll von der öffentlichen Hand getragen [1]; in der allgemeinen gesetzlichen Krankenversicherung erfolgen diese Zahlungen im sogenannten "Generationsausgleich" (höhere Beiträge der Versicherten bzw. anteilige Zahlungen der Rentner ab 1982, unter Berücksichtigung seiner Einkommenslage). Auf die Auszahlungen der landwirtschaftlichen Krankenversicherung bezogen, sind das 40%. Als Begründung gibt der Gesetzgeber an: "Diese Form der Finanzierung ist..... berechtigt, weil die Folgen des Strukturwandels der Landwirtschaft nicht auf die erwerbstätigen Landwirte abgewälzt werden können".......''weil die Belastbarkeit der landwirtschaftlichen Betriebe durch die für die Unternehmer und ihre Familien aufzubringenden Beiträge ausgeschöpft ist und die Einkünfte der landwirtschaftlichen Unternehmen infolge der Bindung der Erzeugerpreise durch die Europäischen Marktordnungen nicht weiter belastet werden können" [2]. Diese Begründung staatlicher Finanzhilfe wird vom Wissenschaftlichen Beirat infrage gestellt. -
Die 1977 gezahlten Bundeszuschüsse zur landwirtschaftlichen Krankenversicherung betrugen 688 Mill. DM, die 12% des Haushalts des Bundesministeriums entsprachen. Also auch hier ergibt sich eine erhebliche absolute und anteilige Belastung der öffentlichen Haushalte, weil der Leistungskatalog zwar "im wesentlichen dem der anderen gesetzlichen Krankenversicherungen entspricht" [3], aber die Beiträge einmal nicht einkommensbezogen entrichtet werden, zum anderen die "alte Last" der Rentner vom Staat übernommen wird.

---

1) Das gilt auch für den Bergbau mit seiner sektoralen Lösung (Knappschaftsversicherung).
2) Drucksache VI/3012 Deutscher Bundestag. 1972
3) Allerdings werden die Leistungen der landwirtschaftlichen Krankenversicherung - im Vergleich zu anderen Einrichtungen - geringer in Anspruch genommen; "die Gründe sind im einzelnen bisher nicht näher geklärt". (siehe Anhang, 1)).

7. Die landwirtschaftliche Unfallversicherung

Seit 1963 werden - im Durchschnitt der Jahre - staatliche Zuwendungen in Höhe der Hälfte der Leistungen gegeben (seit 1975 jeweils etwa 400 Mill. DM). Auch hier soll durch die Kostenentlastung der Betriebe die soziale Lage der in der Landwirtschaft Tätigen verbessert werden; diese Kostenentlastung "bewirkt jedoch eine weitgehende ungezielte Verteilung der Mittel" [1]. Die landwirtschaftlichen Betriebe leisten zur Zeit rund 1,7% ihres Betriebseinkommens als Beiträge zur landwirtschaftlichen Unfallversicherung. - Es wird jedoch angenommen, daß die staatlichen Zahlungen, die aus Gründen der Strukturwandlungen gewährt werden, in dieser Höhe (weitere 1,7% des Bruttoeinkommens) nicht gerechtfertigt sind. Auch hier ist der frühere Sachverhalt wiederum festzustellen: Die einkommensstärkeren Betriebe erhalten eine "absolut wesentlich höhere Entlastung" bei den Beiträgen; die <u>intra</u>sektorale Einkommensdisparität wird nicht berücksichtigt.

8. Vorstellungen einer Reform

Das Schwergewicht der Ausführungen lag bei der <u>Information</u> über das derzeitige System der Agrarsozialpolitik; die Darstellung ihrer Funktionsmechanismen war eng verbunden mit dem Aufdecken wesentlicher Probleme. - Von allen Beteiligten, auch von denjenigen, die eine Neugestaltung der Agrarsozialpolitik befürworten, wird akzeptiert, daß das historisch gewachsene und politisch begründete System der sozialen Sicherung in der Landwirtschaft nicht von heute auf morgen abrupt geändert werden kann. Mit Nachdruck wird jedoch betont, daß schon <u>heute</u> neue Weichenstellungen gesetzt werden müssen, damit das System der sozialen Sicherung auch in Zukunft noch finanzierbar ist, und daß

---

1) Wissenschaftlicher Beirat beim Bundesministerium für Ernährung, Landwirtschaft und Forsten, Agrarsozialpolitik - Situation und Reformvorschläge. Gutachten. Münster-Hiltrup 1979

es den Ansprüchen der gerechten Lastenverteilung inter- und intrasektoral entspricht.

Vorstellungen einer Neuorientierung beziehen sich insbesondere auf folgende Sachverhalte:

1) Obwohl das eigenständige soziale Sicherungssystem der Landwirtschaft beibehalten werden soll, wird eine stärkere Orientierung an den Regelungen der allgemeinen Sozialversicherung befürwortet. - Vor allem soll die bestehende Diskriminierung (etwa zu Lasten der mitarbeitenden Familienangehörigen) beseitigt werden.

2) Das System der landwirtschaftlichen sozialen Sicherung soll nach Möglichkeit nicht mit anderen agrarpolitischen Zielsetzungen "befrachtet" werden (Einkommenstransfer; Kompensationen für EG-Preispolitik usw.).

3) Staatliche Zuschüsse sollen nur in dem Umfange geleistet werden, wie sie aus dem (durch den Strukturwandel bewirkten) ungünstigen Verhältnis von Beitragszahlern und Leistungsempfängern gerechtfertigt sind. Es wäre (theoretisch) auch möglich, aus dem landwirtschaftlichen Strukturwandel resultierende Wanderungsgewinne anderer Versicherungsträger als Grundlage für Finanztransfers dieser (gewinnenden) Institutionen an die (defizitären) landwirtschaftlichen Kassen der sozialen Sicherung heranzuziehen.

4) Die generelle Entlastung aller Betriebe (Alterskasse) oder die zu geringe Differenzierung der Beiträge (im Vergleich zu den intrasektoralen Einkommensunterschieden) bei der landwirtschaftlichen Krankenversicherung bzw. die zu pauschale Beitragsgestaltung bei der Unfallversicherung führen zu der Forderung, die jeweiligen Abgaben an die tatsächlichen Betriebseinkommen anzulehnen. - Derzeit bestehen jedoch dafür noch keine hinreichenden Unterlagen der landwirt-

schaftlichen Buchführung bzw. dürfte die Entwicklung "operationaler Ersatzgrößen" schwierig sein.

5) In jedem Falle erscheint eine Änderung des derzeitigen Systems notwendig, weil die öffentlichen Haushalte die Finanzierung in absehbarer Zeit nicht sichern können. - Dabei wird schon heute ein Paradoxon deutlich: Die hohen staatlichen Zuschüsse werden vor allem mit dem agrarischen Strukturwandel begründet; die dadurch aufgelaufenen oder in Zukunft erforderlichen Zuschüsse zur agrarischen Sozialpolitik können jedoch nur dadurch finanziert werden, indem gerade die Finanzmittel zur Verbesserung der Agrarstruktur anteilig gekürzt werden müssen! "Innerhalb des vierjährigen Planungszeitraums nehmen die Ausgaben für die Agrarsozialpolitik um ca. 17% zu und machen 1982 rund 60% des Agraretats aus. Mit dieser Expansion der agrarsozialpolitischen Finanzierungsansprüche ist gleichzeitig eine entsprechende Einschränkung des für andere agrarpolitische Maßnahmen verbleibenden finanziellen Handlungsspielraum verbunden. Die Mittel für die Gemeinschaftsaufgabe "Verbesserung der Agrarstruktur und des Küstenschutzes" müssen deshalb in den genannten vier Jahren um ca. 15% und die Ausgaben für sonstige agrarpolitische Maßnahmen um ca. 12% zugunsten der landwirtschaftlichen Sozialpolitik eingeschränkt werden" [1].

6) Die Zielsetzung, die staatliche Zuwendung zu begrenzen, bedeutet eine Belastung des Sektors "Landwirtschaft", und diese sollte <u>intras</u> ktoral nach individueller Einkommenslage verteilt werden. Stärkere Beteiligung der Landwirtschaft am Beitragsaufkommen, Einbezug bisher diskriminierter Gruppen der landwirtschaftlichen

---

1) Wissenschaftlicher Beirat beim Bundesministerium für Ernährung, Landwirtschaft und Forsten, Agrarsozialpolitik - Situation und Reformvorschläge. Gutachten. Münster-Hiltrup 1979

Erwerbstätigen und Erhöhung der Leistungen würden zu einer relativ starken Belastung der Betriebe führen (mehr als das Vierfache der derzeitigen Abgaben). Im Rahmen der Politik einer Steigerung der landwirtschaftlichen Einkommen ist dafür kaum eine Chance für eine Realisierung. - Der Wissenschaftliche Beirat schlägt daher ein stufenweises Vorgehen bei der Neuorientierung vor (von 4% der individuellen Einkommen im Laufe der Zeit auf 12% [1]).

9. Schlußbemerkung

Mit dieser letzten Bemerkung wird der Zusammenhang zwischen landwirtschaftlicher Einkommenspolitik und Agrarsozialpolitik deutlich. Die Preispolitik, die ein wesentlicher Bestandteil der Einkommenspolitik in der Landwirtschaft ist, gehört zur Kompetenz der EG; die Agrarsozialpolitik verbleibt im nationalstaatlichen Bereich. Beiden Ebenen ist eines gemeinsam: In absehbarer Zeit ist weder die Marktpreispolitik der EG noch die Agrarsozialpolitik der Bundesrepublik weiterhin finanzierbar. Obwohl beide Bereiche - und in gewisser Weise auch die Agrarstrukturpolitik - in ihrem Maßnahmenkatalog nicht miteinander "vermischt" werden sollten, sind Lösungen in einem Bereich auf Entscheidungen im anderen Bereich angewiesen. Eine solche Abstimmung ist auf die Bearbeitung der übergeordneten Fragestellung angewiesen, die lautet: "Ziele und Möglichkeiten landwirtschaftlicher Einkommenspolitik".

1) Gesetzliche Altersversicherung 18% des Einkommens aus versicherungspflichtiger Tätigkeit.

Anhang

1) Wissenschaftlicher Beirat beim Bundesministerium für Ernährung, Landwirtschaft und Forsten, Agrarsozialpolitik - Situation und Reformvorschläge. Gutachten. Münster-Hiltrup 1979

2) Kommission der EG. Vergleichende Darstellung der Systeme der sozialen Sicherheit in den Mitgliedstaaten der Europäischen Gemeinschaften. Das System der Landwirtschaft, Brüssel 1966. Siehe auch: Dieselbe, Die Finanzierung der sozialen Sicherheit in der Landwirtschaft, Sammlung Studien. Reihe Sozialpolitik (20), Brüssel 1970; G. Bühler, Zur Problematik der Harmonisierung der gesetzlichen Alterssicherung für selbständige Landwirte in der Europäischen Wirtschaftsgemeinschaft. Diss. Hohenheim 1967; J. Gropp, Leistungen der sozialen Sicherung an die landwirtschaftliche Bevölkerung in den Ländern der Europäischen Wirtschaftsgemeinschaft - ein Vergleich. Diss. Göttingen 1966; K. Noell, Zur sozialen Sicherung der selbständigen Landwirte in verschiedenen Ländern Europas - Entwicklung und Trends, in: Soziale Sicherheit in der Landwirtschaft, Kassel, 1. 1979, S. 85-95.
Es ist außerordentlich schwierig, auf der EG-Ebene einen Ländervergleich anzustellen. Als Hinweis der einkommens- und sozialpolitischen Problematik, die sich durch die europäische Agrarintegration ergibt, wird auf einen Vergleich "Frankreich-Bundesrepublik" verwiesen, die beide eine sektorale Lösung, d.h. ein Sondersystem der sozialen Sicherung für ihre Landwirtschaft entwickelt haben.

Kennzahlen zur Finanzierung der agrarsozialen Sicherungssysteme in der Bundesrepublik Deutschland und in Frankreich (1975)

Kennzahl	Einheit	Bundesrepublik	Frankreich
Leistung pro Kopf [1]	DM	2201,04	4701,62
Beitrag pro Kopf [1]	DM	930,57	731,60
Zuschuß pro Kopf [1]	DM	1395,61	3969,76
Beitrag-Leistung-Relation [2]	vH	42,3	15,6
Zuschuß-Leistung-Relation [2]	vH	63,4	84,4

1) Pro Kopf der landwirtschaftlichen Erwerbsbevölkerung (BRD: 1.822 Mio; Frankreich: 2,351 Mio. im Jahre 1975).
2) Aus verwaltungstechnischen Gründen stimmen die Summen aus Beiträgen und Zuschüssen nicht immer mit dem Leistungsaufkommen derselben Periode überein. Da es bei diesem Vergleich auf Größenordnungen und Proportionen ankommt, werden die Abweichungen hier vernachlässigt; d.h., die Anteile von Beiträgen und Zuschüssen an der

Finanzierung der Leistungen addieren sich im Jahr 1975 nicht zu 100 vH.

Quelle: Bundesrepublik: Agrarbericht der Bundesregierung 1977. Materialband: "Agra-Europe". Jg. 17 (1976), H. 39, Dokumentation 14.

Frankreich: Les Comptes de l'Agriculture Française en 1975, les collections de l'inséé. 48 c. S. 30 ff.
Zitiert aus: K. J. Eggers, Das System der agrarsozialen Sicherung in Frankreich, in: Bericht über Landwirtschaft, NF 55 1977/78.

Abbildung 1: Ausgaben für einzelne Altersleistungen

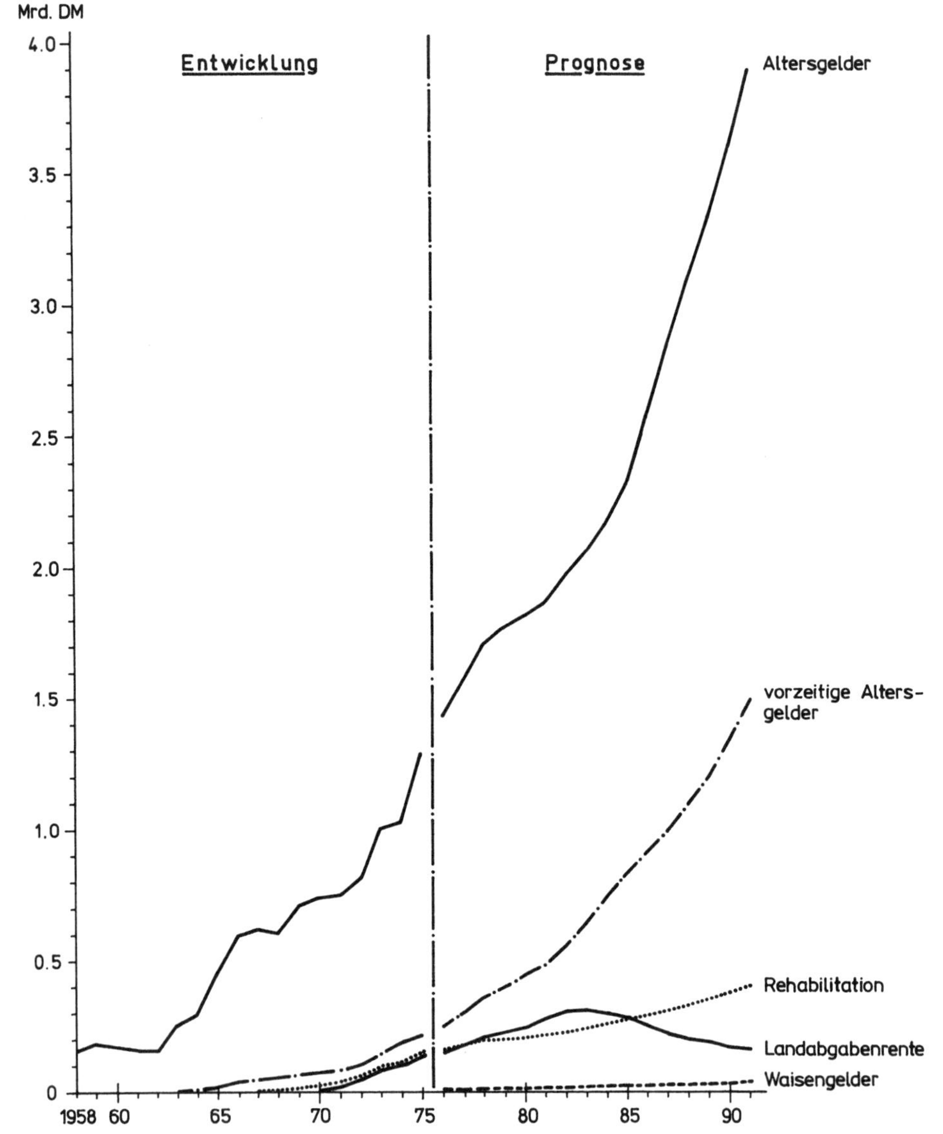

Quelle: Wiss. Beirat BML 1979

IFEP FREIBURG I. BR. Be 80.5

Abbildung 2: Durchschnittliche Pro-Kopf-Leistungen einzelner Alterskassen

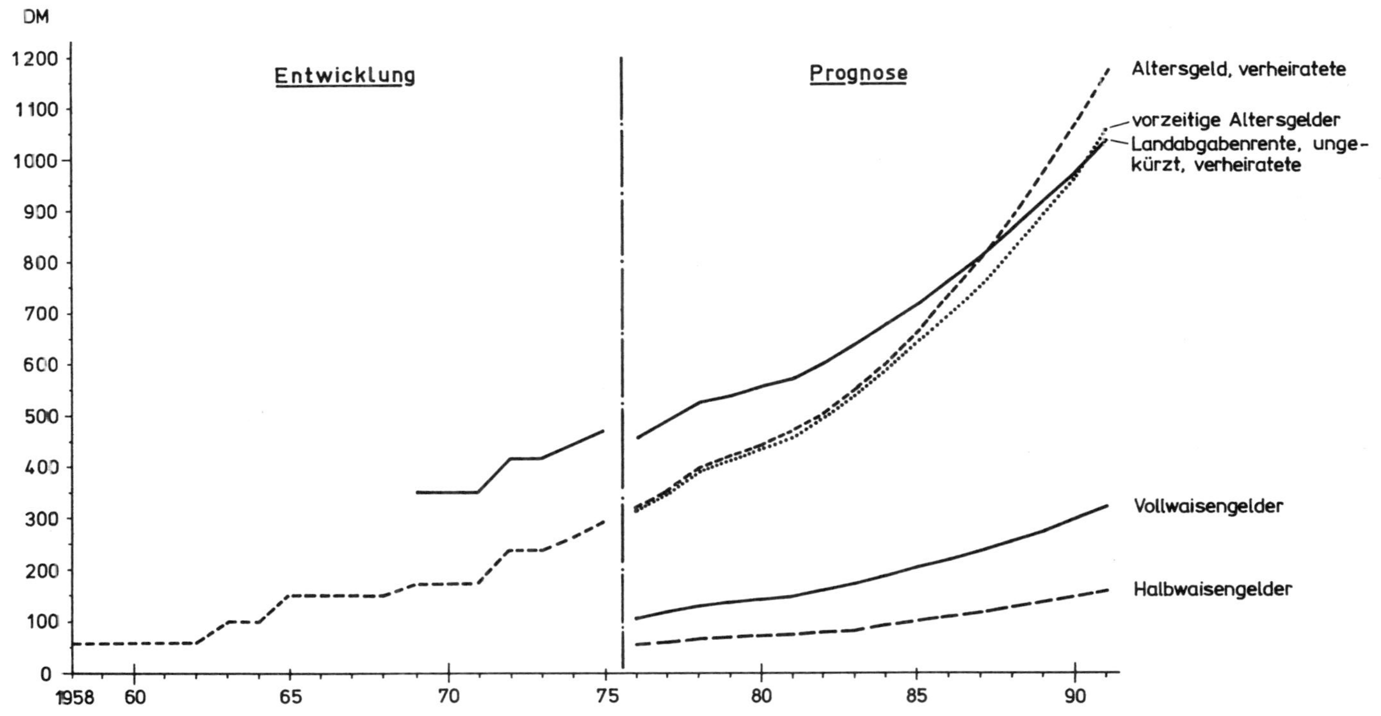

Quelle: Wiss. Beirat BML 1979

IFEP FREIBURG I. BR. | Be 80.6

Abbildung 3: Entwicklung der Zahl der Versicherten in der landwirtschaftlichen Alterskasse

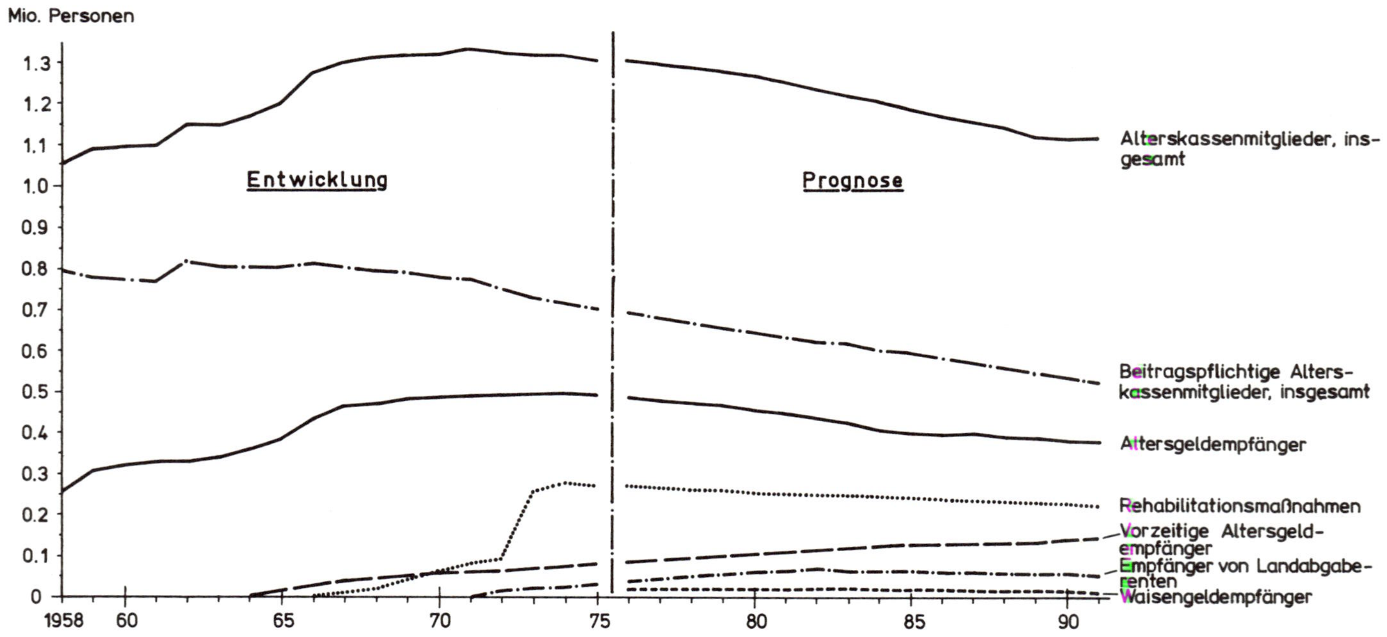

Quelle: Wiss. Beirat BML 1979

IFEP FREIBURG I. BR. | Be 80.7

Abbildung 4: Entwicklung der Relation "Leistungsempfänger / Beitragspflichtige"

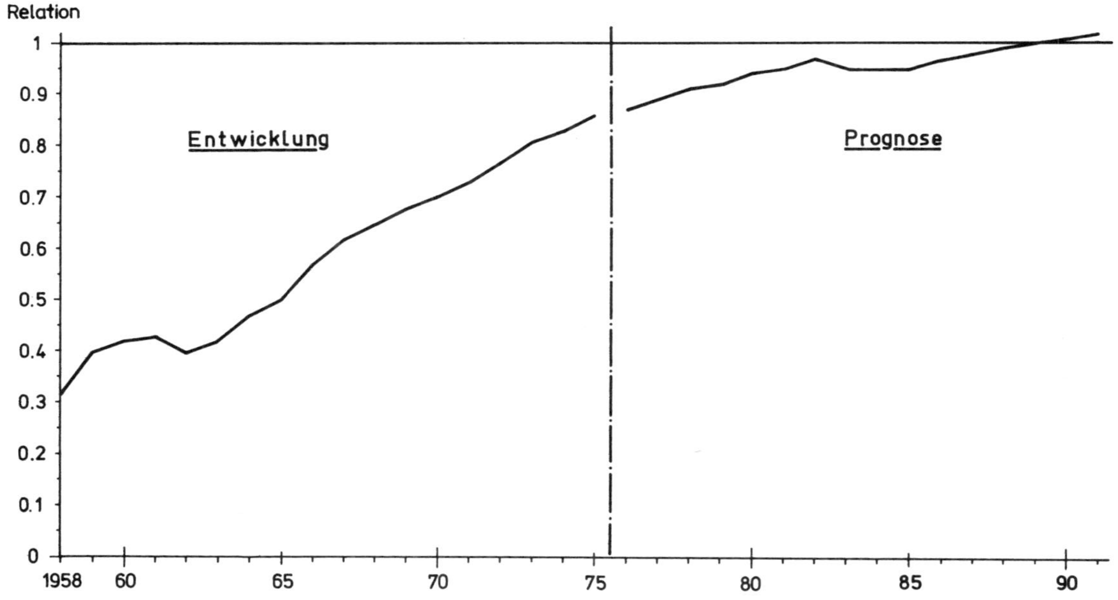

Quelle: Wiss. Beirat BML 1979

IFEP FREIBURG I. BR. Be 80. 8

Abbildung 5: Finanzierungsstruktur der Alterssicherungsausgaben

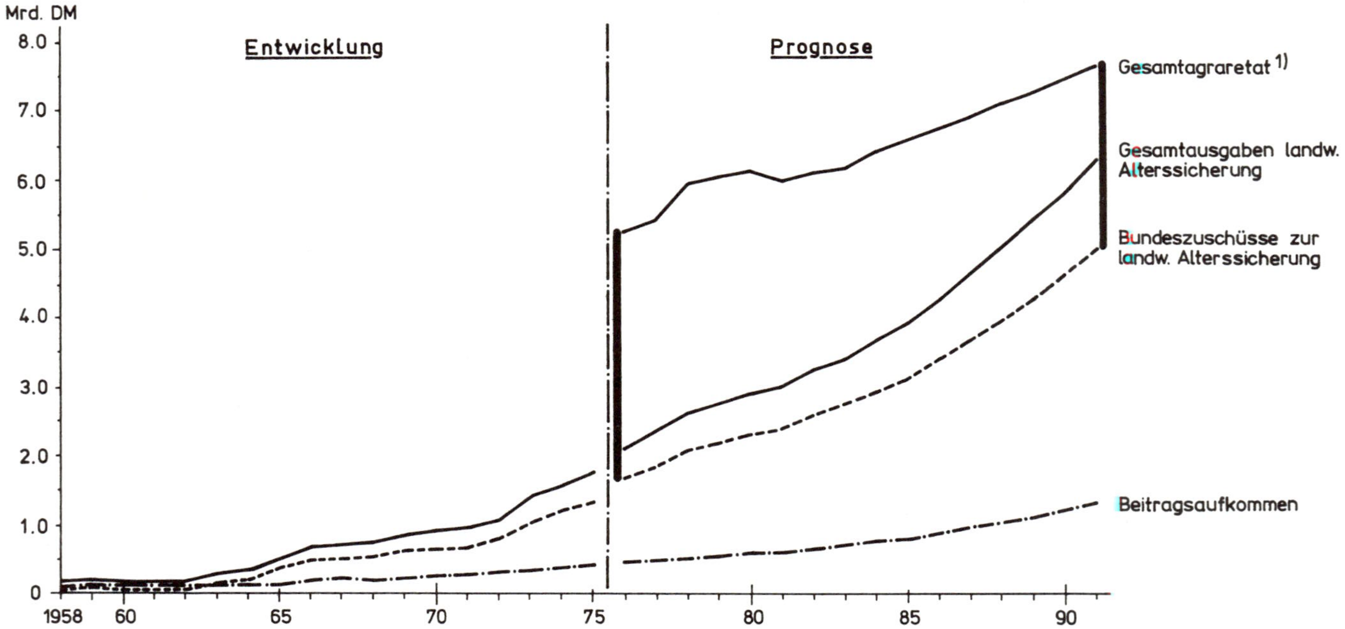

1) Unter der Annahme, einer jährlichen Aufstockung des Agraretats nach Maßgabe der Haushaltsansätze in der mittelfristigen Finanzplanung für die Jahre 1979 - 1982.

Quelle: Wiss. Beirat BML 1979

IFEP FREIBURG I. BR. | Be 80.9

Abbildung 6: Monatliches Beitragsniveau und Beitragssubvention beitragspflichtiger Versicherter in der landwirtschaftlichen Alterssicherung 1958 - 1991

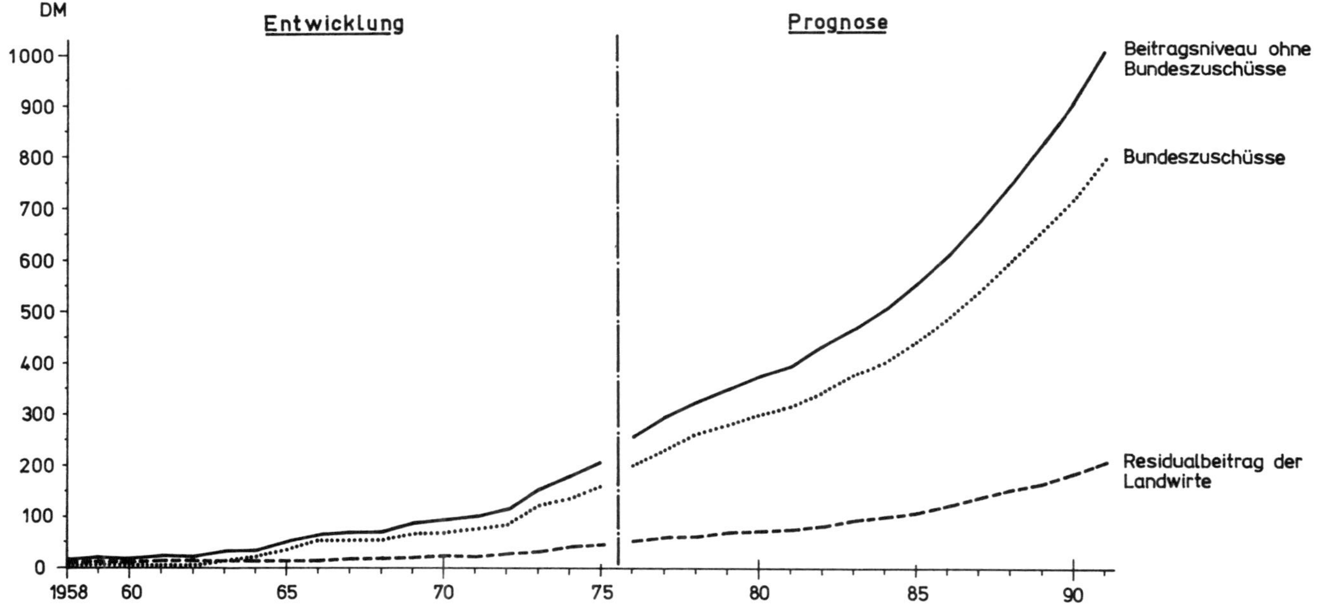

Quelle: Wiss. Beirat BML 1979

IFEP FREIBURG I. BR. | Be 80.10

IV. Betriebliche Sozialpolitik

NICHT-GESETZLICHE SOZIALLEISTUNGEN IM GEGENWÄRTIGEN JAPAN - EINE VERGLEICHENDE ANALYSE MIT DEN LÄNDERN DER EG

Kazuo Koike

Mit dieser Arbeit werden zwei Ziele verfolgt: erstens soll ein Vergleich der Sozialleistungen zwischen Japan und den Ländern der EG durchgeführt werden, zweitens werden die Unterschiede der nicht-gesetzlichen Sozialleistungen in Abhängigkeit von der Größe japanischer Unternehmungen analysiert.

Über einen längeren Zeitraum hinweg hatte man die Vorstellung, daß die Beziehungen zwischen den Sozialpartnern "familiär" seien in der Form, daß sich große japanische Unternehmungen durch wohl strukturierte, sich über weite Bereiche erstreckende Sozialleistungen sehr um das Leben ihrer Arbeitnehmer kümmerten. Nach der überwiegenden Meinung bewirkt dies eine sehr gute Identifikation der Arbeitnehmer mit ihrer Unternehmung, was sowohl harmonische Beziehungen zwischen den Sozialpartnern als auch hohe Produktivität bewirkt. Diese Meinung wurde nicht nur von den meisten japanischen, sondern auch von westlichen Gelehrten vertreten. Ein typisches Beispiel dafür ist Prof. Dore's (vgl. Dore 1973) Charakterisierung der japanischen Arbeitnehmerbeziehungen als "welfare corporatism". Im Gegensatz dazu scheint sich insbesondere im Westen ein neues Konzept auszubreiten. In bezug auf das Ungleichgewicht im internationalen Handel zwischen Japan und dem Westen wird betont, daß die westlichen Unternehmungen verpflichtet sind, höhere Ausgaben für das Wohl der Arbeiter zu tätigen als die Japaner, welches eine Ursache für das Ungleichgewicht im internationalen Handel darstellt. Diese Argumentation impliziert, daß die Sozialleistungen im Westen besser ausgebaut sind als die in Japan. Aufgrund dieser gegenteiligen Meinung erscheint ein internationaler Vergleich notwendig.

Es hat den Anschein, daß in den meisten industrialisierten Ländern die Unterschiede sowohl im Lebensstandard als auch im Entgelt geringer werden. Bis zu einem gewissen Grade scheint sich eine Strömung zu einem egalitären Lebensstandard durchzusetzen. Nicht-gesetzliche Sozialleistungen wirken umgekehrt: Die optimale Entwicklungsmöglichkeit besteht in großen Unternehmungen, die sie sich leisten können und die die Zeit, bis sie profitabel werden, überbrücken können. Im Gegensatz dazu haben kleinere Unternehmungen weitaus größere Schwierigkeiten, sich solche nicht-gesetzlichen Sozialleistungen zu leisten, und so besteht in der Unternehmungsgröße selbst ein Hindernis für deren Entwicklung; zur Entfaltung der Wirkungen von Sozialleistungen ist eine gewisse Zahl von Arbeitnehmern notwendig. So könnte es dazu führen, daß die Lücke im Lebensstandard weiter auseinanderklafft, in dem Maße wie Sozialleistungen entwickelt werden, um verschiedene Bereiche des Lebens abzudecken. Daraus folgt, daß die Unterschiede in den nicht-gesetzlichen Sozialleistungen in Abhängigkeit von der Größe der Unternehmungen untersucht werden müssen.

Ein internationaler Vergleich von Sozialleistungen

Lohnkosten in der Industrie in der EG und japanische Erhebungen

Jeder internationale Vergleich bringt Probleme mit sich, wobei eines im Unterschied von Definitionen begründet liegt. Dies wird insbesondere in Verbindung mit nicht-gesetzlichen Sozialleistungen noch gravierender; denn diese setzen sich aus zahlreichen völlig unterschiedlichen Komponenten zusammen, von monetären Leistungen bis zu Leistungen, die die betriebsbedingten Gepflogenheiten und den Lebensstil des jeweiligen Landes widerspiegeln. Deshalb wäre es besser, auf eine umfassende Untersuchung zurückgreifen zu können, falls so etwas existiert. Glücklicherweise hat die EG seit 1966 alle drei Jahre eine einheitliche Untersuchung für alle Mitgliedsländer über "Lohnkosten der Industrie" durchgeführt. Japan seinerseits kann auf eine Vielzahl von Statistiken zurückgreifen, unter denen sich eine über die Entwicklung der Lohnkosten seit 1965 befindet, obwohl auch frühere Untersuchungen von 1949, 1957 und 1964 einige vergleichbare Daten liefern. Von 1972 an wurde die Untersuchung ausgedehnt und beinhaltet jetzt sogar das Verhältnis von Sozialeinrichtungen zur Zahl der relevanten Unternehmungen. Aufgrund dieser detaillierten Einteilung kann die japanische Untersuchung so umgestaltet werden, daß sie mit denen der EG vergleichbar ist.

Trotzdem verbleibt der Unterschied in der Definition der EG und der Japans. Wie oben herausgestellt, unterscheiden sich erstens die Definitionsbestandteile ihrerseits voneinander, welche die betrieblichen Gepflogenheiten widerspiegeln. Ein extremes Beispiel ist der "term-end bonus" (Quartalsende-Bonus) im japanischen Entlohnungssystem; er stellt einen großen Teil der japanischen Vergütungen dar, ungefähr ein Drittel oder Viertel des jährlichen Einkommens, während er im Westen nur selten zu finden ist. Er wird normalerweise in die japanische Klassifikation der Sozialleistungen nicht mit einbezogen, sondern stellt vielmehr einen Teil des Lohnes bzw. des Gehaltes dar. Zweitens erwachsen aus der großen Unterschiedlichkeit der nichtgesetzlichen Sozialleistungen Schwierigkeiten, jede Komponente exakt zu vergleichen. Die gegenwärtigen nicht-gesetzlichen Sozialleistungen erstrecken sich über sehr große Bereiche, von geldlichen Leistungen wie Familienzulagen und Rentenzahlungen bis zu Leistungen wie Kantine, Heizung, Kleidung, Wohnung sowie medizinische und kulturelle Einrichtungen. Ebenso bestehen feine Unterschiede zwischen den einzelnen Ländern aufgrund der betrieblichen Gepflogenheiten und der Tradition. Deshalb verwenden sogar die Länder der EG so weite Klassifikationen, daß ein detaillierter Vergleich nicht möglich ist.

Die einzige Klassifikationsmöglichkeit für einen internationalen Vergleich ist die Einteilung in gesetzliche Arbeitgeberbeträge und nicht-gesetzliche Zahlungen. Erstgenannte sind die Arbeitgeberbeiträge zur Sozialversicherung wie Gesundheit, Arbeitslosigkeit, Kranken- und Unfallversicherung und Altersversorgung. Diese können nicht als Nebenleistungen bezeichnet werden, aber man muß sie mit ihnen berücksichtigen, da ein wichtiger Teil der nicht-gesetzlichen Sozialleistungen eine Ergänzung des Sozialversicherungssystems darstellt und beide eng miteinander verknüpft sind. Letztere stellen echte Nebenleistungen dar, Leistungen und andere Ausgaben für gesundheitliche und kulturelle Einrichtungen. Also erhalten wir A den Anteil der nicht-gesetzlichen Sozialleistungen an den gesamten Ausgaben der Unternehmung für das Wohl der Arbeiter und B den Anteil an gesetzlichen Beiträgen. Dabei unterscheiden sich die gesamten Ausgaben für das Wohl der Arbeiter leicht von den gesamten Lohnkosten in beiden Untersuchungen in der der EG und in der Japans. Letztere bezieht sowohl die Ausbildungskosten als auch die Personalbeschaffungskosten mit ein, welche von den Unternehmungsgesamtausgaben für das Arbeitnehmerwohl ausgeschlossen werden. "Term-end bonuses" (Quartalsende-Bonus) gehören ebenfalls nicht zu den nicht-gesetzlichen Sozialleistungen, aber sie sind in den Unternehmungsgesamtausgaben für die Arbeitnehmerfürsorge enthalten.

Die japanischen nicht-gesetzlichen Sozialleistungen sind denen der Angestellten in der EG vergleichbar

Abbildung 1 läßt die wichtige Feststellung zu, daß der japanische Anteil A ähnlich dem der Angestellten in der EG ist. Japans Zahl für Beschäftigte in Unternehmungen mit 30 und mehr Arbeitnehmern liegt bei 9,1 %, eine Zahl, die meistens der der Angestellten in der EG entspricht. 10,6% für die Niederlande, 9,1 % für Großbritannien, 8,7 % für Frankreich, 8,1 % für Deutschland, zwei Ausnahmen stellen Belgien mit 4,6 % und Italien mit 1,6 % dar. Im Gegensatz dazu sind sie für die Arbeiter in den europäischen Ländern sehr viel niedriger als die von Japan; die einzige Ausnahme ist die Niederlande mit 8,6 %.

Abbildung 1: Anteil der nichtgesetzlichen und gesetzlichen Sozialleistungen an den Gesamtlohnkosten in der verarbeitenden Industrie (EG, USA, Japan)

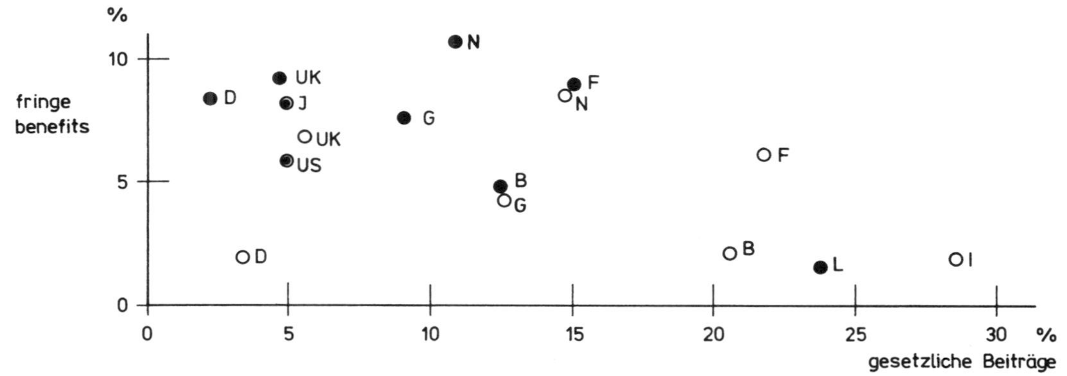

Quelle: 1) Japan..... Japan Ministry of Labour, Rōdōhiyō Chōsa (Labour Costs Survey), for the year, 1968.
2) EC.......... EC, Labour Costs in Industry, 1972-1975, und Jahrbuch, Sozialstatistik, 1974.
3) US.......... Measuring Employees Compensation in US Industry, Monthly Labor Review, Oct. 1970.

Anmerkungen: 1) Die Zahlen stammen für die Länder der EG von 1969, für Großbritannien und Dänemark von 1973 und für Japan von 1968.
2) "B" ≙ Belgien, "D" ≙ Dänemark, "F" ≙ Frankreich, "G" ≙ Westdeutschland, "I" ≙ Italien, "J" ≙ Japan, "N" ≙ Niederlande, "UK" ≙ Großbritannien, "USA" ≙ USA.
3) "O" kennzeichnet das Verhältnis für Arbeiter, "●" für Angestellte und "◉" sowohl für Arbeiter als auch für Angestellte.

IFEP FREIBURG I. BR.	Be 81.39

Mit anderen Worten besteht ein bemerkenswerter Unterschied zwischen der Verhältniszahl für Angestellte und dem für Arbeiter in den Ländern der EG. Mehr noch, die Lücke könnte in der Praxis größer sein als das, was diese Kennziffern aussagen. Selbstverständlich liegen die Gehälter der Angestellten allgemein weitaus höher als die Löhne der Arbeiter und folglich ist auch die Differenz zwischen der Höhe der Ausgaben für Sozialleistungen je Beschäftigten zwischen Angestellten und Arbeitern größer als die in der Verhältniszahl. Obwohl die Indices für die Beschäftigungsarten in japanischen Statistiken nicht verfügbar sind, kann man sicher sagen, daß die freiwilligen Sozialleistungen für japanische Arbeiter und für Angestellte der EG-Länder Gemeinsamkeiten aufweisen, wenn man bedenkt, daß die überwiegende Mehrheit in Industriebetrieben Arbeiter sind. Was diejenigen Fälle betrifft, die ich untersucht habe, besteht kein Unterschied im System der freiwilligen Sozialleistungen zwischen Arbeitern und Angestellten in Japan. Dies könnte der wirkliche Grund dafür sein, daß eine Klassifikation der freiwilligen Sozialleistungen für unterschiedliche Berufe in den Statistiken nicht existiert. Blickt man jedoch zurück, so wurden vor dem Zweiten Weltkrieg unterschiedliche Systeme für jeden Beruf angewendet, welche allerdings während und sofort nach dem Krieg verschwanden. Die "white-collarisation" der Arbeiter ist durchgedrungen.

Das gleiche Sozialversicherungssystem wird in beiden Beschäftigungsarten angewendet

Was das Verhältnis B betrifft, so liegt Japan offensichtlich unter denen der Länder der EG, ausgenommen Großbritannien, Dänemark und den USA. Sowohl die ersten beiden Länder als auch andere skandinavische Länder haben ein System das mehr von Beiträgen von Individuen als von Unternehmungen abhängt und die USA sind bekannt für ihre gering entwickelten Sozialversicherungspläne. Kann dies als ein Indikator dafür angesehen werden, daß die japanischen Sozialversicherungspläne hinterherhinken, denn sein Beitragssystem gleicht dem von Westdeutschland? Diese Frage ist eindeutig zu verneinen, wenn man die Inhalte jedes Systems vergleicht, was an dieser Stelle jedoch zu weit führen würde. Zum Beispiel stimmen die japanischen Pensionspläne nahezu voll mit denen der Länder der EG überein, bezüglich des Verhältnisses zwischen der Pensionshöhe und dem Durchschnittslohn in der Verarbeitungsindustrie, und liegen sogar höher, wenn man die Höhe der Beiträge hinzuzählt. Die folgenden drei Gründe können die Unterschiede im Verhältnis B zwischen Japan und den meisten Ländern der EG erklären. (A) Der Hauptgrund liegt in der unterschiedlichen Alterszusammensetzung der Arbeitnehmer. In jedem industrialisierten Land stellen die Pensionszahlungen den größten Teil der Arbeitgeberbeiträge dar. Aufgrund des geringeren Anteils von alten Menschen in Japan, kann dieser Teil der Beiträge unter denen des Westens liegen. Es ist jedoch sicher, daß der Anteil der alten Leute bis 2020 schneller ansteigen wird als der im Westen. Folglich wird das Verhältnis B für Japan größer werden und etwa die Höhe der deutschen Rate erreichen, auch wenn das System nicht verbessert würde. Zwei weniger wichtige Gründe kommen hinzu. (B) Die japanischen Familienbeihilfen nehmen nur einen winzigen Teil der gesamten Sozialleistungen ein, während diese insbesondere in Frankreich und Italien einen wesentlichen Bestandteil der Beiträge darstellen. (C) Unternehmungen in Frankreich und Italien leisten höhere Beiträge, jedoch unterscheidet sich das japanische System nicht sehr von dem deutschen. Hier können wieder die Unterschiede im Verhältnis B nach Beschäftigungsarten zwischen vielen Ländern der EG festgestellt werden. Im Gegensatz zum Verhältnis A sind die Verhältnisse für Arbeiter immer höher als in anderen Länder. Die Diskrepanz nach Beschäftigungsarten ist in Belgien und Frankreich am größten, gefolgt von Italien, den Niederlanden und Deutschland, während sie in Großbritannien und Dänemark am geringsten ist. Wie oben herausgestellt, ist das Verhältnis B für die Angestellten geringfügig größer, auch wenn für beide Beschäftigungsarten das gleiche System Anwendung findet; begründet werden kann dies mit den im allgemeinen höher liegenden Gehältern der Angestellten als den Löhnen der Arbeiter. Die Lücken in anderen Ländern als Großbritannien und Dänemark scheinen jedoch deutlich größer zu sein, als daß Einkommensunterschiede der Beschäftigungsarten der alleinige Grund dafür sein könnten. In der Praxis varrieren in vielen Ländern der EG Sozialversicherungssysteme mit dem Beruf außer in Großbritannien und Dänemark und sogar diese Ausnahmen nehmen neue Bestandteile dazu, die vom Beruf abhängen. In der japanischen Sozialversicherung besteht zwischen Arbeitern und Angestellten nur ein geringer Unterschied.

"White-Collarisation"

Zwei Dinge konnten bis jetzt herausgestellt werden: (A) Es besteht eine Diskrepanz sowohl zwischen den nicht-gesetzlichen Sozialleistungen für Angestellte und Arbeiter in den meisten Ländern der EG als auch bis zu einem bestimmten Maße in der Sozialversicherung, und (B) die japanischen Sozialleistungen für Arbeiter sind mit denen für Angestellte in der EG vergleichbar. Diese beiden Merkmale können unter verschiedenen Gesichtspunkten in den Beziehungen zwischen den Sozialpartnern gesehen werden. Erstens ist der Unterschied je Beschäftigungsart sowohl im Lohnniveau als auch im Zusammenhang zwischen Alter und Lohn deutlich größer in den Ländern der EG als in Japan, Abbildung 2 vergleicht die Unterschiede zwischen dem Lohnniveau in Abhängigkeit vom Alter und von der Beschäftigungsart für männliche Arbeitnehmer in den Ländern der EG und in Japan. Grundlage dafür bildet die Erhebung der EG "Structure of Earnings in Industry for the year 1972", welche für die Darstellung des Verhältnisses zwischen Alter und Lohn der Arbeiter in der EG am zuverlässigsten ist. Soweit mir bekannt ist, sind die japanischen Statistiken weitaus differenzierter. Die "Chingin Kōzó Kihon Chōsa" (Grunderhebung über die Lohnstruktur), die vom Arbeitsministerium veröffentlicht wird, ist sehr umfassend. Bezüglich der Weite ihres Anwendungsbereichs und ihres Informationsgehaltes weisen beide eine sehr starke Ähnlichkeit auf. Der

Abbildung 2: Diskrepanz zwischen der Entgelthöhe von Angestellten und Arbeitern in Japan und der EG (männliche Arbeiter in der Verarbeitungsindustrie)

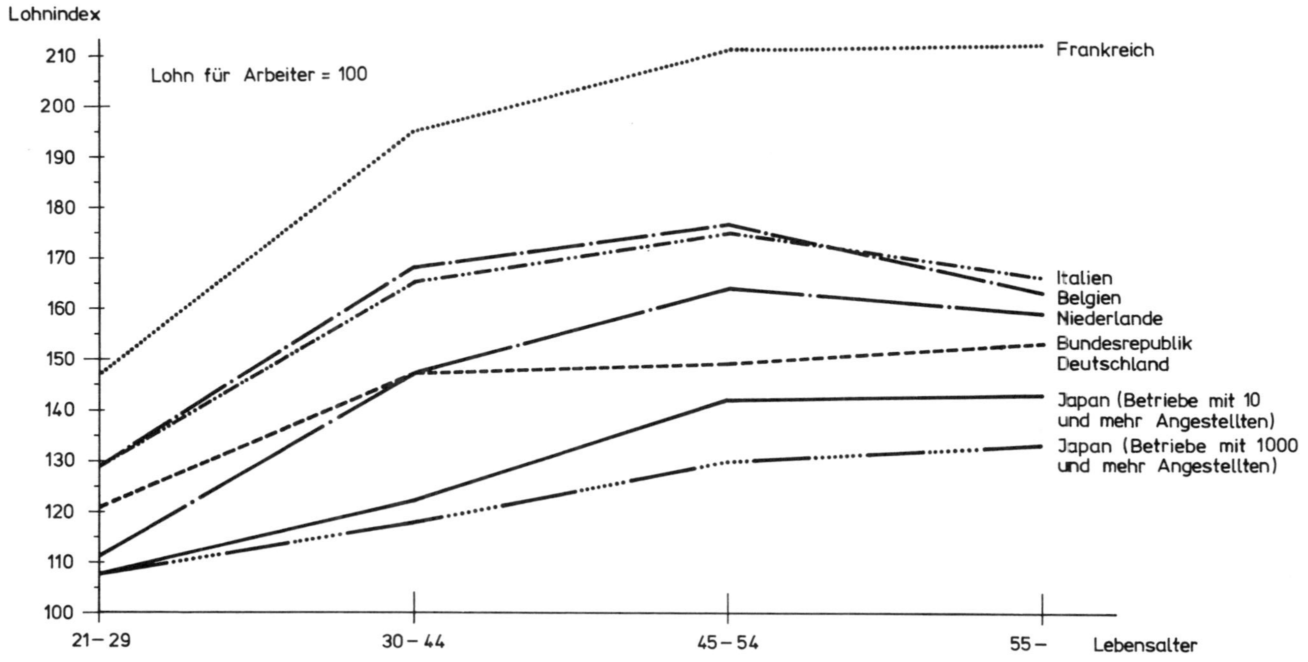

Quelle: EC: Structure of Earnings in Industry, 1972, 13 vols.
Japan. Chingin kōzō kihon chōsa (Basic Survey of Wage Structure), 1976, Ministry of Labor.

Anmerkung: monatlicher Verdienst

IFEP FREIBURG I. BR. | Be 81.40

Hauptunterschied liegt darin, daß die Erhebung der EG-Arbeitnehmer in Betrieben mit 10 und mehr Beschäftigten umfaßt, während die japanische diejenigen erfaßt, die in Unternehmungen mit 10 und mehr Personen arbeiten. Daraus resultiert kein großer Unterschied, wenn wir unsere Analyse auf die Verarbeitungsindustrie beschränken. In der Abbildung bildet das Lohnniveau für Arbeiter die Grundlage des Vergleichs jeder Altersgruppe (100). Das Niveau der Angestellten wird durch eine Linie dargestellt. Die Abbildung zeigt, daß die Lücke im Lohnniveau zwischen Angestellten und Arbeitern in der EG von Land zu Land verschieden ist. Sie ist in Frankreich am größten und am geringsten in Westdeutschland. Aber, die Diskrepanz zwischen Angestellten und Arbeitern ist in Japan immer noch geringer als in Westdeutschland.

Warum ist die Diskrepanz im Lohnniveau zwischen Angestellten und Arbeitern in Japan so gering? Abbildung 3 zeigt die Beziehung zwischen Lohn und Alter auf der Grundlage der beiden Erhebungen auf. Das Lohnniveau der Arbeiter zwischen 21-24 bildet die Grundlage für den Index. Abbildung 3-A, in der die Profile für Arbeiter dargestellt werden, läßt erkennen, daß diese in der EG einander sehr ähnlich sind, und etwa bei 25 Jahren abflachen, während das japanische Profil für Arbeitnehmer in großen Unternehmungen noch bis 50 Jahre ansteigt. Sogar die Löhne von Arbeitnehmern in kleinen Unternehmungen zeigen einen steileren Verlauf bis 30 Jahre als die der Länder der EG. Flüchtig besehen könnte man es als "seniority wages" (auf das Dienstalter bezogene Löhne) bezeichnen, was für Japan ein charakteristisches Merkmal darstellt. Jedoch drängt sich beim Betrachter der Abbildung 3-B eine andere Interpretation auf; "seniority wages" sind mit dem Lohnniveau der Angestellten in der EG vergleichbar. Die Lohnindexreihen für männliche Angestellte steigen, von einigen Ausnahmen abgesehen, bis zum mittleren Alter. Die japanische Indexreihe für Arbeiter in großen Unternehmungen, die gegenüber den europäischen so eigentümlich erschien, kann in die Mitte derjenigen von Angestellten in der EG eingeordnet werden. Sogar das Profil für die japani-

Abbildung 3 – B: Lohn-Profile für Angestellte: männliche Angestellte in der Verarbeitungsindustrie, EG und Japan, nach Altersgruppen

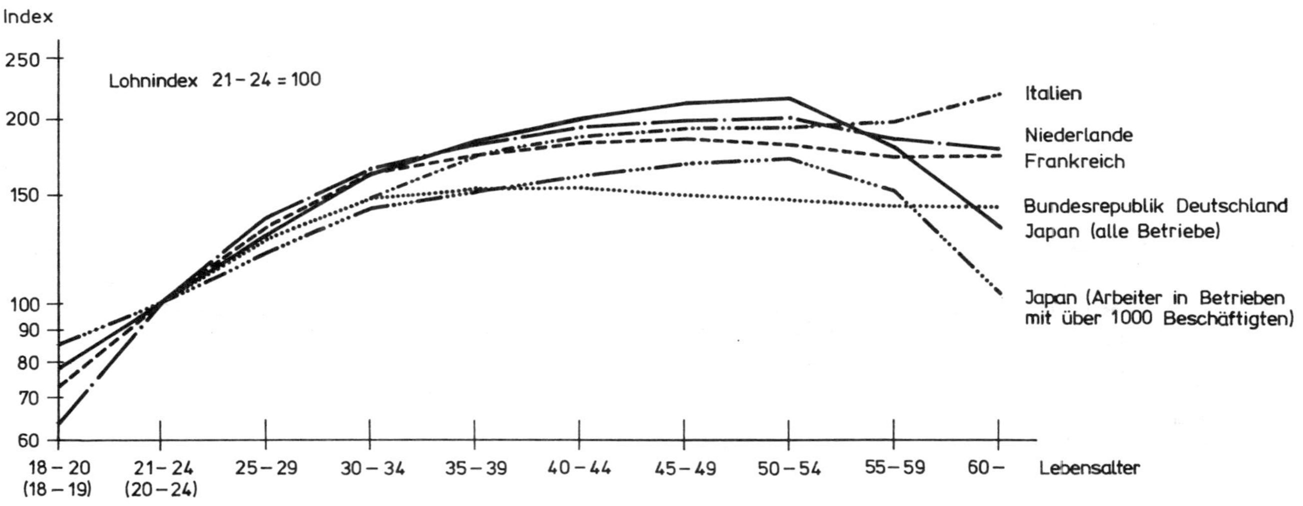

Quelle: Analog Abbildung 2

Anmerkung: Die Profile für japanische Angestellte beruhen auf der Grundlage Japanischer Klassifikation.

IFEP FREIBURG I. BR. | Be 81.42

Abbildung 3 – A: Lohn-Profile für Arbeiter: männliche Arbeiter in der Verarbeitungsindustrie, EG und Japan; nach Altersgruppen

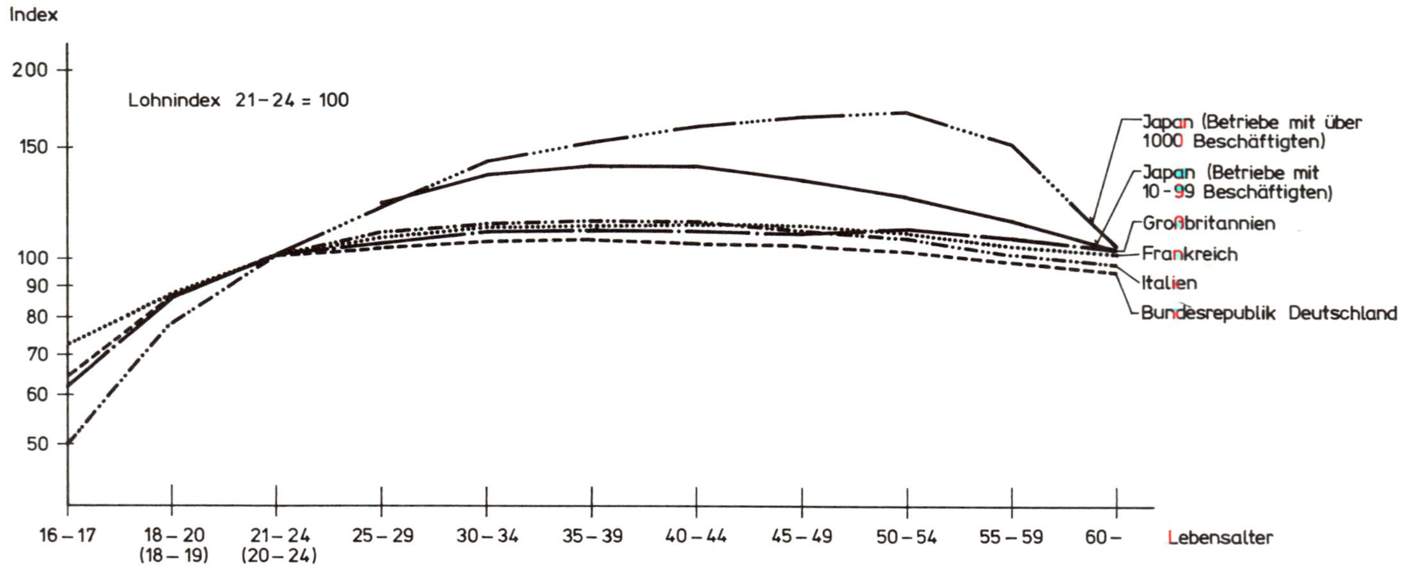

Quelle: Analog Abbildung 2

Anmerkung: Die Profile für japanische Arbeiter beruhen auf der Grundlage Japanischer Klassifikation.

IFEP FREIBURG I. BR. | Be 81.41

schen Angestellten ist dem französischen ähnlich. Kurz, japanische Arbeiter in großen Unternehmungen sind nicht nur im Lohnniveau, sondern auch in den Indexreihen den Angestellten gleich. Dies wird der wahre Grund dafür sein, daß die Unterschiede im Lohnniveau zwischen Angestellten und Arbeitern in Japan kleiner sind als in der EG.

Betrachtet man die Gewerkschaften, so können ebenfalls Gemeinsamkeiten festgestellt werden. Außer in den skandinavischen Ländern sind sowohl die Angestellten in den Ländern der EG als auch die in den USA noch nicht so sehr in Gewerkschaften organisiert wie die in Japan. Obwohl auch im Westen immer mehr Angestellte sich gewerkschaftlich organisieren, tendieren sie jedoch dazu, sich in eigenen Gewerkschaften zusammenzuschließen, welche sich von denen der Arbeiter unterscheiden. Demgegenüber gehören in Japan sowohl Arbeiter als auch Angestellte einer Unternehmung im allgemeinen derselben Gewerkschaft an. Folglich dominiert mit Ausnahme des Bergbaus, wo die Lohnindexreihe für Arbeiter nicht so steil ist wie in anderen Industriezweigen, eine gemeinsame Gewerkschaftspolitik. Mit anderen Worten ist der Anteil von Angestellten, die Gewerkschaftsmitglieder sind, in Japan beträchtlich höher, obwohl für einen internationalen Vergleich kein statistisches Material zur Verfügung steht. Auf der anderen Seite können jedoch einige Ähnlichkeiten zwischen den Gewerkschaften Japans und den Arbeitnehmer-Organisationen der EG aufgedeckt werden. In Betriebsräten in Westdeutschland und im comité d'entreprise in Frankreich sind nicht nur Arbeiter, sondern auch, mit Ausnahme von leitenden Angestellten, Angestellte organisiert, obwohl sie keine regulären Gewerkschaften darstellen; sie verhandeln über einen Teil der Arbeitsbedingungen. Diese Merkmale haben sie mit japanischen Gewerkschaften gemein (vgl. Koike 1978-1).

Internalisierung der Laufbahn der Arbeitnehmer

Weshalb ist die Diskrepanz zwischen Arbeitern und Angestellten sowohl im Lohnniveau als auch im gewerkschaftlichen

Organisationsgrad in Japan geringer? Was ist die Basis der "white collarisation" in großen Unternehmungen? Untersuchen wir zunächst einmal die Merkmale, welche die Fähigkeiten der Arbeitnehmer charakterisieren und im allgemeinen die Löhne beeinflussen. Im gegenwärtigen Japan konzentriert sich die Ausbildung im wesentlichen auf training on the job. Um also die Charakteristika der Arbeitnehmerausbildung kennenzulernen, ist es wesentlich, die Arbeitsplätze zu betrachten, die die Arbeiter in ihrer Laufbahn durchlaufen. Wenn auch kein statistisches Material verfügbar ist, zeigt doch eine Studie (vgl. Koike 1977; 1978-2), daß die Weiterbildung von Arbeitern in großen japanischen Unternehmungen über einen weiteren Bereich angelegt ist als in den USA und vielleicht auch in den Ländern der EG. Nach einer kurzen Einarbeitungszeit von zwei Wochen bis maximal zwei Monaten, nimmt eine neue Arbeitskraft im allgemeinen eine Stelle in einer Werkstätte ein. Dann wechselt sie in regelmäßigen oder unregelmäßigen Abständen innerhalb dieser Werkstätte von einer Stelle zur nächsten, bis er sie fast alle kennengelernt hat. Mehr noch, er versucht zu anderen Werkstätten zu gelangen, deren Technologie ähnlich ist und erweitert so seine Kenntnisse. In einem integrierten Stahlwerk zum Beispiel beginnen die Arbeiter an einem Hochofen zu arbeiten, wechseln dann zu einem anderen über und werden so mit den verschiedenen Typen von Hochöfen vertraut. Sie arbeiten auch schichtweise in der Hochofeninstandhaltung. Durch die Erfahrungen aufgrund verschiedener Stellen und Aufgaben lernen die japanischen Stahlarbeiter die Funktionsweise eines Hochofens kennen. Wenn sie die Arbeit am Hochofen wieder aufnehmen, haben sie dazu umfassende Fähigkeiten.

Diese umfassenden Arbeitsplatzerfahrungen, wodurch die Arbeiter den Produktionsablauf verstehen können, erweist sich erstens sehr wertvoll bei der Anpassung an die Einführung neuer Einrichtungen. Zweitens kann die Anpassung an unwesentliche Änderungen verschiedener Art effizienter durchgeführt werden. Nimmt man zum Beispiel an, daß ein Wechsel in der Zusammensetzung der Arbeitskräfte stattge-

Abbildung 4: Verteilung der Arbeiter in Abhängigkeit von der Länge der Dienstzeit in Japan und in der EG (männliche Arbeiter in der Verarbeitungsindustrie)

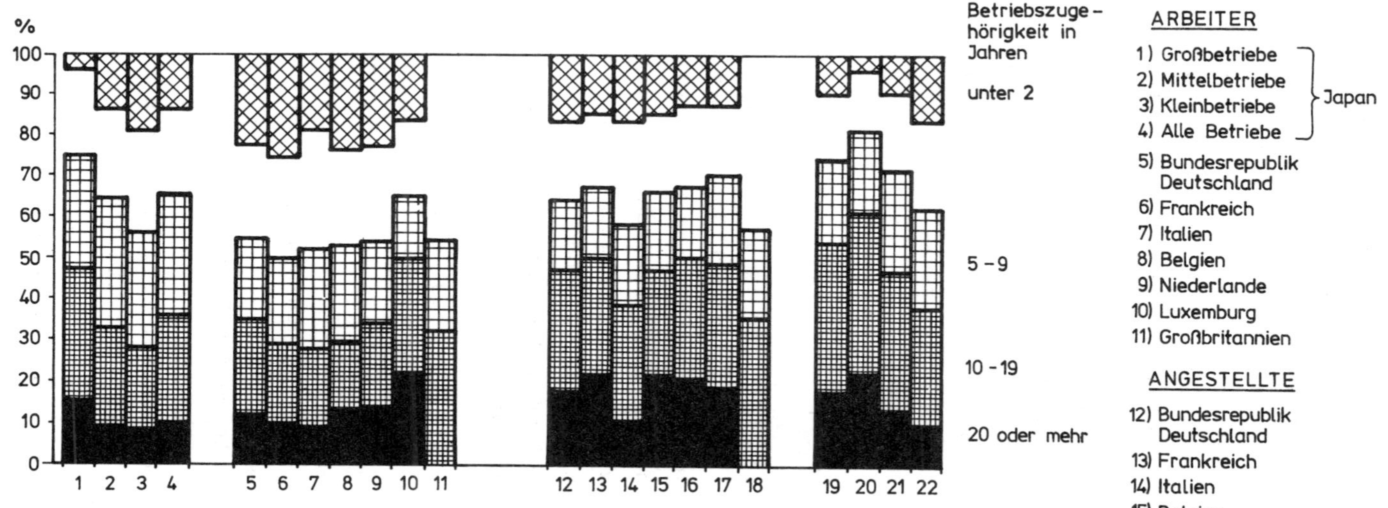

Quelle: analog Abbildung 2

Anmerkung: Für Japan: große Unternehmungen mit 1000 und mehr Beschäftigten
mittlere Unternehmungen mit 100 – 999 Beschäftigten
kleinere Unternehmungen mit 10 – 99 Beschäftigten
Für die EG: Alle Unternehmungen mit 10 und mehr Beschäftigten.

IFEP FREIBURG I. BR. | Be 81.43

gefunden hat, etwa durch den Einsatz unerfahrener Arbeiter, so können die Arbeiter die Stellen innerhalb der Werkstätten wechseln, um den Produktionsfluß aufrecht zu erhalten. Drittens, und dies ist der wichtigste Punkt, können die Arbeiter selbst planen, wie sie ihre Arbeit am effizientesten gestalten. Dies ist als "Quality control circle movements" bekannt, welche in japanischen Unternehmungen vorherrschen. Kurz, die japanischen Arbeiter großer Unternehmungen sind eine Quelle unschätzbarer Fähigkeiten, eine Gruppe eher intellektuell als lediglich manuell Tätiger, und sie haben eine wichtige Rolle bei der Unterstützung der japanischen Industrie und im Leben des Volkes gespielt. Dies kann unter "white-collarisation" der Arbeiter in Japan verstanden werden.

Nicht-gesetzliche Sozialleistungen und "White Collarisation"

Die "White Collarisation" der japanischen Arbeiter könnte entscheidend sein, um die zwei Schlüsselfragen zu beantworten, die sich im Zusammenhang mit Sozialleistungen stellen: (A) Warum erhalten die japanischen Arbeiter ähnliche Sozialleistungen wie die Angestellten in den Ländern der EG und (B) weshalb besteht zwischen den Sozialleistungen für japanische Arbeiter und Angestellte keine Diskrepanz, während dies in den Ländern der EG der Fall ist?

Eine hier aufgestellte Hypothese begründet dies mit dem innerbetrieblichen Arbeitsmarkt oder der Internalisierung der Laufbahn. Freiwillige Sozialleistungen werden wirksam aufgrund einer Gruppe, die einen Arbeitsplatz teilen. Es ist richtig, daß, aufgrund von Ähnlichkeiten in der Arbeit und teilweise im Lebensstil, die freiwilligen Sozialleistungen so entwickelt werden können, daß sie der Arbeit und dem Lebensstil der Arbeiter angemessen sind. Aber zahlreiche Bestandteile von Sozialleistungen können nur sowohl für die Unternehmung als auch für die Arbeiter langfristig wirksam werden. Nehmen wir zum Beispiel freiwillige Pensionszahlungen für diese Gruppe. Sie stehen nur lang beschäftigten Arbeitern zu. Also können weder die Unternehmungen noch die Arbeiter ohne einen Überblick über die Länge der Dienstzeit von Arbeitern sich so sehr auf diese Sozialleistungen verlassen.

Es kann weitgehend als Tatsache angesehen werden, daß japanische Arbeiter eine lebenslange Beschäftigung genießen können, was bedeutet, daß bessere Aussicht auf ein längeres Dienstverhältnis insbesondere in großen japanischen Unternehmungen besteht. Glücklicherweise können der EG-Studie über Lohnstrukturen der Industrie Daten entnommen werden, die über die Länge von Dienstverhältnissen von Arbeitern in der EG Auskunft geben. Japanische Statistiken liefern diese Daten jährlich seit 1954. Abbildung 4 stellt einen Vergleich über die Länge der Dienstzeit von männlichen Arbeitern dar. Anhand dieser Abbildung läßt sich zeigen, daß der Anteil an lang beschäftigten Arbeitern in Japan deutlich über dem der EG liegt, aber es ist ebenso offensichtlich, daß der Anteil der Langzeitbeschäftigten in der japanischen Arbeiterschaft großer Unternehmungen ähnlich oder sogar geringer als der von EG-Angestellten ist. Berücksichtigt man noch die Lohnentwicklung in Abhängigkeit vom Alter, wie Abbildung 3 verdeutlicht, so kann herausgestellt werden, daß die japanischen männlichen Arbeiter und die Angestellten in der EG sowohl Aussicht auf ein langes Dienstverhältnis als auch auf innerbetrieblichen Aufstieg haben. Dies stellt die Grundlage für eine Vielzahl von Sozialleistungen dar.

Beschäftigt man sich mit der Arbeiterschaft in den EG-Ländern, so können insbesondere in großen Unternehmungen einige Unterschiede im innerbetrieblichen Stellenmarkt aufgedeckt werden, obwohl weitaus weniger als zwischen Angestellten der EG und japanischen Arbeitern. "Rekrutierung aus den eigenen Reihen" ist sicherlich ein Teil der betrieblichen Gepflogenheiten von großen Unternehmungen wie die andere Gepflogenheit, daß tendenziell junge Arbeitskräfte entlassen werden, was zu einer Verschärfung der internen Arbeitsmärkte führt. Dies könnte ein Grund dafür sein, daß Arbeiter in der EG geringere Sozialleistungen empfangen als

Angestellte in der EG und die japanischen Arbeiter. Diese vorläufige Hypothese führt zu dem Schluß, daß japanische Sozialleistungen am fortschrittlichsten sein könnten; erstens, weil das japanische System der nicht-gesetzlichen Sozialleistungen dem ähnlich ist, welches für Angestellte entwickelt und auf sie angewandt wurde, und in jedem industrialisierten Land wird dieser Teil zweifellos am stärksten ausgebaut; zweitens, weil, wenn eine Schlüsselgröße der nicht-gesetzlichen Sozialleistungen in der innerbetrieblichen Laufbahn der Arbeiter liegt, dies in Japan für die männlichen Arbeiter in großen Unternehmungen am weitesten entwickelt wurde.

Unterschiede von nicht-gesetzlichen Sozialleistungen in Abhängigkeit von der Unternehmungsgröße.

Unterschiede im Verhältnis von nicht-gesetzlichen Sozialleistungen und Unternehmungsausgaben

Die oben aufgestellte Hypothese wirft ein ernstes Problem auf. Wenn die Entwicklung der nicht-gesetzlichen Sozialleistungen sehr stark vom Grad der innerbetrieblichen Laufbahn abhängt, dann wird der Unterschied in Abhängigkeit von der Unternehmungsgröße gravierender, weil normalerweise der innerbetriebliche Aufstieg von Arbeitern in kleinen Unternehmungen selten ist. Folglich wird die Lücke im Lebensstandard zwischen Arbeitern in großen Unternehmungen und denen in kleinen Unternehmungen um so größer, je besser die nicht-gesetzlichen Sozialleistungen entwickelt werden. Dies ist insbesondere in Japan bedeutsam, dessen charakteristisches Merkmal in einer stärker egalitären Art der Einkommensverteilung liegt. Eine Studie der OECD zeigt, daß Japan eines der Länder darstellt, in denen das Haushaltseinkommen am gleichmäßigsten verteilt ist (vgl. Sawyer 1976). Eine andere Einsicht besteht darin, daß die Lohnunterschiede in Abhängigkeit von der Schulbildung in Japan weitaus geringer sind als sogar die in den USA, wo die Tendenz zu einer höheren Ausbildung genauso groß ist wie in Japan (vgl.

Koike 1979). Weiterhin ist offensichtlich, daß Unterschiede im Entgelt zwischen Angestellten und Arbeitern geringer sind als in den Ländern der EG. Beeinflussen die nicht-gesetzlichen Sozialleistungen Japans diese charakteristischen Merkmale? Die Unterschiede in Abhängigkeit von der Größe müssen untersucht werden.

Unglücklicherweise ist ein internationaler Vergleich über die Abhängigkeit der nicht-gesetzlichen Sozialleistungen von der Unternehmungsgröße nicht verfügbar, da diese Daten in der Erhebung der EG fehlen. So muß die Untersuchung auf Japan beschränkt werden, da dort das notwendige Datenmaterial zur Verfügung steht. Tabelle 1 zeigt den Anteil der nicht-gesetzlichen Sozialleistungen an Löhnen und Gehältern in Abhängigkeit von der Unternehmungsgröße. Die Definitionen sind aus japanischen Statistiken entnommen und weisen gegenüber denen der Abbildung 1 Unterschiede auf. Familien- und Haushaltsbeihilfen, welche in der Abbildung 1 mit einbezogen waren, fehlen hier, aber sie stellen nur einen geringen Teil dar.

Einleitend scheint es angemessen zu sein, die gesetzlichen Bestandteile zu betrachten. Sowohl 1965 als auch 1977 bestehen geringfügige Unterschiede in Abhängigkeit von der Unternehmungsgröße, eher sind sie unwesentlich höher in den kleinsten Unternehmungen. In diesen 12 Jahren sind die Anteile in allen Unternehmungsgrößen angestiegen. Dies ist hauptsächlich darauf zurückzuführen, daß das Durchschnittsalter der Arbeiter und der Anteil an Pensionszahlungen angestiegen ist.

Im Gegensatz dazu ist die Diskrepanz in den nicht-gesetzlichen Sozialleistungen in Abhängigkeit von der Unternehmungsgröße deutlich. Der Anteil der gesamten nicht-gesetzlichen Sozialleistungen an Löhnen und Gehältern liegt für die größten Unternehmungen bei 11,3% und bei 7,2% für die kleinsten. Flüchtig besehen scheint sich diese Diskrepanz zu verringern; der Unterschied zwischen den kleinsten und größten Unternehmungen betrug 1965 4,5%, dagegen 1977 nur noch 4,1%. Diese Änderung ist jedoch allein auf die höheren Pensionszahlungen zurückzuführen. Der Anteil an Pensionszahlungen ist zwar in beiden Gruppen gestiegen, jedoch am schnellsten bei den kleinsten Unternehmungen. Dies ist erstens darauf zurückzuführen, daß das Durchschnittsalter der Arbeiter beträchtlich höher wurde und zweitens darauf, daß die kleinen Unternehmungen ohne ein Pensionszahlungssystem ein derartiges eingerichtet haben. Wie auch immer, das Schrumpfen des Unterschiedes resultiert allein aus den Pensionszahlungen. Sowohl Sozialausgaben als auch Naturalleistungen haben die Diskrepanz verbreitert.

Der eigentliche Unterschied ist sogar größer. Die Abbildungen, die bisher betrachtet wurden, stellen den Anteil der Sozialleistungen an Löhnen und Gehältern dar. Letzterer seinerseits ist stark von der Unternehmungsgröße abhängig. Hier ist Vorsicht geboten. Zählt man Ausbildungsniveau, Länge der Dienstzeit usw. hinzu, so sind die Lohnunterschiede in Abhängigkeit von der Unternehmungsgröße in Japan kaum größer als in den Ländern der EG. Unterschiede im Ausbildungsniveau bewirken die große Diskrepanz zwischen den Lohnhöhen in Abhängigkeit von der Unternehmungsgröße. Aber die Kosten für Wohlfahrtseinrichtungen variieren nicht mit dem Ausbildungsniveau und der Länge der Dienstzeit. Man muß die Höhe der Ausgaben für nicht-gesetzliche Sozialleistungen einer Unternehmung je Beschäftigter analysieren. Tabelle 2 zeigt, daß sie in den kleinsten Unternehmungen nur 32% von denen in großen Unternehmungen betragen.

Unterschiede in den Sozialeinrichtungen in Abhängigkeit von der Größe

Betrachtet man die Wohlfahrtseinrichtungen, die Arbeitern zur Verfügung stehen, so werden die Unterschiede noch größer. Für Wohlfahrtseinrichtungen ist eine gewisse Unternehmungsgröße unabdingbare Voraussetzung. Für eine

Sporthalle zum Beispiel muß eine bestimmte Geldsumme für Bau und Unterhaltung ausgegeben werden, und daraus resultiert eine größere Ausgabe je Arbeitnehmer in kleineren Unternehmungen. Mit anderen Worten, in kleineren Unternehmungen müssen größere Summen je Beschäftigter aufgewendet werden, um die gleichen Einrichtungen zu bauen und zu unterhalten wie in großen Unternehmungen. Daraus folgt, daß die Diskrepanz an Einrichtungen in Abhängigkeit von der Unternehmungsgröße weiter ansteigen muß.

Die Erhebung des Arbeitsministeriums für das Jahr 1977 liefert Daten über die Unternehmungen, die verschiedene Pläne und Einrichtungen an Sozialleistungen haben. Sie ist sehr genau und umfaßt Dutzende von Bestandteilen und ist deshalb im Anhang aufgeführt. Anhand der Gesamtheit der Zahlen lassen sich drei Kategorien herausstellen:

Erstens ist die Diskrepanz in Abhängigkeit von der Größe der Unternehmung in den Bereichen am größten, die Maschinen und Ausrüstungen brauchen, wie medizinische Einrichtungen, Sportplätze, Kantinen, Einkaufsmöglichkeiten, Erholungshäuser in den Bergen oder an der See und Büchereien. Während die meisten der großen Unternehmungen derartige Einrichtungen besitzen, liegt der Anteil der kleinen Unternehmungen mit diesen Einrichtungen noch unter einem Viertel. Werkswohnungen stellen die einzige Ausnahme dar, die mehr als die Hälfte aller kleinen Unternehmungen haben. Zweitens bestehen geringe Unterschiede in Abhängigkeit von der Größe im Bereich finanzieller Unterstützungen, die nicht den Charakter von Betriebseinrichtungen tragen: Finanzielle Zuwendungen für Heirat oder Beerdigungen, Betriebsausflüge und für das private Versicherungssystem. Drittens resultieren sogar aus dem Bereich finanzieller Unterstützungen, für welche hohe Ausgaben getätigt werden müssen, große Diskrepanzen in Abhängigkeit von der Unternehmungsgröße. Die finanziellen Unterstützungen bei Kreditgewährungen zum Hausbau sind ein typisches Beispiel dafür; während nahezu alle Unternehmungen mit 1000 und mehr Beschäftigten derartige Pläne haben, gibt es sie nur in 15% der kleinsten Unternehmungen, und sogar wenn dort ein Plan existiert, ist die Kredithöhe in den kleinsten Unternehmungen weitaus niedriger als in den größten. Zusammenfassend kann man sagen, daß die Unterschiede in den nicht-gesetzlichen Sozialleistungen in Abhängigkeit von der Größe größer werden, wie man bei der genaueren Analyse gesehen hat.

Gibt es Aussichten, die freiwilligen Sozialleistungen in kleineren Unternehmungen zu verbessern? In der Hypothese, die oben aufgestellt wurde, liegt das Entscheidende in der innerbetrieblichen Laufbahn der Arbeiter. Es ist in kleinen Unternehmungen lange üblich gewesen, daß die Arbeiter so oft die Unternehmung gewechselt haben, daß daher keine Möglichkeit vorhanden war, ihre Fähigkeit innerhalb der Firma zu entwickeln. Dies wird bestätigt, wenn wir die Durchschnittszeit mit derjenigen großer Unternehmungen vergleichen. Wie auch immer, ein Blick auf Arbeiter in kleinen Unternehmungen enthüllt noch eine weitere Tatsache. Laut einer Feldstudie (Koike 1973), welche Ausbildung und innerbetriebliche Mobilität in den Mittelpunkt stellt, ist die Tatsache anzusehen, daß der Teil der Arbeitnehmer in kleinen Unternehmungen, welche verantwortungsvolle Stellen einnehmen, im Hinblick auf ihre Ausbildung denjenigen großer Unternehmungen vergleichbar ist. Sie erwerben ihre Fähigkeiten durch Erfahrungen an unterschiedlichen Stellen in dieser Unternehmung und tendieren natürlich dazu, lange Zeit in dieser Unternehmung zu bleiben. Dies wird in ihrem Alter-Lohn-Profil wiedergegeben, das an das in großen Unternehmungen erinnert. Der Unterschied liegt jedoch darin, daß Arbeiter dieser Art in kleinen Unternehmungen nur eine Minderheit darstellen, während sie in großen Unternehmungen die Mehrheit einnehmen. Obwohl sie eine Minderheit der Beschäftigten in kleinen Unternehmungen darstellen, spielen sie jedoch eine Schlüsselrolle in der Produktion. Darin könnte eine Grundlage bestehen, nicht-gesetzliche Sozialleistungen auch in kleinen Unternehmungen zu entwickeln.

Eine andere Schwierigkeit bleibt jedoch noch; die Unternehmungsgröße ist zu klein, um gute Einrichtungen zu haben. Um diese Schwierigkeit zu überwinden, wäre sowohl eine Vereinigung von Gewerkschaften als auch von Unternehmungen denkbar. Freiwillige Organisationen von Gewerkschaften gibt es bereits bei einem beträchtlichen Teil kleiner Unternehmungen (vgl. Koike 1977, 1978-2), und Vereinigungen von Beschäftigten überwiegen in kleinen Unternehmungen. Auf der Grundlage dieser bestehenden Vereinigungen würde ein größerer Verband dazu fähig sein, diejenigen nicht-gesetzlichen Sozialleistungen zu schaffen, welche eine bestimmte Zahl von Mitgliedern erfordert, während die Erbringung der übrigen nicht-gesetzlichen Sozialleistungen den jeweiligen Unternehmungen überlassen wäre.

Tabelle 1: Das Verhältnis von nicht-gesetzlichen Sozialleistungen und Entgelt in Abhängigkeit von der Unternehmungsgröße: Verarbeitende Industrie, 1965 und 1977 1)

Size of firm	Monetary remuneration	Fringe benefits Ø	Retirement payments	Benefits in kind	Other welfare expenditure	Statutory contributions
						%
1977						
All enterprises	100	9.3	4.6	0.7	4.0	7.8
5,000-	100	11.3	4.9	0.8	5.6	7.7
1,000-4,999	100	9.6	4.8	0.8	4.0	7.6
300-999	100	8.1	4.3	0.6	3.2	7.8
100-299	100	8.8	4.4	0.5	2.9	8.0
30-99	100	7.2	4.1	0.3	2.8	8.2
1965						
All enterprises	100	9.1	3.0	0.9	5.2	5.5
5,000-	100	10.9	3.9	0.9	6.1	5.4
1,000-4,999	100	10.0	3.5	1.1	5.4	5.5
300-999	100	8.8	3.0	1.0	4.8	5.4
100-299	100	7.1	1.8	0.9	4.4	5.5
30-99	100	6.4	1.4	0.7	4.3	5.7

Quelle: Ministry of Labour, Rodohiyo Chosa (Labour Costs Survey), for the year 1965, and Ministry of Labour, Rodosha Fukushi Shisetsu Seido Chosa (Workers Welfare Facilities and Plans Survey) for the year 1977.

1) Die Bezeichnungen der Sozialleistungen wurden aus dem englischen Text übernommen.

Tabelle 2: Die Höhe der nicht-gesetzlichen Sozialleistungen je Beschäftigter in Abhängigkeit von der Unternehmungsgröße: Verarbeitende Industrie 1977

Size of firm	Monetary remuneration	Fringe benefits				Statutory contributions
		Ø	Retirement payments	Benefits in kind	Other welfare expenditure	
All enterprises	84.6	68.5	78.4	65.4	60.3	86.1
5,000-	100.0	100.0	100.0	100.0	100.0	100.0
1,000-4,999	94.9	79.3	91.5	88.2	67.2	94.1
300-999	84.9	60.2	73.8	61.5	48.1	86.1
100-299	71.5	48.5	63.1	40.0	36.9	74.9
30-99	65.0	40.8	54.0	21.3	32.0	69.6

Quelle: Ministry of Labour, 1977, survey, op. cit.

ZUSAMMENFASSUNG

Prof. Kazuo Koike: Freiwillige Sozialleistungen im gegenwärtigen Japan - Eine vergleichende Analyse mit den Ländern der EG.

Ausgangspunkt der Arbeit bildet die Hypothese, daß das Ungleichgewicht im internationalen Handel zwischen Japan und dem Westen auf die im Westen höheren Ausgaben für Sozialleistungen zurückzuführen ist. Im ersten Teil der Arbeit wird ein internationaler Vergleich von nicht-gesetzlichen Sozialleistungen durchgeführt, wobei insbesondere das Verhältnis zwischen gesetzlichen und nicht-gesetzlichen Sozialleistungen und die unterschiedliche Höhe an Sozialleistungen bei Arbeitern und Angestellten im Mittelpunkt der Betrachtung steht. Der Verfasser zeigt anhand von Abbildungen, daß diese Diskrepanz an nicht-gesetzlichen Sozialleistungen in Japan geringer ist als in der EG und daß die nicht-gesetzlichen Sozialleistungen in Japan denen für Angestellte in der EG vergleichbar sind. Daß die gesetzlichen Sozialleistungen niedriger sind, wird auf die unterschiedliche Alterszusammensetzung der Beschäftigten in der EG und in Japan zurückgeführt. Weiterhin wird gezeigt, daß die Internalisierung der Laufbahn der Arbeiter die Diskrepanz im Lohnniveau zwischen Arbeitern und Angestellten in Japan geringer werden läßt. Der letzte Teil der Ausführungen beschäftigt sich mit dem Einfluß der Unternehmungsgröße auf die Höhe der nicht-gesetzlichen Sozialleistungen. Anhand von Beispielen wird gezeigt, daß große Unternehmungen weitaus mehr auf dem Gebiet der Sozialleistungen realisieren können. Den Abschluß der Arbeit bilden Hinweise dafür, wie das System der nicht-gesetzlichen Sozialleistungen in kleinen Unternehmungen verbessert werden könnte.

Dore, R. P.	BRITISH FACTORY JAPANESE FACTORY, London: George Allen & Unwin, 1973.
Koike, Kazuo	SHOKUBA NO RODOKUMIAI TO SANKA ROSHIKANKEI NO NICHIBEI HIKAKU (Industrial Relations and Workers Participation on the Shop Floor - A Comparative Study between the US and Japan), Tokyo: Toyo Keizai, 1977.
Koike, Kazuo	RODOSHA NO KEIEISANKA - SEIO NO KEIKEN TO NIHON (Workers Participation in Management - A Comparative Study between the Western Europe and Japan), Tokyo: Nihon Hyoron, 1978.
Koike, Kazuo	Japan's Industrial Relations: Characteristics and Problems, in: JAPANESE ECONOMIC STUDIES, N.Y.: M.E. Sharpe Inc. Fall, 1978, vol. 7, no. 1. This is an English translation of the final chapter of the book (1977).
Koike, Kazuo	Chusho Kigyo no Jukuren Keisei (Skill Formation in Small Businesses) in CHOSA JIHO (Bulletin), Tokyo: Chusho Kigyo Koko, Nov. 1978.
Koike, Kazuo	Employment in Japan, a "Superdeveloped Country", in JAPAN ECHO, Tokyo: Japan Echo Inc., vol. 6, no. 2, 1979.
Sawyer, Malcolm	Income Distribution in OECD Countries, in: OCCASIONAL STUDIES, OECD ECONOMIC OUTLOOK, Paris; OECD, July 1976

%-Anteile von Unternehmungen mit Plänen für Sozialleistungen und Sozialeinrichtungen nach Unternehmensgröße (Beschäftigtenzahl): Gesamte Industrie 1977

	Ø	5,000-	1,000-4,000	300-999	100-299	30-99
Housing, total	62.3	99.2	97.3	90.6	73.6	54.9
For family	46.6	96.0	88.6	74.7	53.0	40.6
For single	49.8	98.9	93.8	83.3	63.6	40.9
Canteens	42.3	95.4	84.1	67.7	52.7	35.5
Medical facilities, total	22.3	96.3	80.7	50.8	29.8	15.3
Hospitals with 25 beds and over	5.9	38.3	13.0	10.6	6.9	4.7
Hospitals with less than 25 beds	8.0	66.8	34.7	18.9	10.5	5.2
Doctor's office	13.2	69.7	62.2	36.5	17.8	7.9
Sporting facilities, total	34.2	95.7	78.5	59.7	45.1	26.9
Gymnasium	4.6	64.9	27.5	13.3	5.6	2.6
Other indoor facilities	23.9	66.3	50.9	37.4	32.8	18.9
Playground	13.4	87.3	56.4	28.0	18.0	9.0
Courts for tennis or volleyball	12.3	89.4	64.4	35.2	16.7	6.9
Swimming pool	3.9	61.0	19.9	8.9	5.7	2.1
Sports clubs, total	63.5	99.2	94.0	86.1	77.8	55.9
Baseball	51.4	97.0	89.9	81.3	68.3	42.0
Table tennis	19.3	88.1	69.0	36.0	26.1	13.9
Softball	18.8	45.2	30.5	22.7	22.6	16.7
Fishing	15.2	72.8	55.7	35.3	22.7	9.6
Golf	12.1	24.1	26.0	23.9	17.9	8.7
Other clubs, total	33.9	98.8	93.1	77.0	49.6	23.0
Go, shogi (Japanese chess)	18.7	90.9	70.5	43.8	26.6	12.0
Flower decoration	18.3	96.7	86.3	56.0	29.4	9.0
Tea ceremony	9.8	93.4	70.5	33.4	15.1	3.9

Fortsetzung

	Ø	5,000-	1,000-4,000	300-999	100-299	30-99
Photograph	6.6	75.0	48.9	21.7	10.2	2.5
Libraries	16.6	64.5	54.3	37.2	27.0	10.1
Financial aids to group trips	86.1	63.0	75.5	79.9	83.6	87.9
Recreational facilities, total	27.9	100.0	89.3	65.0	39.1	18.8
Lodging	21.4	97.3	80.4	49.7	30.7	13.8
Villas in mountains	8.1	34.0	28.8	18.6	12.7	5.0
Villas in seaside places	12.7	62.6	54.4	37.0	17.4	7.6
Recreational activities, total	46.7	93.6	88.0	68.3	59.3	39.3
Sports tournaments in the firm	26.7	82.8	71.2	50.7	38.2	19.3
Group attendance in theatres	6.3	30.6	19.8	9.6	5.9	5.6
Living facilities, total	9.7	83.3	55.6	30.4	14.5	4.7
Shopping facilities	7.1	68.9	48.1	24.3	11.5	2.7
Barbers and hair dressing	3.4	52.8	28.7	12.4	4.6	1.3
Nursery facilities	1.8	13.7	4.1	3.5	1.9	1.4
Consultation and counselling	23.9	65.5	41.6	33.6	30.1	20.4
Traffic accidents	18.9	28.8	23.8	25.2	24.4	16.3
Tax	9.4	14.1	9.7	10.4	12.0	8.5
Legal issues	5.6	21.8	10.1	8.9	8.1	4.3
Counselling offices	3.1	22.7	13.2	7.0	5.0	1.8
Loan systems	33.4	89.9	80.8	63.1	44.2	25.6
Gift systems for marriage or funeral	95.3	100.0	99.7	99.3	98.4	93.8
Financial aids to workers saving for forming the assets	51.1	50.7	59.6	67.7	62.9	45.6
Aids to build houses, total	27.3	98.5	89.3	64.2	40.0	17.7
Housing loan plans	23.6	98.5	88.4	61.7	37.1	13.7
Plans to promote for workers to be the firm's share-holders	13.6	77.2	53.9	24.5	15.5	10.2

Quelle: Ministry of Labour, Rodosha Fukushi Shisetsu Seido Chosa (Workers Welfare Facilities and Plans Survey) for the year 1977.

Anmerkung: Diese Tabelle schließt diejenigen Einrichtungen mit ein, die einer Unternehmung zwar nicht gehören, aber von ihr angemietet werden, um sich diese Einrichtungen leisten zu können. Die Bezeichnungen der Sozialleistungen und Sozialeinrichtungen wurden aus dem englischen Originaltext übernommen.

BETRIEBLICHE PERSONAL- UND SOZIALPOLITIK UNTER BESONDERER BERÜCKSICHTIGUNG UNTERNEHMUNGSEXTERNER RAHMENBEDINGUNGEN

Hans-Josef Brink
Michael Reiß

1. Die Personalpolitik der Unternehmung

1.1. Die Ziele der Personalpolitik

Will man den aktuellen Stand sowie die Entwicklungstendenzen der betrieblichen Sozialpolitik in der Bundesrepublik Deutschland darstellen, ist eine Einordnung der Sozialpolitik in die Unternehmungspolitik notwendig. Als unmittelbarer Bezugsrahmen für die Sozialpolitik bietet sich hierbei die Personalpolitik der Unternehmung an. Die Aufgabe, diesen unternehmungspolitischen Bezugsrahmen darzustellen, läßt sich am besten durch die Analyse der Ziele, der Bedingungen und der Instrumente einer Personalpolitik lösen [1].

Wendet man sich zunächst den Zielen der Personalpolitik zu, so ist hier von einer Dualität von Wirtschaftlichkeitszielen und Humanzielen auszugehen. Die Humanorientierung von Unternehmungen ergibt sich im politischen Bereich nicht zuletzt aus verfassungsrechtlichen Normen, die auch in die Unternehmungsverfassung Eingang gefunden haben. Aus wissenschaftlicher Sicht resultiert das Humanisierungsziel aus einer koalitionstheoretischen Sicht der Unternehmung als Instrument in den Händen mehrerer Unternehmungsträger, zu denen auch die Mitarbeiter zu

1) Hentze, Joachim: Personalwirtschaftslehre 1 und 2, Bern-Stuttgart 1977

zählen sind. Bezieht man diese allgemeinen Unternehmungsziele auf den Personalbereich, so ergibt sich als wirtschaftliches Formalziel der effiziente Personaleinsatz (etwa i.S. einer Personalkostenminimierung), als Humanziel eine menschengerechte Arbeitsgestaltung, wobei diese Humanität i.S. einer Orientierung an den Bedürfnissen und sonstigen Merkmalen der Mitarbeiter zu verstehen ist.

1.2. Die Bedingungen der Personalpolitik

Bedingungen für die Personalpolitik sind jene Sachverhalte, die bei personalpolitischen Entscheidungen als unbeeinflußbar angesehen werden. Im unternehmungsinternen Bereich ergeben sie sich nicht zuletzt aufgrund der sukzessiven Planung des Unternehmungsgeschehens. Hier ist als zentrale Bedingung der Personalbedarf zu nennen. Darüber hinaus haben die menschliche Natur sowie die sozialen Mechanismen in betrieblichen Gruppen den Charakter von Bedingungen.

Im Bereich der unternehmungsexternen Bedingungen ergeben sich zum einen Restriktionen aus der spezifischen Umwelt einer Unternehmung. Man denke hier etwa an die jeweilige Arbeitsmarktsituation. Zum anderen kommt allgemeinen Normen der Charakter externer Bedingungen zu. Diese Normen können gesetzlicher, vertraglicher oder nicht kodifizierter Art sein. Ihre Bedeutung wird an späterer Stelle eingehend erläutert.

1.3. Die Instrumente der Personalpolitik

Im Rahmen der Personalpolitik wird heute eine große Vielzahl von Instrumenten eingesetzt. Um einen Überblick über diese Vielfalt zu ermöglichen, werden personalpolitische Instrumente nach ihrem Gegenstand hier in zwei Gruppen unterteilt: Die erste Gruppe umfaßt alle Instrumente, die sich am Lebenszyklus der Mitgliedschaft eines Mitarbeiters an der Unternehmung orientieren, während die zweite Gruppe durch die Gestaltung von Tätigkeitsmerkmalen im Sinne des Tätigkeitsinhalts und des Tätigkeitsumfeldes gebildet wird.

Bei einer Orientierung am Lebenszyklus der Mitgliedschaft hat die Personalpolitik zunächst die Aufgabe der Personalbeschaffung, die sich extern in Form eines Personalbeschaffungsmarketings, intern in Form einer Personalentwicklung vollzieht. Hiermit verbunden sind stets Prozesse der Personalbeurteilung und Personalauswahl. Die Personalbeschaffung wird durch den Personaleinsatz ergänzt. Ist der Mitarbeiter einer bestimmten Stelle in der Unternehmungshierarchie zugeordnet, unterliegt er der Personalsteuerung. Diese umfaßt zunächst Maßnahmen im Bereich der Induktion (Information, Sozialisation, Anlernen u.ä.). Zu ihr zählen darüber hinaus der Einsatz von Instrumenten zur Vorsorge, Fürsorge und Nachsorge sowie zur Leistungssteuerung des Personals. Der Lebenszyklus der Mitgliedschaft endet mit der Personalfreisetzung. Sie beinhaltet die Planung des Personalabbaus sowie entsprechende Maßnahmen zur Milderung und zum Ausgleich von Härten, die durch den Personalabbau entstanden sind.

In die zweite Gruppe personalpolitischer Instrumente, die sich auf die Gestaltung der Tätigkeitsmerkmale beziehen, gehört zunächst die Gestaltung des Tätigkeitsinhalts. Hierbei handelt es sich um Verfahren der Stellenbildung und Ablaufgestaltung. Bei der Gestaltung des Tätigkeitsumfeldes sind verschiedene Aspekte zu unterscheiden. Zunächst liegt hier eine zeitliche Dimension vor, die im Hinblick auf einzelne Aufträge, auf die stündliche, tägliche, wöchentliche und jährliche Arbeitszeit sowie auf die Lebensarbeitszeit einer politischen Gestaltung bedarf. Ähnliches gilt für das räumliche Tätigkeitsumfeld, das durch Wahl des Vollzugsortes sowie durch räumliche Anordnung von Objekten und Mitteln gestaltet wird.

Das sachliche Tätigkeitsumfeld zerfällt in mehrere Teilaspekte. Zu der physikalischen Arbeitsumwelt zählen zum einen die technischen Merkmale von Arbeitsmittel und Arbeitsverfahren, zum anderen die Umgebungseinflüsse in Form von Lärm, Beleuchtung, Klima, mechanische Schwingungen, Einfluß chemischer Stoffe sowie Strahlung. Hinzu tritt die Gestaltung des sozialen Arbeitsumfeldes, d.h. der sozialen Beziehungen. Diese umfassen einmal die horizontalen oder kollegialen Beziehungen, zum anderen die vertikalen Beziehungen zwischen Vorgesetzten und Untergebenen.

Schließlich beinhaltet die Gestaltung des sachlichen Tätigkeitsumfeldes auch die Gestaltung von Anreizsystemen. In traditioneller Sicht kommen hier die personalpolitischen Instrumente Entgeltpolitik sowie Erfolgs- und Kapitalbeteiligung in Betracht. Auch die Instrumente der betrieblichen Sozialpolitik haben Anreizcharakter. Ihre Systematisierung, Erfassung und Entwicklung sind Gegenstand der folgenden Überlegungen.

2. Die Sozialpolitik der Unternehmung

2.1. Die Entwicklung der betrieblichen Sozialpolitik

Sieht man einmal von einer totalitaristischen Variante der Sozialpolitik, wie sie etwa für das Dritte Reich kennzeichnend war, ab, so lassen sich alle Erscheinungsformen betrieblicher Sozialpolitik zwei Gruppen zuordnen: Der Sozialpolitik als Schutz- und Sicherungspolitik einerseits bzw. der Sozialpolitik als soziale Personalpolitik andererseits [1].

---

1) Kossbiel, Hugo/Türk, Klaus: Sozialpolitik, betriebliche, in: Handwörterbuch der Betriebswirtschaft, Bd. III, Sp. 3573 - 3588

Die enge Konzeption der betrieblichen Sozialpolitik als Schutz- und Sicherungspolitik ist die historisch ältere Erscheinungsform und zeichnet sich durch folgende Merkmale aus:

- Eine sozialpolitische Initiative wird ergriffen, wenn beim Empfänger das Merkmal der Schutz- bzw. Sicherungsbedürftigkeit vorliegt. Diese wird vornehmlich i.S. einer ökonomischen Schwäche bzw. belastenden Lebenslage interpretiert. Grundlage ist hierfür eine Gerechtigkeitsvorstellung, die auf einem interpersonellen und intertemporalen Ausgleich der Lebenslagen fußt. Das Schlagwort von der Arbeiterfrage bzw. sozialen Frage macht deutlich, daß bei einseitiger interpersoneller Verteilung der Lebenslagen eine derartige protektorale Sozialpolitik auf eine Politik für spezielle gesellschaftliche Gruppen hinausläuft. Ökonomische Schwäche als Bedürftigkeitsmerkmal hat dabei ihre Ursache in ökonomischen und nicht-ökonomischen Grundrisiken des Arbeitslebens bzw. des Lebens überhaupt. Zu den ersten zählt die Arbeitslosigkeit, zu den nicht-ökonomischen einmal normale entwicklungs- und konstitutionsbedingte Schwächen, die beispielsweise bei Kindern, Jugendlichen, Frauen, Müttern und älteren Menschen vorliegen; zum anderen werden auch pathologisch bedingte Schwächen wie etwa Krankheit, Unfall und Behinderung sowie deren Folgen (Invalidität usw.) zu den Grundrisiken gezählt.

- Die Politik selbst hat Fürsorgecharakter, d.h. sie ist als reaktive und kurative Einflußnahme konzipiert.

- Da der Bedürftige Sozialleistungen unabhängig von seiner Leistung (als Almosen) erhält, kann dieser Version der Sozialpolitik ein karitativer Charakter zugeschrieben werden.

- Sie zeichnet sich schließlich dadurch aus, daß sie beim Empfänger nur spezielle Bedürfnisse anspricht bzw. befriedigt. Hier sind insbesondere die Sicherheitsbedürfnisse zu nennen.

Innerhalb der protektoralen Sozialpolitik lassen sich zwei Entwicklungslinien feststellen. Die erste betrifft den Übergang von der paternalistischen Sozialpolitik der großen Unternehmerfiguren des 19. Jahrhunderts zu einer partizipativen Sozialpolitik unter Beteiligung der Betroffenen, d.h. der Arbeitnehmer- und Gewerkschaftsvertreter. Die zweite Entwicklungstendenz betrifft den Umfang der durch betriebliche Sozialpolitik abgedeckten Schwächen bzw. Risiken. Diese Entwicklung ist in enger Weise mit der Sozialpolitik anderer Träger, also des Staates, der Verbände und der Kirchen, verbunden. Verwiesen sei in diesem Zusammenhang auf die Anfänge der betrieblichen Sozialpolitik, die in der Einrichtung von Pensionskassen zur Altersversorgung, von Betriebskrankenkassen zur Krankheitsfürsorge und von Werkswohnungen zur Unterbringung und Beschaffung von Arbeitskräften bestanden.

Entwicklungsmäßig läßt sich feststellen, daß die protektorale betriebliche Sozialpolitik immer mehr durch eine umfassende Sozialpolitik i.S. einer sozialen Personalpolitik ersetzt wird. Im Bereich der Theorie der Sozialpolitik basiert diese Entwicklung etwa auf kooperativen Unternehmungsmodellen, die bereits Nicklisch i.S. einer Betriebsgemeinschaft konzipiert hat; im politischen Bereich spielt hier nicht zuletzt die auf Kompensation ausgerichtete Strategie der Gewerkschaften eine Rolle. Wichtig erscheint, festzuhalten, daß sich im Bereich der staatlichen Sozialpolitik eine analoge Entwicklung abzeichnet. Dort wird häufig argumentiert, daß die Sozialpolitik durch eine allgemeine, wohlfahrtsorientierte Gesellschaftspolitik abgelöst wird bzw. abgelöst werden sollte.

Die betriebliche Sozialpolitik i.S. einer sozialen Personalpolitik unterscheidet sich hauptsächlich in folgenden Punkten von der engeren Konzeption der protektoralen

Sozialpolitik:

- Betriebliche Sozialpolitik wird nicht nur als reaktive Fürsorge, sondern als aktive Vorsorge verstanden. Durch diese Betonung der Prävention erfährt der Empfängerkreis betrieblicher Sozialleistungen eine erhebliche Ausweitung. Da alle Mitarbeiter bestimmten Grundrisiken, wie etwa Krankheit und Alter, ausgesetzt sind, besteht der Empfängerkreis nicht aus einer speziellen Gruppe Bedürftiger, sondern aus der Gesamtheit des Personals schlechthin. Nur am Rande sei hier vermerkt, daß der Schritt zu einer noch weitergehenden Ausdehnung des Empfängerkreises auf externe Unternehmungsträger - wie etwa Kommunen, Wissenschaft u.ä. - sehr klein ist; dennoch sei diese Problematik hier ausgeklammert und damit die betriebliche Sozialpolitik auf die Personalpolitik der Unternehmung beschränkt.

- Soziale Personalpolitik orientiert sich nicht nur an den Sicherheitsbedürfnissen der Mitarbeiter, sondern versucht,alle Bedürfnisse anzusprechen und zu befriedigen. Es handelt sich hier also um eine umfassende und nicht um eine "halbierte" Humanorientierung, die ihre Rechtfertigung nicht zuletzt aus der Tatsache erhält, daß Risiken für die menschliche Entwicklung in allen und nicht nur in unbefriedigten physiologischen Bedürfnissen liegen.

- Betriebliche Sozialpolitik im erweiterten Sinne berücksichtigt auch ökonomische Wirkungen sozialpolitischer Maßnahmen. Diese betreffen etwa den Einsatz der sozialpolitischen Instrumente im Rahmen der Personalbeschaffung oder der Unternehmungsfinanzierung durch staatlich geförderte Steuerersparnis durch nicht in Anspruch genommene Pensionsrückstellungen. Ökonomische Wirkungen umfassen auch die Beeinflussung des Mitarbeiterverhaltens im Hinblick auf Leistung, Absentismus und Fluktuation durch die betriebliche Sozialpolitik. Dies dokumentiert die Abkehr vom karitativen Charakter von Sozialleistungen und den Übergang auf die Reziprozität von

Leistung und Gegenleistung, die auch im sozialpolitischen Bereich gegeben ist. Diese Behauptung wird zum einen gestützt durch die instrumentalistische Betrachtungsweise der Unternehmung: Werden von der Unternehmung nur einseitige Leistungen ohne Beiträge erwartet, so gefährdet dies die Existenz dieses Instruments. Eine derartige Existenzgefährdung könnte nur dadurch vermieden werden, daß die anderen leistenden Unternehmungsträger zugunsten der Mitarbeiter auf Wertschöpfungsanteile verzichten, um so eine karitative betriebliche Sozialpolitik zu finanzieren. Erfahrungen aus dem Bereich der betrieblichen Verteilungspolitik sprechen allerdings deutlich gegen eine derartige Lösung.

Die Einbeziehung der leistungsstimulierenden Wirkungen betrieblicher Sozialpolitik darf nicht mit einer einseitigen Ökonomisierung gleichgesetzt werden. Betriebliche Sozialpolitik als soziale Personalpolitik stellt vielmehr einen Teil der Unternehmungspolitik dar, in welchem simultan humane und wirtschaftliche Ziele verfolgt werden. Es ist Aufgabe der sich anschließenden Überlegungen, die Instrumente einer derartig simultan humanen und wirtschaftlichen Personalpolitik aufzuzeigen.

2.2. Die Systematisierung der sozialpolitischen Instrumente

Für die Systematisierung sozialpolitischer Instrumente steht eine Vielzahl von Kriterien zur Verfügung, die sich allerdings in ihrer Leistungsfähigkeit zur Ordnung des Instrumentariums sehr unterscheiden [1].

---

1) Roost, Jakob: Freiwillige Sozialleistungen. Bedeutung, Arten und Ausgestaltung, Bern 1979; Haberkorn, Kurt: Zeitgemäße betriebliche Sozialleistungen, München 1973; Grätz, Frank/Mennecke, Kurt: Handbuch der betrieblichen Zusatz- und Sozialleistungen, 2. Aufl., Wiesbaden 1979; Luhmann, Ulrich/Zach, Georg M.: Sämtliche Sonderzuwendungen an den Arbeitnehmer und ihre Auswirkungen auf das Unternehmen aus arbeitsrechtlicher, steuerlicher und betrieblicher Sicht. Von der Anwesenheitsprämie bis zur Weihnachtsgratifikation, Kissing 1979.

Die traditionellen Systematisierungskriterien, nämlich die Motive bzw. Ziele der Unternehmung einerseits und die Bedürfnisse des Mitarbeiters andererseits, besitzen eine extrem geringe Differenzierungseignung. So ist es angesichts der Tatsache, daß mit einem personalpolitischen Instrument sowohl ökonomische als auch humane Effekte erzielt werden, sinnlos, die Instrumente unter diesem Gesichtspunkt ordnen zu wollen. Gleichermaßen aussichtslos ist der Versuch, Instrumente nach den Bedürfnissen zu klassifizieren, zu deren Befriedigung sie Eignung besitzen: Jedem personalpolitischen Instrument kommt eine - wenn auch unterschiedlich ausgeprägte Eignung zur Befriedigung aller Bedürfnisse zu.

Eine andere Gruppe von Kriterien eignet sich schon eher zur Systematisierungszwecken. Hier sei etwa auf Empfängermerkmale verwiesen, die es beispielsweise ermöglichen, zwischen potentiellen, aktuellen und ehemaligen Mitarbeitern als Adressaten betrieblicher Sozialpolitik zu unterscheiden. Allerdings gibt es auch hier weniger geeignete Merkmale, so etwa den mit der sozialpolitischen Maßnahme angesprochenen Lebensbereich des Adressaten, der bei einer Unterscheidung von betrieblicher und privater Sphäre herangezogen wird. Neben dem Verpflichtungscharakter der sozialpolitischen Aktivitäten, auf den an späterer Stelle intensiv eingegangen wird, sind insbesondere der Inhalt der Sozialleistungen sowie das Beeinflussungsobjekt einer sozialpolitischen Maßnahme für die Systematisierung von Interesse. Unter dem Inhalt versteht man die Güterart, der die sozialpolitische Leistung zuzurechnen ist. Hier ist zunächst eine Unterscheidung in monetäre und naturale Sozialleistungen üblich, wobei die naturalen Leistungen zusätzlich noch in materielle und immaterielle unterteilt werden. Damit läßt sich das weite Spektrum von Leistungen abdecken, welches neben reinen Zahlungen (Gratifikationen, Zuschüssen usw.) auch Sachgüter (Deputate usw.), Dienstleistungen (Werksverpflegung usw.) und Nutzungsrechte (Werkswohnungen usw.) sowie Informationsdienste (Werkszeitungen u.ä.) umfaßt.

Im Mittelpunkt der hier skizzierten Konzeption der betrieblichen Sozialpolitik als soziale bzw. humane Personalpolitik steht die Klassifikation des Instrumentariums nach dem Beeinflussungsobjekt. Die Beeinflussungsobjekte der Personalpolitik wurden bereits zwei Gruppen zugeteilt: Den Elementen des Lebenszyklus der Mitgliedschaft eines Mitarbeiters einerseits und der Gestaltung von Tätigkeitsinhalt und -umfeld andererseits. Im folgenden wird exemplarisch aufgezeigt, welche sozialpolitischen Instrumente in den einzelnen Bereichen einer lebenszyklus- bzw. tätigkeitsorientierten Personalpolitik anzusiedeln sind. Im Rahmen einer derartigen exemplarischen Darstellung einer weiten und integrativen Konzeption betrieblicher Personalpolitik ist die Identifikation der Instrumente einer engen, protektoralen Sozialpolitik unschwer möglich.

Bereits der erste Bereich einer am Lebenszyklus orientierten Systematisierung der personalpolitischen Instrumente, nämlich der Bereich der Personalbeschaffung, enthält ein sozialpolitisches Instrument, welchem besondere aktuelle Bedeutung zukommt. Gemeint ist die quantitative betriebliche Beschäftigungspolitik, etwa i.S. eines work sharing. Von großer traditioneller Bedeutung sind sozialpolitische Aktivitäten im Bereich der Personalentwicklung. Diese umfaßt zum einen die berufsbezogene Bildung i.S. einer Aus-, Weiter- und Fortbildung sowie Umschulung, zum anderen auch eine persönlichkeitsorientierte Entwicklung sowie die Förderung kultureller Interessen. Aktivitäten im Bereich der Personalsteuerung kann man etwa in Vorsorge-, Fürsorge- und Nachsorgeaktivitäten unterteilen. Vorsorge betrifft etwa den Bereich der beruflichen Sozialisation beim Eintritt in das Arbeitsleben ebenso wie eine altersbezogene Sozialisation beim Austritt aus dem Arbeitsleben. Der Fürsorgebereich ist sehr umfangreich. Er reicht von einer Beratung in juristischen, wirtschaftlichen und psychosozialen Problemsituationen über eine Erhaltung der Gesundheit des Mitarbeiters sowie eine Gemeinschaftspflege bis hin zur Betreuung von speziellen Gruppen in der Unternehmung. Hier sind neben den bereits erwähnten Frauen, Müttern, Jugendlichen, älteren Arbeitnehmern und Behinderten auch Minderheiten - wie etwa ausländische Arbeitnehmer - zu nennen. Die Nachsorge umfaßt schließlich das betriebliche Engagement auf dem Gebiet der Rehabilitation und der endgültigen Ausheilung von Krankheiten. Auch im Bereich des Personalabbaus bzw. der Personalfreisetzung sind besonders aktuelle Probleme angesprochen. Das sozialpolitische Instrumentarium reicht hier von der Gewährung von Entlassungshilfen bzw. -entschädigungen bis hin zum Kündigungs- und Rationalisierungsschutz.

Auch hinsichtlich der Gestaltung von Tätigkeitsinhalt und -umfeld eröffnet sich ein weites Spektrum sozialpolitischer Aktivitäten. In einer umfassenden Sichtweise ist hier heute von humaner bzw. menschengerechter Arbeitsgestaltung die Rede; eine engere Sichtweise dokumentiert sich in einer protektoralen Konzeption der Tätigkeitsgestaltung im Sinne einer Arbeitssicherheit bzw. eines Arbeitsschutzes.

Menschengerechte Gestaltung des Tätigkeitsinhaltes ist etwa durch Arbeitsstrukturierung möglich. In diesem Zusammenhang sei auf die bekannten Instrumente des Job Enlargement, Job Enrichment und der teilautonomen Gruppen verwiesen. Auch das zeitliche Tätigkeitsumfeld birgt ein umfangreiches Humanisierungspotential. Neben dem traditionellen Instrument der Erholungszeiten (bezogen auf Stunden, Schichten, Tage, Jahre) sind hier insbesondere flexible Arbeitszeitregelungen (flexible Tagesarbeitszeit, flexible Lebensarbeitszeit durch flexible Altersgrenze) zu erwähnen. Bezogen auf das räumliche Tätigkeitsumfeld besteht soziale Personalpolitik etwa in der Gestaltung von Arbeitsstätten (Ruheräume, Gemeinschaftsräume usw.). Mit der humanen Gestaltung des sachlichen Tätigkeitsumfeldes ist zunächst die ergonomische Gestaltung von Arbeitsmitteln (Werkzeugen, Maschinen usw.) angesprochen. Ein weites Feld eröffnet sich bei der menschengerechten Gestaltung der Umgebungseinflüsse. Hier sei beispielhaft auf den Schutz vor Schadstoffen verwiesen. Die Gestaltung des sozialen Tätigkeitsumfeldes konzentriert sich vor allem auf den humanen Führungsstil. In diesem Zusammenhang muß man insbesondere Humanisierungsbemühungen durch Gewährung von Mitsprache- und Mitbestimmungsrechten nennen, wobei sich verschiedene Ebenen einer derartigen Partizipation unterscheiden lassen.

Vervollständigt wird das Instrumentarium einer betrieblichen Sozialpolitik durch die humane Gestaltung von Anreizsystemen. In deren Mittelpunkt steht traditionellerweise die Entgeltpolitik. Sie wird ergänzt durch Maßnahmen der Erfolgsbeteiligung sowie Vermögensbildung (Kapitalbeteiligung u.ä.). Aus den vorangehenden Überlegungen ist deutlich geworden, daß die übliche Aufteilung der Entgelte in Lohnanteile und Zusatzentgelte (Gratifikationen, Prämien, Zuschüsse, bezahlte Feiertage und bezahlter Urlaub sowie die Lohnfortzahlung) nur von zweitrangiger Bedeutung ist. Dies wird bereits aus der Tatsache ersichtlich, daß der Lohn keine produktivitätsorientierte, sondern eine politische Größe darstellt, bei deren Gestaltung auch soziale Aspekte eine Rolle spielen. Von größerer Bedeutung ist die soziale Komponente der Entgeltpolitik, die etwa im Sinne einer Anforderungs- und Leistungsgerechtigkeit interpretiert werden kann. Zur Gestaltung von Anreizsystemen rechnet des weiteren die Gewährung von Leistungen, denen kein unmittelbarer Entgeltcharakter zukommt. Hierzu zählen insbesondere Versicherungsleistungen für Unfall, Krankheit, Arbeitslosigkeit und Alter.

2.3. Die Erfassung der sozialpolitischen Instrumente im Rechnungswesen der Unternehmung

Das betriebswirtschaftliche Rechnungswesen hat instrumentalen Charakter für die Unternehmungsträger. Es hat Informationsfunktionen zu erfüllen, die sich auf die Dokumentation, auf die Kontrolle und auf die Planung erstrecken. Die Informationsadressaten können unmittelbare oder mittelbare Trägereigenschaft für die Unternehmung haben.

Die Kritik am Rechnungswesen setzt an der dominierenden Aufgabe der Gewinnermittlung und damit an dessen Zweckmonismus an. Die stärkere Betonung der Sozialorientierung der Unternehmung und des Mitarbeiters mit seinem Leistungspotential hat zu der Forderung geführt, die unterschiedlichen Konsequenzen unternehmerischer Aktivitäten im Rechnungswesen auszuweisen. Diese Überlegungen führen zu einem mehrdimensionalen Erfolgsbegriff, der auch den Gewinnbegriff laut Bilanz und laut kalkulatorischer Rechnung beinhaltet. Ihre Ausprägungen haben diese Forderungen in der Form der Sozialbilanz und in dem Human Resource Accounting gefunden.

Die Sozialbilanz stellt ein Konzept eines unternehmerischen, gesellschaftsbezogenen Planungs-, Kontroll- und Dokumentationssystems dar. Sie steht in einem engen Zusammenhang mit der Sozialindikatorenforschung im Rahmen der gesamtwirtschaftlichen Wohlfahrtstheorie. Wenn auch heute der Begriff, die Ziele und der Inhalt der Sozialbilanzen noch nicht ausdiskutiert sind, so ist doch unstrittig, daß die Sozialbilanz auch über die Beziehungen zwischen Unternehmung und Mitarbeiter informiert. So werden im Rahmen der Sozialrechnung die Leistungen der Unternehmung für die Mitarbeiter weiter aufgegliedert, als dies in der Gewinn- und Verlustrechnung nach Aktiengesetz erforderlich ist. Die gesamten Personalaufwendungen werden beispielsweise aufgeteilt in: (1) Löhne und Gehälter, (2) Leistungen, die den aktiven Mitarbeitern direkt zufließen, (3) Leistungen, die den ausgeschiedenen Mitarbeitern direkt zufließen, (4) Leistungen, die den Mitarbeitern indirekt zufließen, (5) Leistungen, die den Mitarbeitern in ihrer Gesamtheit zufließen [1].

Im Rahmen der Kosten-Leistungs-Rechnung (KLR) werden die Personalkosten entsprechend ihrem Anfall erfaßt und auf die Bezugsobjekte, die Produkte, verrechnet. Dies schließt aber nicht aus, daß innerhalb eines Jahres eine Abgrenzung von stoßweise anfallenden Kosten vorgenommen wird (z.B. Urlaubsgeld, Weihnachtsgratifikation, 13. Gehalt). Der Faktor Arbeit wird im traditionellen Rechnungswesen nicht als Potential betrachtet und damit besteht auch im Rahmen der kalkulatorischen Rechnung keine Analogie zu der Behandlung der Betriebsmittelpotentiale. Untersucht man aber kritisch den Charakter dieses Produktionsfaktors, so kann der Potentialcharakter der Mitarbeiter nicht übersehen werden. An dieser Stelle setzt auch die Kritik an der kostenrechnerischen Behandlung des Personalbereichs an. Das Human Resource Accounting fordert, die Mitarbeiter auch kalkulatorisch als Potential anzusehen und zeitlich abzugrenzen. Dies bedeutet u.a., daß die Ausbildungskosten aktiviert und in späteren Perioden abgeschrieben werden, eine unmittelbare Analogie zu der kostenrechnerischen Behandlung der Betriebsmittel. Es bestehen in der Literatur zahlreiche Vorschläge zur Durchführung des Human Resource Accounting unter besonderer Betonung des Investitionscharakters bestimmter sozialpolitischer Maßnahmen wie etwa Aus- und Weiterbildung [2].

---

1) Dierkes, M.: Die Sozialbilanz, Frankfurt-New York 1974; Castan, E.: Rechnungslegung der Unternehmung, München 1977; Budäus, D.: Sozialbilanzen - Ansätze gesellschaftsbezogener Rechnungslegung als Ausdruck einer erweiterten Umweltorientierung, in: ZfB 1977, S. 183-202; Arbeitskreis "Sozialbilanz-Praxis": Sozialbilanz heute. Empfehlungen des Arbeitskreises "Sozialbilanz-Praxis" zur aktuellen Gestaltung gesellschaftsbezogener Unternehmensrechnung 1977.

2) Aschoff, C.: Betriebliches Humanvermögen, Wiesbaden 1978.

Es existieren jedoch heute hier noch erhebliche Meß- und Bewertungsprobleme.

Eine andere Entwicklungsrichtung ist das personalbezogene Rechnungswesen [1], das nicht mehr die Kalkulation der Produkte, sondern die Kostenerfassung und -auswertung unter spezifischen personalbezogenen Aspekten fordert. Damit wird das Problem des Zweckmonismus nicht gelöst, sondern nur ein Rechnungszweck durch einen anderen Rechnungszweck ersetzt.

Die KLR-Systeme sind durch ihre dominierende Kalkulationsorientierung nur bedingt in der Lage, detaillierte personalbezogene Kosteninformationen ohne Sonderrechnungen unmittelbar zur Verfügung zu stellen. Zwar werden in ausgebauten Plankostenrechnungssystemen unter der Kostenart "Kalkulatorische Sozialkosten" die Personalzusatzkosten detailliert erfaßt und verrechnet. Eine Zuordnung der Kosten zu den einzelnen Teilprozessen der Personalwirtschaft wird nicht vorgenommen; es fehlen weitgehend die personalbezogenen Bezugsgrößen, da die einseitige Zurechnung auf die Produkte dominiert.

Die Weiterentwicklung der KLR-Systeme wird sich insbesondere auf die Mehrdimensionalität der Rechnungszwecke erstrecken. Damit besteht dann die Möglichkeit, nach unterschiedlichen, jeweils festzulegenden Zurechnungsobjekten die spezifischen Kosten zu ermitteln. In diesem Falle ist die KLR in der Lage, sowohl produktbezogene als auch personalbezogene Kosteninformationen bereit zu stellen.

3. Die Rahmenbedingungen der Sozialpolitik

3.1. Die technologische Betrachtung der betrieblichen Sozialpolitik

---

1) Kropp, W.: Personalbezogenes Rechnungswesen (pRw), Königstein 1979.

Der entscheidungsorientierte Ansatz der betrieblichen Sozialpolitik mit den Elementen Ziel-, Bedingungs- und Instrumentalsystem basiert einmal auf dem Kriterium der Freiwilligkeit, zum anderen auf dem der Subsidiarität.

Von Politik kann nur gesprochen werden, wenn die Unternehmungsträger überhaupt die Möglichkeit haben, sozialpolitische Instrumente einzusetzen. Mit der Politik ist definitorisch das Merkmal der Freiwilligkeit verbunden, das sowohl eine statische als auch eine dynamische Komponente aufweist. Das sozialpolitische Entscheidungsfeld der Unternehmung wird durch präskriptive und deskriptive Bedingungen begrenzt, die sowohl unternehmungsexternen als auch unternehmungsinternen Ursprungs sind. Der sozialpolitische Bedingungsrahmen ist jeweils operationalisierbar für einen bestimmten Zeitpunkt/-raum. Die statische Betrachtung ist aber insoweit unvollständig, daß durch die unternehmungsinternen und externen Entwicklungsprozesse sich auch im sozialpolitischen Problemfeld ein laufender Anpassungsprozeß vollzieht. Zudem wirkt die Sozialpolitik in einer Periode auch auf die folgenden Teilperioden. Diese zeitliche Interdependenz, die auch in anderen unternehmerischen Entscheidungsfeldern festzustellen ist, führt zu einem dynamischen Ansatz. In diesem Zusammenhang ist zu fragen, inwieweit aus sozialpolitischen Instrumenten in späteren Perioden Bedingungen werden.

Der sozialpolitische Handlungsspielraum einer Unternehmung wird häufig durch das Subsidiaritätsprinzip festgelegt. Es besteht nämlich die Notwendigkeit, die unternehmungsbezogene Sozialpolitik von der Sozialpolitik des Staates und der Verbände abzugrenzen. Dabei sind drei Fälle zu unterscheiden. Erstens besteht keine artmäßige Konkurrenz zwischen den sozialpolitischen Instrumenten der einzelnen Träger (z.B. Betreuung der Auszubildenden). Zweitens kann die betriebliche Sozialpolitik dort einsetzen, wo die staatliche und verbandsbezogene Sozialpolitik endet. Ein Beispiel für diese intensitätsmäßige Überschreitung des unternehmungsextern gegebenen Bedingungsrahmen ist die freiwillige Lohnfortzahlung im Krankheitsfalle über den gesetzlichen Zeitraum hinaus. Im dritten Fall besteht eine art- und intensitätsmäßige Konkurrenz zwischen der betrieblichen Personalpolitik und der Sozialpolitik anderer Träger (z.B. Betriebskrankenkasse).

Die unternehmungsbezogene Sozialpolitik wird durch die unmittelbaren Unternehmungsträger vorbereitet, entschieden, durchgesetzt und kontrolliert. Da nach der instrumentalen Interpretation der Unternehmung sowohl der Geschäftsleitung als auch der Vertretung der Mitarbeiter jeweils Trägereigenschaft zukommt, sind die Betriebsvereinbarungen das Ergebnis der betrieblichen Sozialpolitik und nicht Bestandteil des Bedingungsrahmens.

3.2 Die gesetzlichen Rahmenbedingungen

Die historische Entwicklung der betrieblichen Sozialpolitik ist gekennzeichnet durch die Tendenz, sozialpolitische Leistungen aus der Unternehmungssphäre herauszulösen und sie durch gesetzliche Regelungen und Verordnungen zu ersetzen. Die sozialpolitische Gesetzgebung des Staates erstreckt sich in der Bundesrepublik Deutschland auf drei Teilkomplexe.

Den ersten Teilkomplex bilden die Gesetze mit speziellen sozialpolitischen Zielen, die dem Schutz einzelner, ausgewählter Arbeitnehmergruppen, wie z.B. Mütter, Jugendliche, Schwerbehinderte, dienen. Die Regelungen, die den Arbeitnehmern allgemein dienen, bilden den zweiten Gesetzeskomplex. Hierzu zählen z.B. RVO, Lohnfortzahlungs-, Kündigungsschutz-, Arbeitsförderungsgesetz, Arbeitsstättenverordnung. Beide Teilkomplexe dienen primär der Erfüllung der sicherheitsbezogenen Arbeitnehmerziele, die heute in der Zielrangfolge der deutschen Arbeitnehmer die erste Stelle einnehmen [1].

Das Betriebsverfassungsgesetz (1972) und das Mitbestimmungsgesetz (1976) als drittem Komplex beinhalten allgemeine Regelungen des Arbeitsverhältnisses und der Arbeitsbedingungen. In diesen beiden Gesetzen wird zwar auch der Schutzgedanke kodifiziert, jedoch treten sozialpolitische Aspekte im Sinne einer umfassenden sozialen Personalpolitik in den Vordergrund. Mit der Mitbestimmung wird die besondere Stellung der Mitarbeiter betont und die faktorielle Betrachtung aufgehoben, eine Analogie zur Entwicklung der Organisationslehre.

Das Arbeitsrecht ist nur beschränkt kodifiziert, und es erfährt daher eine laufende Weiterentwicklung durch die höchstrichterliche Rechtsprechung. Dieser dynamische Aspekt läßt sich am Beispiel der Betriebsrenten exemplifizieren.

Zu den kodifizierten, wenn auch nicht unmittelbar gesetzlichen Rahmenbedingungen zählen die Empfehlungen der Internationalen Arbeitsorganisation (ILO). So werden beispielsweise in der Philadelphia-Charta bestimmte Mindestbedingungen formuliert. Auch die Tätigkeit der supranationalen europäischen Behörden und Einrichtungen wirken sich auf die unternehmerische Sozialpolitik teils in Form von Gesetzen, teils in Form von Empfehlungen aus. Als Beispiel sei auf die europäische Sozial-Charta verwiesen, die empfehlenden Charakter hat.

3.3 Die tarifvertraglichen Regelungen

Sozialpolitische Forderungen werden in einem zunehmenden Maße in die Tarifvertragsverhandlungen in der Bundes-

---

1) Nach einer Untersuchung des Instituts der deutschen Wirtschaft 1979 (vgl. Handelsblatt vom 17.8.1979, S. 4)

republik Deutschland einbezogen. Sie betreffen heute vorwiegend die Gestaltung der Arbeitszeit in Form der Wochenarbeitszeit und der Urlaubszeit sowie der Takt- und Erholungszeit bei der Fließbandarbeit. Als tarifpolitischer Meilenstein wird die Forderung nach einer Verdienstsicherung bei Rationalisierungsmaßnahmen von seiten des DGB und der DAG gesehen. Die damit verbundene Besitzstandssicherung wurde in Baden-Württemberg (1978) zumindest teilweise durchgesetzt.

Die gewerkschaftliche Strategie der Arbeitszeitverkürzung hat auch Lösungen für ältere Arbeitnehmer und für Schichtarbeiter durch manteltarifvertragliche Regelungen erreicht.

Der "revidierte Entwurf" des DGB-Aktionsprogramms 1979 zielt sozialpolitisch auf die Sicherung der Arbeitsplätze vor den Folgen der Rationalisierung und der Automation, auf kürzere Arbeitszeit und längeren Urlaub sowie auf eine bessere Alterssicherung. Aus diesem Programm kann eine Entwicklungsrichtung für den weiteren tarifpolitischen Bedingungsrahmen abgeleitet werden.

3.4 Die nicht-kodifizierten Rahmenbedingungen

Der unternehmerische sozialpolitische Handlungsspielraum wird in der Realität wesentlich durch informelle Rahmenbedingungen determiniert, deren Operationalisierung aber nicht unerhebliche Schwierigkeiten bereitet. Diese nicht-kodifizierten Rahmenbedingungen liegen insbesondere in dem Bereich der Zumutbarkeitsnormen und der Arbeitszufriedenheitsforderungen.

Die Zumutbarkeitsnormen sind gesellschaftlich bedingt und stehen in einer engen Beziehung zu den Normen, denen sich bestimmte Gruppen verpflichtet fühlen. Die Zumutbarkeit stellt keine einwertige Größe dar, da sie regional und berufsspezifisch unterschiedlich ausgeprägt ist und außerdem eine Abhängigkeit von der Wirtschaftssituation feststellbar ist. Für die Gestaltung der betrieblichen Sozialpolitik ist die Frage nach der Operationalisierung der Zumutbarkeitskriterien zu stellen, ein Problemfeld, das bisher nur in Ansätzen als gelöst betrachtet werden kann. Meist läßt sich nur nach der Entscheidung feststellen, ob die Zumutbarkeitskriterien erfüllt worden sind, wie z.B. durch die Akzeptanz der Arbeit.

Das Problem der Arbeitszufriedenheit hat im Rahmen der Arbeitsstrukturierung eine erhebliche Aufwertung in der sozialpolitischen Diskussion erfahren. Auf die Schwierigkeiten der Messung der Arbeitszufriedenheit, ggf. über Indikatoren, sei nur verwiesen. Die grundsätzliche Problematik besteht aber in der Frage, inwieweit die von den Verbänden und Vertretern jeweils geforderte Arbeitszufriedenheit und die damit verbundenen Arbeitsstrukturen tatsächlich der Motivationslage der Mitarbeiter entsprechen. Damit wird auch die Forderung verständlich, nicht nur vereinzelt und ansatzweise die Mitarbeiterinteressen zu erforschen, sondern einen systematischen Ansatz zu entwickeln, damit die einzelnen Unternehmungen verläßliche Daten für die Formulierung ihrer mitarbeiterorientierten Politik gewinnen.

4. Die freiwilligen Sozialleistungen in der Bundesrepublik Deutschland

Die Personalkosten als monetäres Äquivalent der gesamten Sozialleistungen lassen sich unterteilen in die direkten Personalkosten und in die Personalzusatzkosten. Die Personalzusatzkosten sind gesetzlich, tariflich und freiwillig bedingt.

Die Tabelle 1 zeigt die Entwicklung der gesamten Arbeitskosten (Stundenverdienste (Männer und Frauen) einschließlich der Personalzusatzkosten in der verarbeitenden Industrie in DM je geleistete Arbeitsstunde) für 1970 und 1978.

Land	1970	1978
Belgien	7,84	20,70
Niederlande	7,98	20,45
Schweden	11,12	20,10
Bundesrepublik	9,42	20,06
Schweiz	7,72	19,90
Dänemark	8,75	18,60
USA	15,80	16,99
Kanada	12,73	15,71
Frankreich	6,45	14,07
Italien	6,93	13,72
Österreich	5,22	13,70
Japan	3,94	12,15
Großbritannien	5,86	8,82
Spanien	3,08	8,66
Irland	4,45	8,61
Griechenland	2,73	5,22

Tabelle 1

Die Arbeitskosten für das Jahr 1978 sind in der Tabelle 2 weiter aufgegliedert [1].

Land	Arbeitskosten je Stunde insgesamt	Durchschnitts-Stundenlohn	Personalzusatzkosten je Stunde
Belgien	20,70	11,97	8,73
Niederlande	20,45	11,70	8,75
Schweden	20,10	12,58	7,52
Bundesrepublik	20,06	11,87	8,19
Schweiz	19,90	13,82	6,08
Dänemark	18,60	15,24	3,36
USA	16,99	12,31	4,68
Kanada	15,71	12,27	3,44
Frankreich	14,07	7,87	6,20
Italien	13,72	6,63	7,09
Österreich	13,70	7,24	6,46
Japan	12,15	10,39	1,76
Großbritannien	8,82	6,78	2,04
Spanien	8,66	5,45	3,21
Irland	8,61	6,67	1,94
Griechenland	5,22	3,43	1,79

Tabelle 2

Was die Bundesrepublik Deutschland betrifft, so sind die Gründe für den Auftrieb der Arbeitskosten die stark gestiegenen Personalzusatzkosten und die Aufwertung der DM. Die Schwankungsbreite bei den Personalzusatzkosten ist stärker ausgeprägt als bei den Direktlöhnen. Bezogen auf

1) Argumente zu Unternehmerfragen, hrsg. vom Institut der deutschen Wirtschaft, 1979, H. 5

100 DM Direktentgelt für tatsächlich geleistete Arbeitsstunden verzeichnet hier Italien die höchste und Japan die niedrigste Belastung.

Die spezifische Entwicklung in der Bundesrepublik Deutschland ist in der Tabelle 3 [1)] aufgegliedert, und zwar entsprechend den Bestimmungsfaktoren für die Personalzusatzkosten. In diesem Zusammenhang ist insbesondere die Abnahme der freiwillig geleisteten Personalzusatzkosten von 1966 bis 1976 interessant.

5. Zur Weiterentwicklung der betrieblichen Sozialleistungen

Die betriebliche Sozialpolitik wird in der Bundesrepublik Deutschland auch zukünftig in ihrem Möglichkeitsfeld weiter eingeengt werden. Dies wird beispielhaft deutlich an dem neuen Aktionsprogramm des Deutschen Gewerkschaftsbundes sowie an den Absichtserklärungen der Bundesregierung. Die aufgezeigte Tendenz zur Abnahme der freiwilligen Sozialleistungen wird wohl zukünftig weiter zunehmen. Dies erscheint auch aus wettbewerbspolitischen Gründen notwendig zu werden, da die gestiegenen Energiekosten die Wettbewerbsposition der deutschen Unternehmungen beeinträchtigt. Ein weiterer Grund für die Abnahme der freiwilligen Sozialleistungen ist die allgemein zu beobachtende Entwicklung, einmal gewährte freiwillige Sozialleistungen zumindest über Betriebsvereinbarungen für nachfolgende Perioden festzuschreiben. Am Beispiel des Urlaubs- und Weihnachtsgeldes kann gezeigt werden, wie freiwillige Leistungen in Bedingungen übergeführt worden sind. Der sozialpolitische Handlungsspielraum wird zukünftig weiter eingeschränkt werden, die Arbeitgeber werden auf dem Gebiet der Sozialpolitik eine passive Verhaltensweise verfolgen. Zu einem ähnlichen Ergebnis kommt auch die zweite Enquete über das soziale Engagement der deutschen Wirtschaft, die das Manager-Magazin und die Stiftung

---

1) Eckert, H.: Die Personalzusatzkosten in der Wirtschaft, Köln 1977, S. 32

	1966	1969	1970	1971	1972	1973	1974	1975	1976
in Prozent des Direktentgeltes:									
gesetzlich bedingt	27,6	29,1	33,4	34,2	34,9	36,1	36,5	37,3	38,8
tariflich bedingt	2,6	3,8	8,4	9,1	10,2	11,3	12,2	12,7	13,1
zusätzlich (freiwillig)	13,2	13,3	9,6	9,6	9,5	9,4	9,7	9,8	10,1
Personalzusatzkosten insges.	43,4	46,2	51,4	52,9	54,6	56,8	58,4	59,8	62,0
in Prozent der Personalzusatzkosten:									
gesetzlich bedingt	63,6	63,0	65,0	64,7	63,9	63,6	62,5	62,4	62,6
tariflich bedingt	6,0	8,2	16,3	17,2	18,7	19,9	20,9	21,2	21,1
zusätzlich (freiwillig)	30,4	28,8	18,7	18,1	17,4	16,5	16,6	16,4	16,3
Personalzusatzkosten insges.	100,0	100,0	100,0	100,0	100,0	100,0	100,0	100,0	100,0

Tabelle 3

"Gesellschaft und Unternehmen" im Jahre 1979 durchgeführt haben [1].

Die betriebliche Sozialpolitik stellt nach der hier vertretenen Auffassung keinen Selbstzweck dar, sondern sie steht in einer Mittel-Zweck-Relation zu den übergeordneten Unternehmungszielen. Mit diesem Verständnis wird die Frage nach der Effizienz der sozialpolitischen Instrumente aufgeworfen. Die Wirkungen der betrieblichen Sozialpolitik sind sowohl Gegenstand modelltheoretischer Betrachtungen als auch empirischer Untersuchungen. Wie die Arbeit von Brockhoff (1979) [2] gezeigt hat, kann eine eindeutige Aussage über den Zusammenhang zwischen der betrieblichen Sozialpolitik und der betrieblichen Leistung bisher nicht nachgewiesen werden.

Die Frage der freiwilligen betrieblichen Sozialleistungen ist auch eng mit der Frage des Führungsstils verbunden und damit mit der Frage der Eigenverantwortlichkeit der Empfänger. Die Änderungen der politischen und sozialpolitischen Rahmenbedingungen im Rahmen der deutschen Wirtschaft legt den verstärkten Übergang von der Fremdverantwortlichkeit zur Eigenverantwortlichkeit nahe. Dies wird auch durch die technologische und die technische Entwicklung weiter fortschreiten mit entsprechenden Konsequenzen für die Berufsbilder.

Die Theorie der staatlichen Sozialpolitik und der betrieblichen Sozialpolitik sind bisher vorwiegend einer isolierten Analyse zugeführt worden. Beide Politiken stehen jedoch in einer engen Wechselbeziehung zueinander, so daß es notwendig erscheint, hier einem integrativen

---

1) Vgl. Dierkes, M./Ullmann, A.A.: Wird die Offensive blockiert? Sozial-Enquete, in: manager magazin 1979, S. 88-96.

2) Brockhoff, K.: Betriebliche Sozialpolitik und betriebliche Leistung, in: DBW 1979, S. 585-600.

Ansatz in Zukunft einen höheren Stellenwert zuzuweisen. Diese Problematik wird besonders deutlich im Rahmen der Humanisierungsdebatte, die seit dem Anfang der 70er Jahre eine zunehmende Bedeutung in der sozialpolitischen Diskussion in der Bundesrepublik Deutschland erfahren hat. Wenn auch am Beispiel dieser Humanisierung der Arbeit die unterschiedlichen Ziele der einzelnen Entscheidungsträger verdeutlicht werden können, so bedarf es doch einer gemeinsamen theoretischen Fundierung.

V. Die Quantifizierung von Wohlfahrtswirkungen in der Sozialpolitik

INFLATIONSWIRKUNGEN AUF DEN WIRTSCHAFTLICHEN WOHLSTAND - DIE NOTWENDIGKEIT UND MÖGLICHKEIT VON INDEXWERTPAPIEREN IN JAPAN -

Jun-ichi Senda *)

1. Einleitung

Der Zweck dieser Ausführungen ist es, die Beziehung zwischen wirtschaftlichem Wohlstand und Indexkapitalmarktpapieren, insbesondere Indexwertpapieren (und/oder Einlagen), auf dem japanischen Kapitalmarkt zu untersuchen. Im Teil 2 soll aufgezeigt werden, daß während einer Periode rascher Inflation wegen der Starrheit der Habenzinsen in Japan ein Vermögenstransfer von Kreditgebern (Anlegern) zu Kreditnehmern (Wirtschaft und Staat) stattfindet. Dabei wird argumentiert, daß diese Art von Vermögenstransfer vom verteilungspolitischen Standpunkt aus unerwünscht ist, und daß es deshalb wünschenswert ist, in Japan Indexkapitalmarktpapiere (und/oder Einlagen) einzuführen, um diesen Verteilungseffekt zu vermeiden.

In Teil 3 werden wir das Problem betrachten, ob Indexwertpapiere spontan auftreten, ohne staatliche Initiative, indem die Bedeutung von Indexwertpapieren für Kreditgeber und Kreditnehmer untersucht wird. Als Ergebnis wird sich zeigen, daß für eine spontane Verbreitung von Indexwertpapieren eine sehr geringe Wahrscheinlichkeit besteht.

Schließlich wird in Teil 4 empfohlen, daß der Staat in einem beschränkten Umfang und unter gewissen Bedingungen die Initiative zur Ausgabe von Indexwertpapieren (und/oder Einlagen) übernehmen sollte.

---

*) übersetzt von Siegfried Hauser

2. Die Notwendigkeit von Indexwertpapieren

In Übereinstimmung mit ähnlichen Entwicklungen in einigen anderen Industrieländern, wurden in Japan jüngst in einigen Finanzbereichen Zinssätze frei und unter Wettbewerbsbedingungen bestimmt, so auf dem Anleihemarkt, dem Markt für Handelswechsel zwischen Banken, dem Wertpapiermarkt mit Rückkaufvertrag zwischen Banken und großen Firmen und dem CD-Markt. Diese Tatsache, denke ich, ist bemerkenswert, da in Japan alle Zinssätze mehr oder weniger durch Gesetze und Institutionen reguliert waren.

Wie allgemein bekannt ist, wird gesagt, daß das freie Fluktuieren von Zinssätzen beitrage, die Konjunkturzyklen auszugleichen und die Kreditallokation zu optimieren. Darüber hinaus erfüllen Zinssätze eine andere Funktion - auf die ich in meinen Ausführungen besonders hinweise - , daß sie Anleger mit jenen Anlagen versorgen, die inflationssicher sind, indem sie durch freies Fluktuieren die durch die Bevölkerung antizipierte Inflationsrate widerspiegeln. Mit anderen Worten, von frei fluktuierenden Zinssätzen wird erwartet, daß sie den Vermögenstransfer von Kreditgebern zu Kreditnehmern - einmal auf der mikroökonomischen Ebene und von Haushalten zu Unternehmen und Staat auf der makroökonomischen Ebene - verhindern, welcher unter einem starren Zinssatzregime unvermeidlich eintritt. Natürlich beziehe ich mich hier auf den sogenannten Fisher-Effekt, der feststellt, daß Zinsraten geeignet sind, die von der Bevölkerung antizipierten Preisänderungsraten widerzuspiegeln.

Aus diesen Beobachtungen heraus kann man wohl sagen, daß die jüngste Liberalisierung der Zinsraten in Japan sehr begrüßt wird. Während die Funktionen des Ausgleichs der Konjunkturzyklen und der Kreditallokation meist mit Hilfe der sogenannten Kreditkontingentierung übernommen wurden, wird gehofft, daß nach der Liberalisierung in einem gewissen Umfang die Zinssätze anstelle der Kreditkontingentierung diese Funktion übernehmen.

Unglücklicherweise jedoch ist die Liberalisierung der Zinssätze in Japan noch gänzlich ungenügend. Dies gilt besonders im Hinblick auf die Inflationssicherungsfunktion der Zinsraten. Das Problem ist, daß wir nicht erwarten können, daß die jüngste Liberalisierung der Zinssätze in nächster Zukunft soweit wie möglich auf die Habenzinssätze ausgedehnt wird, weil bei einer Liberalisierung der Habenzinssätze es unerläßlich ist, die Tatsache im Auge zu haben, daß der Durchschnittsanleger in Japan den Hauptteil seiner Anlagen in Form von Bankeinlagen und Postsparsystemen hält. Deshalb scheint es mir so, daß der Durchschnittsanleger auch in der Zukunft bei rascher Inflation unter der Wertminderung seiner Anlagen und Wertpapiere leiden wird, wie es in der Vergangenheit war. Anders dargestellt, die Inflation wird weiterhin einen Vermögenstransfer von Kreditgebern zu Kreditnehmern verursachen.

An diesem Punkt betrachten wir die Tabelle 1 und 2, um zu sehen, wie starr die Habenzinssätze waren, und wie stark die Anleger in diesen Jahren unter der Wertminderung ihrer Anlagen gelitten haben. Tabelle 1 zeigt, daß, während Japans Verbraucherpreisindex von 1965 bis 1978 etwa um das 2,8fache gestiegen ist, im selben Zeitraum die Nominallöhne um das 5,8fache, das vom Sozialsicherungssystem garantierte durchschnittliche Familiennominaleinkommen um das 5,9fache und die Altersrenten etwa um das 10fache gestiegen sind. Deshalb kann man sagen, daß trotz Inflation die Realwerte des Einkommens der Arbeiter, der Arbeitslosen und der Rentner genügend oder mehr als genügend garantiert waren. Daraus kann man folgern, daß in Japan die Indexierung <u>de facto</u> schon eingeführt ist, soweit dies die Einkommensströme betrifft. Dieselbe Tatsache kann bei Reallöhnen und anderen Indizes festgestellt werden, wie Tabelle 2 dies zeigt.

Im Gegensatz dazu waren Habenzinssätze (Zinssätze auf Depositenguthaben mit einjähriger Laufzeit) sehr starr mit geringer Änderungshäufigkeit und kleiner Änderungsmarge. Tabelle 2 zeigt, daß der *ex post* reale Habenzinssatz, berechnet als nominaler Habenzinssatz minus aktueller Inflationsrate, sehr stark fluktuiert und häufig negativ ist, und daß er ferner während der galoppierenden Inflation, nach dem sogenannten Ölschock, extrem negativ war. Konsequenterweise fand während dieser Zeit sicherlich ein Vermögenstransfer statt - mikroökonomisch von Kreditgeber zu Kreditnehmer und makroökonomisch vom Haushaltssektor zum Wirtschafts- und Staatssektor. Es ist ganz unmöglich, eine solche Art von Vermögenstransfer zu begründen. Er ist, im Gegenteil, vom verteilungspolitischen Standpunkt aus als rückschrittlich zu verwerfen und deshalb für den Wohlstand der Bevölkerung als schädlich anzusehen. Tatsächlich gibt es einige empirische Studien, die zeigen, daß diese Art Vermögenstransfer in Japan retrogressiv war.

Natürlich kann in gewissem Ausmaß der schädliche Effekt abgeschwächt werden, wenn es Wertpapiere gibt, die, anders als Depositen, inflationssicher und dem Durchschnittsanleger zugänglich sind. Aber wie schon ausgeführt, sind die Bankeinlagen die wichtigste Anlageform für den Durchschnittsanleger in Japan, und es bestehen keine anderen Anlageformen, in die während einer Periode beschleunigter Inflation leicht Vermögen von Einlagen überführt werden kann. Konsequenterweise erscheint es mir deshalb notwendig und dringend, auch in Finanztransaktionen die Indexierung einzuführen, wie sie bei Einkommenstransaktionen *de facto* wenigstens schon eingeführt ist.

3. Die Möglichkeit der Durchsetzung von Indexwertpapieren

Nachdem wir die Notwendigkeit der Indexierung von Finanztransaktionen in Japan klargemacht haben, soll in diesem Abschnitt untersucht werden, ob die Indexierung sich spontan und ohne staatliche Initiative durchsetzt. Der Einfachheit halber sollen im folgenden Indexwertpapiere indexierte Finanztransaktionen repräsentieren.

3.1 Kreditgeber und Indexwertpapiere

Zu Beginn wollen wir die Bedeutung von Indexwertpapieren für Kreditgeber prüfen. Dabei soll im voraus festgestellt werden, daß es keinen Zweifel daran gibt, daß Indexwertpapiere für Kreditgeber vorteilhaft sind. Der Grund ist folgender: Wir sollen annehmen, daß es zwei Arten von Wertpapieren gibt, einmal die Nominalwertpapiere mit einjähriger Laufzeit, die 6% Zinsen bringen und zum anderen die Indexwertpapiere mit derselben Laufzeit, die 2% Realzinsen versprechen (d.h., 2% plus der aktuellen jährlichen Inflationsrate). Nehmen wir an, daß Kreditgeber Risikovermeider sind, deren Nutzenfunktion bezüglich ihres Vermögens aus der erwarteten Rendite und deren Abweichung besteht - der Nutzen ist eine ansteigende Funktion der ersteren und eine abnehmende Funktion der letzteren. In diesem Fall wird ein Kreditgeber, der eine Inflationsrate für das kommende Jahr von mehr als 4% erwartet, Indexwertpapiere als Anlage bevorzugen, weil er erwartet, daß er mehr als 6% Nominalzins erhält. Ein Anleger, der für das kommende Jahr eine Inflationsrate von weniger als 4% erwartet, wird wahrscheinlich [1] nominale Nicht-Indexwertpapiere bevorzugen, weil er erwartet, daß ihm höhere Zinsen gezahlt werden als bei Indexwertpapieren. In diesem Fall können Anleger zwischen zwei Arten von Wertpapieren, gemäß ihrer individuell erwarteten Inflationsrate, wählen. Indexwertpapiere sind für Kreditgeber in dem Sinn nützlich, als sie durch die Möglichkeit der Wahl alternativer Wertpapiere deren Nutzenniveau erhöhen.

---

1) "Wahrscheinlich", weil die erwartete Realrendite von Nominalwertpapieren mit Risiko behaftet ist, auch wenn sie die Realrendite von Indexwertpapieren übersteigt (2%).

3.2 Kreditnehmer und Indexwertpapiere

Als nächstes wollen wir die Bedeutung der Indexwertpapiere für Kreditnehmer, den Ausgebern der Wertpapiere, untersuchen. Wie sofort offensichtlich wird, sind - entgegen dem Fall der Kreditgeber - Indexwertpapiere nicht notwendigerweise vorteilhaft für Kreditnehmer. Der Grund ist folgender:

(1) Wie im Fall der Kreditgeber wollen wir annehmen, daß ein Kreditnehmer entweder ein Nominalwertpapier mit einem Jahr Laufzeit und 6% Zinsen oder ein Indexwertpapier mit derselben Laufzeit und 2% Realzinsen ausgeben kann. Wir nehmen ebenfalls an, daß ein Kreditnehmer ein Risikovermeider ist, dessen Nutzenfunktion von derselben Art wie die im Kreditgeberfall beschrieben ist. In diesem Fall wird ein Kreditnehmer, der eine Inflationsrate von mehr als 4% erwartet, es wahrscheinlich vorziehen, Nominalwertpapiere auszugeben, weil erwartet wird, daß diese ihn weniger kosten als Indexwertpapiere, und ein Kreditnehmer, der eine Inflationsrate von weniger als 4% erwartet, wird - vom Standpunkt der eintretenden Kosten - ganz klar die Ausgabe von Indexwertpapieren vorziehen. Deshalb können wir, in Verbindung mit dem obigen Argument bezüglich eines Kreditgebers, sagen, daß es sicherlich Situationen geben wird, in denen einige Kreditgeber Indexwertpapiere halten, und einige Kreditnehmer, die solche ausgeben wollen. In diesem Fall kann erwartet werden, daß sich Indexwertpapiere spontan durchsetzen werden.

(2) Als nächstes wollen wir einen Extremfall betrachten. Wenn alle Kreditgeber und Kreditnehmer für das kommende Jahr eine Inflationsrate von mehr als 4% erwarten, werden die Anleger klar Indexwertpapiere bevorzugen, und alle Kreditnehmer werden wahrscheinlich die Ausgabe von Nicht-Indexwertpapieren vorziehen. Deshalb werden sich in einem solchen Fall Index-

wertpapiere nicht spontan durchsetzen, da zwar eine Nachfrage, aber kein Angebot dafür besteht. Aus derselben Überlegung heraus ergibt sich, daß, wenn alle Kreditgeber und Kreditnehmer eine geringere Inflationsrate als 4% erwarten, Indexwertpapiere sich ebenfalls nicht durchsetzen werden, weil in diesem Fall zwar ein Angebot, aber keine Nachfrage hierfür besteht.

In diesen Fällen werden natürlich Anpassungsvorgänge auf dem Markt eintreten; zum Beispiel wird im ersten Fall einerseits der reale Zinssatz für Indexwertpapiere fallen und andererseits der nominale Zinssatz für Nicht-Indexwertpapiere steigen; im zweiten Fall wird die entgegengesetzte Anpassung eintreten. Es ist ohnehin nicht immer richtig, von einem gleichzeitigen Bestehen einer Nachfrage nach und eines Angebotes an Indexwertpapieren auszugehen.

(3) Betrachten wir nun den Fall, wenn aus irgendwelchen Gründen Kreditnehmer mehr oder weniger im Vorteil gegenüber Kreditgebern sind. In diesem Fall, wenn Kreditgeber sozusagen gezwungen sind, Geldanlagen unter ungünstigen Bedingungen zu halten, z.B. sogar unter der Bedingung eines negativen Realzinssatzes, sind Kreditnehmer nicht gezwungen, Indexwertpapiere auszugeben. Mit anderen Worten, es werden einfach keine Indexwertpapiere ausgegeben, weil die Kreditnehmer keine Notwendigkeit sehen, dies zu tun. Da in Japan für den Durchschnittsanleger keine anderen Geldanlagen zugänglich sind, ist dieser mehr oder weniger gezwungen, Bank- und Posteinlagen, ohne Rücksicht auf deren Zinssatz, zu halten. Insbesondere Banken erfreuen sich einer Art Monopolstellung gegenüber den Einlegern. Diese Situation ermöglicht es den Banken in Japan, ungeheuere Beträge von Ersparnissen abzuschöpfen und nur sehr geringe (oft negative) Realzinsen zu zahlen. Solange die japanischen Banken ihre Monopolstellung gegenüber den Einlegern

behalten, werden diese keinen Anreiz in der Ausgabe von Indexwertpapieren sehen.

(4) Im allgemeinen wird ein Kreditnehmer nicht nur Schulden haben, sondern auch Forderungen besitzen, als Anlagenhalter wird er unter der durch die Inflation verursachten Wertminderung seiner Anlagen leiden und deshalb Ausgleich fordern. Wenn er Nominalwertpapiere zur Mittelbeschaffung ausgibt, wird er die Wertminderung seiner Anlagen mehr oder weniger kompensieren, da sich die Reallast der Nominalwertpapiere ebenfalls mindert. Deshalb hat ein Kreditnehmer, der nichtindexierte Anlagen hält, guten Grund, warum er die Ausgabe von nichtindexierten Wertpapieren bevorzugt.

Während dieses Argument auf Kreditnehmer im allgemeinen anwendbar ist, gilt es besonders für Geldinstitute. Fast alle Anlagen bei Geldinstituten bestehen aus nichtindexierten Anlagen, deshalb wünschen sie, daß ihre Schulden, z.B. Einlagen, nichtindexiert bleiben. Ich möchte betonen, daß hier einer der Hauptgründe liegt, warum Indexeinlagen nicht leicht durchzusetzen sind. Natürlich gilt dieses Argument nur unter der Annahme, daß die nichtindexierten Anlagen bei den Kreditnehmern die vorherrschende Anlageform ist. Denn wenn die Kreditnehmeranlagen aus denselben Gründen mehr und mehr indexiert werden, dann wird der Anreiz nichtindexierte Schulden zu bevorzugen, schwächer werden.

(5) Ein Kreditnehmer,der Indexwertpapiere ausgibt, muß während einer Periode zunehmender Inflation erhebliche Zinsbeträge aufbringen, so daß er gezwungen ist, hohe Profite zu erwirtschaften, um damit die Zinsen zu bezahlen. Anders ausgedrückt, ein Kreditnehmer, dessen Rendite eine positive Korrelation mit der Inflationsrate aufweist, wird relativ weniger Wider-

stand gegenüber der Ausgabe von Indexwertpapieren haben, als auf der anderen Seite ein Kreditnehmer, dessen Rendite keine oder eine negative Korrelation mit der Inflationsrate aufweist und der versuchen wird, die Ausgabe von Indexwertpapieren zu vermeiden.

(6) Eine äußerst wichtige Rolle in unseren Überlegungen spielt die Steuergesetzgebung. Bekanntlich sind Darlehenszinsen steuerfrei, während Dividenden von Anteilspapieren besteuert werden. So ist es, ceteris paribus, für den Kreditnehmer billiger, die Mittelbeschaffung über die Ausgabe von Wertpapieren als über Anteilspapiere vorzunehmen. In diesem Zusammenhang tritt das Problem auf, ob der indexierte Teil der Zinsen von Indexwertpapieren von der Steuerbehörde als Zinsen oder Dividenden angesehen wird. Im ersten Fall werden vom Steuerstandpunkt aus Indexwertpapiere nicht ungünstig liegen. Im zweiten Fall jedoch werden Indexwertpapiere für Kreditnehmer teuer ausfallen. Ob sich Indexwertpapiere durchsetzen oder nicht, hängt deshalb sehr stark von der Steuergesetzgebung ab. Wir müssen der künftigen Entwicklung der Steuergesetzgebung große Aufmerksamkeit schenken.

3.3 Zinsregulierung

Zum Schluß sollen noch einige Bemerkungen zum Verhältnis von Zinssatzregulierung und Indexwertpapieren gemacht werden. Die bisherige Diskussion ist davon ausgegangen, daß es keine institutionelle oder gesetzliche Beschränkung der Zinssätze gibt. Aber dies ist üblicherweise nicht der Fall. Zum Beispiel legen die japanischen Währungsbehörden, gestützt auf das 1947 in Kraft getretene "Temporary Law of Interest Regulation", bei Einlagen und kurzfristigen Darlehen der Geldinstitute Gebührensätze für Zinsen fest. Die Zinssätze auf Postsparguthaben sind ebenfalls durch staatliche Verordnungen reglementiert.

Da der Expost-Nominal-Zinssatz von Indexwertpapieren (und/oder Einlagen) in Zeiten rascher Inflation hoch ausfallen wird, ist es notwendig, um die Indexierung in Japan einzuführen, entweder diese Reglementierung abzuschaffen oder die Höchstsätze für Zinsen substantiell anzuheben oder die Indexwertpapiere (und/oder Einlagen) von Reglementierungen auszuschließen.

4. Die Notwendigkeit von staatlichen Initiativen

Eine der wichtigsten Schlußfolgerungen aus allen bisherigen Erörterungen ist die, daß, um Indexwertpapiere spontan durchzusetzen, einige Bedingungen - insbesondere auf der Seite der Kreditnehmer - geschaffen werden müssen, und daß der spontanen Verbreitung besonders in Japan nur eine sehr geringe Möglichkeit eingeräumt werden kann.

Auf der anderen Seite steigen Japans Verbraucherpreise nun wieder stark an, nach Schätzungen der Regierung um 6,4% für das Fiskaljahr 1980, und die OECD sagt sogar 7,25% für das Kalenderjahr 1980 voraus. Ich fürchte, daß diese Zahlen noch zu optimistisch ausgefallen sind. Ohnehin ist es sehr wahrscheinlich, daß der Realzinssatz von Einlagen sich zum Negativen verringern wird. Um den unerwünschten Vermögenstransfer zu vermeiden, der folgen wird, müssen einige Maßnahmen getroffen werden.

Meiner Meinung nach ist die hoffnungsvollste Maßnahme, mit Hilfe staatlicher Initiative Indexwertpapiere (und/oder Einlagen) einzuführen. Tatsächlich fällt es sehr schwer, die Gründe zu verstehen, warum die Regierung keine Indexwertpapiere ausgibt, trotz der Tatsache, daß sie schon die Altersrente und die Arbeitslosenunterstützung gemäß dem Preisniveau indexiert hat, wenigstens <u>de facto</u>.

Im Fall einer Einführung von Indexwertpapieren sollte wenigstens auf die folgenden Punkte geachtet werden:

(1) Die Ausgabenhöhe
Der vordringlichste Zweck der Indexierung ist natürlich, so weit wie möglich den unerwünschten Vermögenstransfer zu mildern, der durch die Inflation verursacht wird. Aber jede Person ist nicht gleichgewichtig in ihrer Gläubiger-Schuldner-Lage; jemand mag ein reiner Gläubiger sein, indem er Bankeinlagen hat, aber keine Kreditaufnahme; ein anderer mag ein reiner Schuldner sein, indem z.B. sein Wohnungsbaudarlehen von der Bank seine Einlagen überschreitet. Deshalb ist es ganz unmöglich, eine Indexierung genau entsprechend der individuellen Situation einzuführen. Es muß ein Kompromiß gemacht werden in der Art, daß jedem Haushalt erlaubt wird, Indexwertpapiere bis zu 3 Mill. Yen zu halten. Die Maßnahme des Einbaus eines Höchstbetrages für Indexwertpapiere, die ein Haushalt halten kann, ist dem Ziel der Indexierung zweckdienlich, in dem Sinne, daß nicht die hohen Haushaltseinkommen, sondern die mittleren und niederen Haushaltseinkommen geschützt werden.

(2) Der reale Zinssatz
Wie in Tabelle 2 gezeigt, war in Japan der reale Zinssatz auf Einlagen nicht sehr hoch, auch wenn er positiv war. Aus dieser Tatsache heraus, und aus einigen anderen Gründen, scheint mir, daß ein realer Zinssatz von 1-1,5% bei Indexwertpapieren (und/oder Depositen) ausreichend sein wird.

(3) Zinszuschlag durch den Staat
Soweit indexierte Staatspapiere und Postsparbücher betroffen werden, besteht kein großes Problem beim Zinszuschlag. In diesem Fall sollten Zinsen vom Staat oder, konkreter, vom allgemeinen Staatshaushalt bezahlt werden. Ein schwieriges Problem wird dagegen entstehen, wenn der Staat will, daß Banken und andere

private Geldinstitutionen indexierte Einlagen ausgeben. In diesem Fall scheint mir, daß der Staat den Teil der Zinsen auf Indexwertpapiere als Zuschuß bezahlen soll, der,als Folge der Inflation, die Zinsen der nichtindexierten Einlagen übersteigt, wobei es sich jeweils um die gleichen Einlagen handelt, wovon die einen indexiert und die anderen nicht indexiert sind.

SOZIALPOLITISCHE BEDÜRFNISSE UND IHRE EINORDNUNG IN DEN KONTEXT QUANTITATIVER SOZIALINDIKATOREN

Siegfried Hauser

1. Entstehung und Größenordnung sozialpolitischer Bedürfnisse

1.1 Entstehung sozialpolitischer Bedürfnisse

Sozialpolitische Bedürfnisse treten immer auf als Folge von Naturkatastrophen und Kriegseinwirkungen. Derartige Strukturbrüche erzeugen sozialpolitische Bedürfnisse nach Integration, Lastenausgleich und Fürsorgeleistungen. Nach dem 2. Weltkrieg bestand die sozialpolitische Tätigkeit von Bundesregierung und Bundestag fast ausschließlich in der Lösung derartiger Probleme. Diese Art der sozialpolitischen Bedürfnisse wollen wir als temporär betrachten, nicht nur von der Sache, sondern - wie Abschnitt 1.2 zeigt- auch von der Größenordnung und Entwicklung her. Betrachten wir nun die Entstehung der grundlegenden und andauernden sozialpolitischen Bedürfnisse.

In integrierten Gesellschafts- und Wirtschaftssystemen, in denen Ausbildung, Produktion, Verbrauch und Versorgung auf der Ebene der Familie, des Haushalts (Bauern- oder Handwerkerhaushalt) oder sonstiger Gemeinschaften eine Einheit bilden, sind die sozialpolitischen Bedürfnisse gering. Durch die Auflösung dieser Einheit in desintegrierten Systemen[1] treten infolge von Friktionen - zumindest kurzfristig - sozialpolitische Bedürfnisse auf. Sie treten zudem auf bei Systemen, in denen nur marktgängige Güter (Arbeitskräfte, Marktgüter, private Dienstleistungen) bewertet werden, wobei ferner das Problem der Kostenzurechnung (Umweltverschmutzung, Gesundheitsbeeinträchtigung, Arbeitsunfälle) nicht gelöst ist. Sozialpolitische Bedürf-

1) Ein System, von dem man sagen kann, daß es hohes Wirtschaftswachstum erzeugt hat.

nisse treten ferner auf durch das Konkurrenzsystem. Denn wie Eduard Heimann (Soziale Theorie des Kapitalismus. Theorie der Sozialpolitik. Tübingen 1929, S. 157) schon 1929 ausgeführt hat, zwingt "die Konkurrenz zum Raubbau auf Kosten der Zukunft auch dann, wenn man diese zukünftigen Folgen klar überblickt". So wird z.B. häufig in der sozialpolitischen oder auch energiepolitischen Diskussion das Argument der nationalen oder internationalen Wettbewerbsfähigkeit angeführt.

Die bisherigen Ausführungen bedeuten, daß sozialpolitische Bedürfnisse entstehen und der Befriedigung harren als Voraussetzung und Folge der wirtschaftlichen Entwicklung und einer sich ändernden Wirtschaft. Als Voraussetzung für die Wirtschaftsentwicklung im Sinne einer Ordnungspolitik Walter Euckens gelten alle sozialpolitischen Bedürfnisse, die durch die Absicherung der Rechts- und Sozialordnung sowie die Schaffung der grundsätzlichen systematischen Funktionsfähigkeit des Wirtschaftsablaufes entstehen.[1] In diesem Sinne sind z.B. alle Maßnahmen zur Qualifizierung, Bildung und Erhaltung des Arbeitskräftepotentials zu sehen. Als Folge des Wirtschaftsablaufs entstehen sozialpolitische Bedürfnisse aus struktureller und konjunktureller Arbeitslosigkeit, Arbeitsunfällen und durch das Ausgeschiedenwerden aus dem Wirtschaftsprozeß durch Alter und Krankheit.[2]

1.2 Einige Größenordnungen für Deutschland

Betrachten wir - unter dem Aspekt des bisher Gesagten - die Entwicklung des Bruttosozialprodukts, der Krankenversicherung, der Rentenversicherung und der Sozialhilfe als Indexentwicklung, so ergibt sich für Deutschland seit 1925:

---

1) Vgl. Widmaier, Hans Peter: Sozialpolitik im Wohlfahrtsstaat, Hamburg, 1976, S. 47 ff.

2) Preller, Ludwig: Sozialpolitik, Tübingen, 1962, S. 93 ff. spricht in diesem Zusammenhang von der Humanitas.

Tabelle 1: Indexentwicklung[1)]

Jahr	BSP	Renten-versicherung	Kranken-versicherung	Sozialhilfe
1925	100	100	100	1927 = 100
1930	117,3	230,7	158,3	153,3
1938	142,3	241,1	158,3	86,7
1950	235,8	451,2	166,7	66,7
1960	726,7	2413,8	733,3	106,7
1970	1631,7	6468,5	2141,7	233,3
1978	3083,2	17134,4	6325,0	800,0

1) Eigene Berechnungen nach folgenden Quellen:
Statistisches Bundesamt: Bevölkerung und Wirtschaft 1872-1972, Stuttgart, 1972
Sozialbericht der Bundesregierung 1978
BMWI: Leistung in Zahlen '78

Abbildung 1: Indexentwicklung

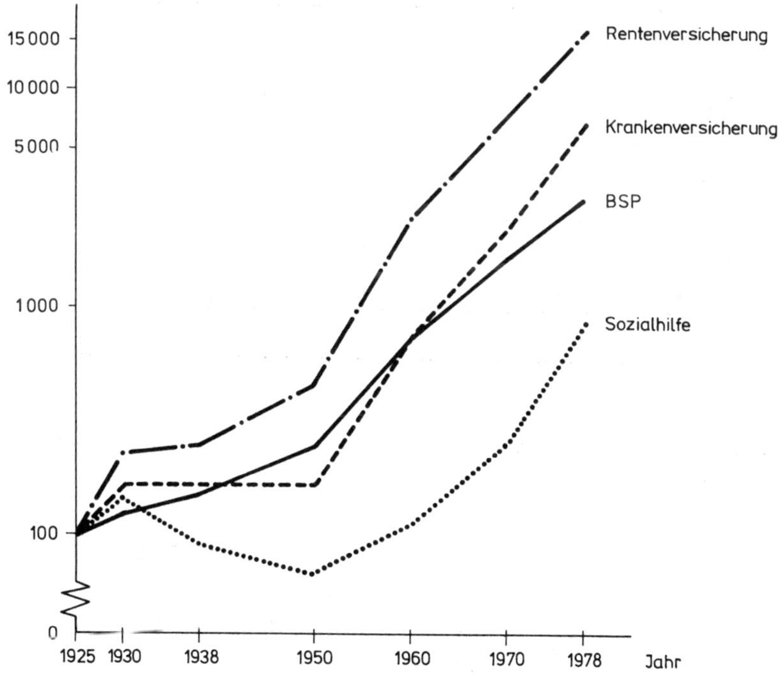

Die quantitative Zusammenstellung aller Leistungen zur Befriedigung sozialpolitischer Bedürfnisse findet in der Bundesrepublik ihren Niederschlag im Sozialbericht der Bundesregierung, der vom Bundesministerium für Arbeit und Sozialordnung herausgegeben wird. Darin wird das Sozialbudget dargestellt, das alle direkten Leistungen, wie Rentenversicherung, Krankenversicherung, Altershilfe für Landwirte, Beamtenpensionen, Zahlungen an Kriegsopfer und die Arbeitgeberleistungen sowie die indirekten Leistungen, wie Steuerermäßigungen und Vergünstigungen im Wohnungswesen enthält. Der Anteil des Sozialbudgets am Bruttosozialprodukt wird als Sozialleistungsquote bezeichnet. Sie betrug 1960: 20,7 %; 1970: 25,5 % und 1978: 31,6 %. Ebenfalls im Sozialbericht der Bundesregierung werden die Quellen zur Finanzierung der sozialpolitischen Bedürfnisse angegeben. Für die Finanzierung galt im Jahr 1978:

Tabelle 2: Finanzierung des Sozialbudgets 1978

Quelle	Mrd DM	in %
Unternehmen	122,9	30,7
Bund	101,6	25,3
Länder	51,3	12,8
Gemeinden	30,2	7,5
Sozialversicherung	1,0	0,3
Private Organisationen	2,8	0,7
Private Haushalte	91,2	22,7
übrige Welt	0,1	0,0
	401,1	100,0

2. Probleme bei der quantitativen Erfassung der sozialen Bedürfnisse

Der moderne Sozialstaat gestaltet einen immer größer werdenden Bereich individueller und sozialer Lebenslagen, so daß er für politische Entscheidungen eine breite empirische Zahlenbasis benötigt. Als zahlenmäßiges Korrelat der sozialen Bedürfnisse kann die Sozialleistungsquote angesehen werden. Determinanten für die quantitative Erfassung der Sozialleistungsquote sind:

- derzeitiger und zukünftiger Altersaufbau der Bevölkerung,
- strukturelle und konjunkturelle Beschäftigungslage,
- sonstige Faktoren, wie Katastrophen, Kriegsfolgelasten, Zivilisationskrankheiten,
- Höhe der Quote der abhängig Beschäftigten (in der Bundesrepublik war diese 1950: 68,5 %, sie ist bis 1978 gestiegen auf 85,6 %),
- Abhängigkeiten vom Entwicklungsstand der Volkswirtschaft im Sinne einer größeren Leistungsfähigkeit für soziale Bedürfnisse und der Erwartungen der Anspruchsberechtigten bezüglich ihres Lebensstandards (z.B. dynamische Rente),
- Änderung der Zahl der Leistungsfälle und Änderung der Art der Leistung (seit die Zahnregulierung in den Leistungskatalog der Krankenversicherung aufgenommen wurde, gibt es in der Bundesrepublik wenig Kinder ohne Zahnspangen),
- Änderung der Leistungsdauer und des gesicherten Personenkreises.

Als Mittel zur quantitativen Erfassung dienen zunächst die Sozialstatistiken, in denen isoliert Zahlenreihen veröffentlicht werden und deren Sachgebiete häufig traditionell gewachsen sind. Zusammenfassende Darstellungen sind das Sozialbudget der Bundesregierung und neuerdings die Sozialbilanzen von Unternehmungen.[1] Letztere sind ein Versuch, auch für nichtstaatliche Großorganisationen Verfahren der Sozialberichterstattung zu etablieren, in denen an Stelle einer eindimensionalen wirtschaftlichen Profitrechnung

1) Vgl. Dierkes, Meinolf: Die Sozialbilanz, ein gesellschaftsbezogenes Informations- und Rechnungssystem, Frankfurt 1974 und Veröffentlichungen des Arbeitskreises "SOZIALBILANZPRAXIS", (BBK Nr. 18 vom 17.9.1978, S. 615 ff.).

mehrdimensionale - Zum Teil nichtmonetäre - Bewertungssysteme treten. Dabei sollen neben Gewinn, Verlust, Umsatz und Investitionen externe Nutzen und Kosten berechnet werden, die das Unternehmen produziert, z.B. die Sozial- und Bildungsleistungen, die Umweltbelastung, die Leistungen infrastruktureller Art für die sie umgebende Region (siehe als Beispiel einer solchen Sozialrechnung Anlage 1).

Alle bisher behandelten quantitativen Erfassungssysteme sind zustandsbeschreibende Systeme. Sie verleiten dazu, "die Quantität vor die Qualität und den expansiven Erfolg vor die Erfordernisse der Solidarität zu setzen".[1)] Ähnlich wie bei der Diskussion über die Lebensqualität bei wachsendem Konsum[2)] scheint eine Diskussion über die "Kontraproduktivität" von wachsenden staatlichen und unternehmerischen Sicherungsleistungen zu beginnen, die von dem Widerspruch ausgeht, daß bei einem steigenden Einkommens- und Wohlstandsniveau die Dringlichkeit kollektiver Vorsorge zurückgehen müßte, aber laufend neue "weiße Flecken auf der sozialpolitischen Landkarte entdeckt werden"[1)] und eine tatsächlich verbleibende Armut zu beobachten ist (siehe z.B. die Aktion Weihnachtswunsch in vielen deutschen Tageszeitungen). Wir benötigen deshalb ein System, das von formulierten Zielen ausgeht, Informationen über die sozialpolitischen Bedürfnisse und deren Erfüllungsgrad zu vermitteln vermag und Grundlage einer flexibleren Politik sein kann. Ein Anfang hierfür können Systeme Sozialer Indikatoren sein.

---

1) Vgl. Molitor, Bruno: Sozialpolitik auf dem Prüfstand, Hamburg 1976, S. 7 und S. 12.

2) Siehe z.B. Davis, Joan S./Brunner, P.H.: Bedeutet Konsum und Energiewachstum noch eine Verbesserung der Lebensqualität? in Hauff, Volker: Argumente der Energiediskussion, Band 6, Energieversorgung und Lebensqualität, Villingen 1978, S. 279 ff.

3. Systematische Informationsbeschaffung für sozialpolitische Maßnahmen mit Hilfe Sozialer Indikatoren

Das Instrumentarium zur systematischen Informationsbeschaffung für sozialpolitische Maßnahmen erfordert:

- eine Analyse der Wirkungen, Nebenwirkungen und Interdependenzen alternativer sozialpolitischer Maßnahmen,
- eine Analyse und Artikulation der sozialen Bedürfnisse und der aktiven Sozialpolitik,
- die Entwicklung von Techniken für kurzfristig abrufbare Simulationen und Alternativrechnungen sozialpolitischer Maßnahmen in bezug auf gewählte Ziele,
- die Verfügung über ein umfassendes, differenziertes und laufend aktualisiertes statistisches Datenmaterial.

Sozialindikatorensysteme können als Basis für eine systematische Informationsbeschaffung dienen, denn es handelt sich dabei um "measurements aimed at broadening the agenda of our concern by providing information on human conditions, past, present or future"[1]. Der Ansatz der Sozialen Indikatoren ist der Versuch, ein ähnlich konsensusfähiges System zu errichten wie dies die Volkswirtschaftliche Gesamtrechnung ist, bei dem aber neben dem ökonomischen Relevanzkriterium vor allem sozialpolitische Relevanzkriterien wie auch ökologische Systemkriterien und meßtechnische Validitätskriterien eine Rolle spielen.

Dabei bestehen eine Reihe noch zu lösender Probleme, wie die Operationalisierung und Quantifizierung der Begriffe, wie Existenzminimum, soziale Sicherung, Gesundheit usw. Denn nur dann kann der Erfolg sozialpolitischer Maßnahmen wie auch der Zielerreichungsgrad mehr oder weniger genau abgeschätzt werden, wobei zur Messung möglichst Outputindikatoren (z.B. Gesundheitszustand der arbeitenden Bevöl-

---

1) Galnoor, I.: Social Information for What? in: The Annals of the American Academy of Political and Social Science, Vol. 393, 1971, S. 2

kerung und weniger Inputindikatoren (z.B. Ausgaben für Werksärzte) verwendet werden sollen.

Die Einwände gegen ein Indikatorensystem lassen sich wie folgt auflisten:

- Es fehle an einer allumfassenden Theorie.
- Es lägen versteckte theoretische Annahmen zu Grunde.
- Ziele und Mittel ließen sich nicht auseinanderhalten.
- Zusammenhänge und Wirkungen seien unbekannt.
- Wirkungen von A→ B träten nur mit Wahrscheinlichkeit ein und ließen sich nicht vorhersagen.
- Als Entscheidungsunterlagen seien Soziale Indikatoren nicht weitgehend genug.
- Alles könne geplant werden.
- Es seien keine interpersonellen Vergleiche möglich.

Bei all diesen Einwänden bleibt das Gefühl bestehen, daß sie ideologisch begründet sind in einem ähnlichen Maße wie zu jener Zeit, als die Input-Output-Analyse durch Stalin mit dem Argument der "Zahlenspielerei" verboten und 40 Jahre später von Ludwig Erhard abgelehnt wurde, da er "derartige Übersichten als einen Sündenfall planerischer Prägung im Rahmen der Marktwirtschaft" ansah.[1] In der Zwischenzeit wird die Input-Output-Analyse als analytisches und prognostisches Instrument erfolgreich eingesetzt.

Die angeführten Einwände

- sind widersprüchlich, da sie aus verschiedenen Richtungen kommen;
- gelten in großem Maße für die gesamte Wirtschaftswissenschaft und die praktische Wirtschafts- und Sozialpolitik, in der täglich Entscheidungen getroffen werden;

---

1) Siehe Wagenführ, Rolf: Wirtschafts- und Sozialstatistik, Band 1, Freiburg 1970, S. 410 ff.

- sind unsinnig in dem Maße, als durch Nichtmessung der sozialen Bedürfnisse diese trotzdem vorhanden sind und Änderungen bei diesen auftreten; dies wäre so ähnlich, als ob durch Nichtmessen der Inflationsrate wegen der bekannten Einwände gegen den Preisindex für die Lebenshaltung keine Geldwertverschlechterung bestünde und diese erst durch Messen aufträte;
- werden täglich beiseite gewischt, wenn Sachverständige die Wirtschaftslage, soziale Lage, Energieversorgungslage begutachten und Politiker Entscheidungen treffen auf einem wesentlich geringeren Informationsniveau als bei Vorhandensein von Sozialen Indikatoren.

4. Ansätze zur Abschätzung von Wirkungen sozialpolitischer Maßnahmen

Um im Rahmen eines Sozialindikatorensystems sinnvolle Analysen durchführen zu können, muß zunächst die Langfristigkeit und Vergleichbarkeit des Zahlenmaterials gewährleistet sein. Es dürfen nicht die Erhebungsmodalitäten laufend geändert werden. Das Zahlenmaterial sollte regional und sozialschichtspezifisch aufgefächert vorliegen. So scheint z.B. das Wohnungsproblem in der Bundesrepublik Deutschland gelöst zu sein, denn laut Statistischem Jahrbuch für die Bundesrepublik Deutschland, 1978 standen im Jahr 1977 den 24.165.000 Haushalten 24.369.000 Wohnungen gegenüber; gleichzeitig spricht der Präsident des deutschen Mieterschutzbundes "von einem realen Fehlbedarf von mehr als 3 Millionen Wohnungen".[1] Dieser Widerspruch läßt sich zum Teil damit erklären, daß in der Statistik die Zweitwohnungen (etwa 700 000) und sanierungsbedürftigen Altbauten (etwa 1 Million) eben nicht getrennt ausgewiesen werden.

Ausgehend von dem anfangs skizzierten Widerspruch, daß bei steigendem Wohlstand eines Landes wie der Bundesrepublik die sozialpolitischen Ausgaben immens gestiegen sind, daß

1) Siehe Gerhard Jahn in der Badischen Zeitung vom 1.2.1980.

von der Gefahr der Verselbständigung des Sicherungssystems und von den Grenzen des Sozialstaates geredet wird, erscheint es mehr denn je geboten, sich bei der Analyse der sozialpolitischen Bedürfnisse allgemein und der Sozialpolitik und deren Ziele und Maßnahmen insbesondere wirtschaftswissenschaftlicher Methoden zu bedienen. Die Sozialpolitik hat zum einen in "ihren Leistungs- und Finanzierungsströmen quantitativ ein Gewicht erlangt, das in der Kreislauf- und Konjunkturanalyse nicht vernachlässigt werden kann, und qualitativ hat sie den Charakter einer schichtenspezifischen Einrichtung mit dem eines universellen Beziehungsnetzes vertauscht, das direkt oder indirekt die Mehrzahl der Wirtschaftsbürger einschließt. Zum anderen ist es je länger je mehr verfehlt, die Sozialpolitik einseitig unter konsumtivem Aspekt zu betrachten. Vielmehr gilt es, die investiven Chancen, die sie bietet, auszunutzen: Bei gleichem Mitteleinsatz kann sie je nach der Technik ihrer Maßnahmen die Arbeitsproduktivität und das Wirtschaftswachstum unterschiedlich beeinflussen. Schließlich aber haben verteilungspolitische Ziele, wie jeder Blick auf die Wirklichkeit zeigt, in der Präferenzskala der allgemeinen Wirtschaftspolitik einen hohen Stellenwert errungen".[1)]

Gerade weil soziale Stabilität die Grundlage für einen stetigen Wirtschaftsablauf ist, müssen die echten sozialen Bedürfnisse erkannt und befriedigt werden. Dabei sind die sozialpolitischen Maßnahmen wesentlich schärfer als bisher zu untersuchen hinsichtlich

- ihrer kurz- und langfristigen Wirkung,
- ihrer Produktivitätseffekte,
- ihrer konjunkturellen und strukturellen Effekte,
- ihrer Verteilungseffekte und
- der Wirkung auf Flexibilität und Mobilität von Kapital und Arbeit.

---

1) Molitor, Bruno: Sozialpolitik auf dem Prüfstand, Hamburg 1976, Seite 327.

Diese Analysen können nur angestellt werden innerhalb eines Bewegungssystems, dessen Rahmen größer ist als der Rahmen des Sozialprodukts, da hier großenteils Marktpreise nicht als Bewertungsmaßstab herangezogen werden können. Die isolierte Betrachtungsweise der Effekte führt in einem interdependenten Wirtschaftssystem nicht weiter. So wie man bei der gesamten Umwelt- und Ressourcenproblematik einen Bezugsrahmen sucht, um die tatsächlich entstehenden Kosten bewerten zu können, benötigen wir bei der Analyse der sozialpolitischen Bedürfnisse ein Bezugssystem wie es das Sozialindikatorensystem sein kann als Maßstab zum Erkennen und Bewerten von sozialpolitischen Bedürfnissen, auch wenn auf diesem Maßstab der Nullpunkt sowie die Maßeinteilung noch so relativ sind. Ergreifen die Ökonomen hier nicht die Initiative, kann es ihnen ergehen wie bei der Zukunftsdiskussion, in der Ökonomen lange Zeit eine bescheidene Rolle gespielt haben als gesuchte Gesprächspartner für Aussagen über die zukünftige Entwicklung der Menschheit im Zeichen eines zunehmenden Ressourcenverbrauchs, der Energiekrise und der Umweltproblematik, eine Diskussion, bei der die Ökonomen erst in jüngster Zeit und ihrem wissenschaftlichen Stellenwert gemäß wieder aufgeholt haben.

Anlage 1

Sozialrechnung

I. Unternehmen und Mitarbeiter

1. Löhne und Gehälter
2. Leistungen, die den aktiven Mitarbeitern direkt zufließen, z.B
   - Jahresprämien
   - Weihnachtszuwendungen
   - Urlaubsgeld
   - vermögenswirksame Leistungen
   - Lohnfortzahlung
   - sonstige Vergütungen / Rabatte
   - Prämien für Verbesserungsvorschläge
   - Zuwendungen an Arbeitsjubilare
   - Geburtsbeihilfen
   - Heiratsbeihilfen
   - Mietzuschüsse
   - Kinderzuschüsse
   - aus Wettbewerben resultierende Prämien
   - Leistungen aus Sozialplänen
3. Leistungen, die den ausgeschiedenen Mitarbeitern direkt zufließen, z.B.:
   - Pensionszahlungen
   - Zahlungen an Hinterbliebene
   - Leistungen aus Sozialplänen
4. Leistungen, die den Mitarbeitern indirekt zufließen, z.B.:
   - Arbeitgeberbeitrag zur Rentenversicherung
   - Arbeitgeberbeitrag zur Krankenversicherung
   - Arbeitgeberbeitrag zur Arbeitslosenversicherung
   - Berufsgenossenschaft
   - Kostenübernahme für Betriebskrankenkasse
   - Insolvenzsicherung
   - Pensionsrückstellungen ./. Pensionszahlungen
5. Leistungen, die den Mitarbeitern in ihrer Gesamtheit zufließen
   - Aus- und Weiterbildung
   - Unfallverhütung
   - betriebsärztlicher Dienst
   - Mitarbeiterinformation
   - Kantine
   - Ferienheim / Firmenurlaub
   - Firmenwohnungen
   - Zuschüsse an Sportvereine
   - Arbeitskleidung
   - sonstige Kosten für soziale Sicherheit und Betreuung

II. Unternehmen und Kapitalgeber, z.B.:
- Bruttodividenden (Dividenden plus Kapitalertragsteuer)
- Zinsen

III. Unternehmen und Staat, z.B.:
- Steuern und Abgaben
- allgemeine und branchenbezogene Gebühren
- abzüglich: direkt erfaßbare gesellschaftsbezogene Erträge

IV. Unternehmen und Öffentlichkeit, z.B.:
- Spenden und Beiträge an Vereine und Verbände sowie karitative Organisation
- Förderung von Kultur und Wissenschaft

V. Unternehmen und natürliche Umwelt, z.B.:
- Investitionen und Ausgaben für Umweltschutz

VI. Unternehmen, z.B.:
- Rücklagenbildung
- Aufwendungen für Forschung und Entwicklung

Sozialbilanz 1972/73 Überblick

Leistungen	Aufwand der STEAG				Nutzen für die Gesellschaft
	72/73 Mio DM	71/72 Mio DM	Veränderung Mio DM	%	in Stichworten
A. Inneres Beziehungsfeld -Leistungen für Belegschaft	49,37	52,80	- 3,43	-6,5	Einkommenssteigerung
-Zuführung zur freien Rücklage	9,50	8,11	1,39	17,1	Sicherung der Arbeitsplätze durch Wachstum und Substanzerhaltung
	58,87	60,91	- 2,04	- 3,3	
B. Äußeres Beziehungsfeld - Leistungen für					
Forschung und Entwicklung	9,20	8,25	0,95	11,5	Sicherung der Energieversorgung und Verringerung der Umweltbelastung
Maßnahmen des Umweltschutzes bei bestehenden Anlagen	11,02	10,34	0,68	6,6	Verringerung von Immissionen
Beziehungen zur Öffentlichkeit	17,24	16,81	0,43	2,6	Förderung gemeinnütziger Zwecke
	37,46	35,40	2,06	5,8	
C. Summe der Leistungen Inneres und Äußeres Beziehungsfeld	96,33	96,31	0,02	0,02	Diesen Leistungen steht eine ausgeschüttete Dividende von unverändert 10 Mio. DM (10%) gegenüber. Der Strompreis blieb mit einer Steigerung von 6,6% in 12 Jahren praktisch konstant.

Quelle: Veröffentlichungen des Arbeitskreises "SOZIALBILANZ-PRAXIS", (BBK Nr. 18 vom 17.9.1978, S. 615 ff.).

Zu den Autoren

Prof. Dr. Gerold Blümle ist Ordinarius für Theoretische Volkswirtschaftslehre und Direktor der Abteilung Mathematische Ökonomie des Instituts für Allgemeine Wirtschaftsforschung der Universität Freiburg i.Br.

Prof. Dr. Hans-Josef Brink ist Ordinarius für Betriebswirtschaftslehre und Direktor des Betriebswirtschaftlichen Seminars (Lehrstuhl Betriebswirtschaftslehre III) der Universität Freiburg i. Br.

Prof. Dr. Theodor Dams ist Ordinarius für Wirtschaftspolitik und Direktor des Instituts für Entwicklungspolitik der Universität Freiburg i. Br.

Prof. Dr. Siegfried Hauser ist Professor für Statistik und Ökonometrie an der Abteilung für Statistik und Ökonometrie des Instituts für Allgemeine Wirtschaftsforschung der Universität Freiburg i. Br.

Prof. Dr. Dr. Kunihiro Jojima ist o. Professor für Agrarpolitik an der Wirtschaftswissenschaftlichen Fakultät der staatlichen Universität Nagoya.

Prof. Dr. Kazuno Koike ist o. Professor für Betriebswirtschaftslehre an der Wirtschaftswissenschaftlichen Fakultät der staatlichen Universität Nagoya.

Prof. Dr. Bernhard Külp ist Ordinarius für Wirtschaftspolitik und Direktor der Abteilung für Sozialpolitik des Instituts für Allgemeine Wirtschaftsforschung der Universität Freiburg i. Br.

Prof. Dr. Takashi Matsugi ist a.o. Professor für Agrarpolitik und Ökonometrie an der Wirtschaftswissenschaftlichen Fakultät der staatlichen Universität Nagoya.

Prof. Dr. Massaichi Mizuno ist o. Professor für Finanzpolitik an der Wirtschaftswissenschaftlichen Fakultät der staatlichen Universität Nagoya.

Prof. Dr. J. Heinz Müller ist Ordinarius für Theoretische Volkswirtschaftslehre und Direktor des Instituts für Regionalpolitik und Verkehrspolitik der Universität Freiburg.

Prof. Dr. Alois Oberhauser ist Ordinarius für Theoretische Volkswirtschaftslehre und Finanzwissenschaft und Direktor des Instituts für Finanzwissenschaft der Universität Freiburg.

Diplom-Volkswirt Betty Rauchwerger ist wiss. Angestellte am Institut für Finanzwissenschaft der Universität Freiburg.

Dr. Michael Reiß ist wiss. Assistent am Betriebswirtschaftlichen Seminar (Lehrstuhl Betriebswirtschaftslehre III) der Universität Freiburg i. Br.

Prof. Dr. Jun-ichi Senda ist a.o. Professor für Geldpolitik an der Wirtschaftswissenschaftlichen Fakultät der staatlichen Universität Nagoya.

Prof. Hatsuo Tsutsumi ist o. Professor für Sozialpolitik an der Wirtschaftswissenschaftlichen Fakultät der staatlichen Universität Nagoya.